本书是国家社会科学基金重点项目"国家治理、国家审计制度与预防惩治腐败体系创新研究"（15AZD002D）、山东管理学院教学研究与教学改革项目"大智移云时代高等院校审计学课程混合式教学模式创新研究"（ZJG2019-02）、山东管理学院博士科研启动基金和内部控制与风险管理研究所资助的研究成果。

博观丛书

Trading
Allocation

内部人交易与资本配置效率关系研究

韩飞 —— 著

Research on the Relationship
between Insider Trading
and Capital Allocation Efficiency

经济管理出版社
ECONOMY & MANAGEMENT PUBLISHING HOUSE

图书在版编目（CIP）数据

内部人交易与资本配置效率关系研究／韩飞著. —北京：经济管理出版社，2020.6
ISBN 978-7-5096-7142-9

Ⅰ.①内…　Ⅱ.①韩…　Ⅲ.①企业内部管理—研究　Ⅳ.①F272.3

中国版本图书馆 CIP 数据核字（2020）第 093475 号

组稿编辑：高　娅
责任编辑：高　娅
责任印制：黄章平
责任校对：陈晓霞

出版发行：经济管理出版社
　　　　　（北京市海淀区北蜂窝 8 号中雅大厦 A 座 11 层　100038）
网　　　址：www. E-mp. com. cn
电　　　话：(010) 51915602
印　　　刷：北京玺诚印务有限公司
经　　　销：新华书店
开　　　本：720mm×1000mm /16
印　　　张：14.75
字　　　数：257 千字
版　　　次：2020 年 6 月第 1 版　2020 年 6 月第 1 次印刷
书　　　号：ISBN 978-7-5096-7142-9
定　　　价：68.00 元

❖ 前　言 ❖

　　关于内部人交易的研究由来已久，从理论上主要基于信息不对称和委托代理理论，关注其获得的超额收益及获得的原因，实践中则受各国资本市场的严格监管，尤其是 2017 年 5 月，中国证监会发布《上市公司股东、董事、监事、高级管理人员减持股份的若干规定》，标志着对内部人交易的研究从单纯的超额收益及获取原因视角转向对股份流转、资金配置、利益相关者影响等多重视角。同样是由于信息不对称和委托代理成本的客观存在，会使公司外部融资成本高于其内部融资成本，这种差距越大，意味着公司面临的融资约束越严重，不同的融资约束程度使公司在面临投资机会时可能出现投资不足或投资过度，这都使资本配置效率受到影响。同时，我国 2008 年《企业内部控制基本规范》和 2010 年《企业内部控制配套指引》颁布实施以来，内部控制成为研究热点。内部控制质量越高，意味着公司越能够有效缓解与外部投资者和其他利益相关者之间的信息不对称程度，同时可以通过影响公司治理水平，降低股东与管理者之间的委托代理成本，使两者目标趋于一致。

　　在共同的理论基础上，本书对内部人交易、内部控制质量及两者的结合对资本配置效率的影响展开了进一步的理论分析和实证检验。结论发现：

　　（1）以盈余质量为衡量标准的财务报告质量越低，外部投资者能够获得的信息透明度越低，相应的信息不对称程度越高；应计盈余管理比真实盈余管理导致了更明显的信息不对称。与内部人买入相比，内部人卖出行为更加显著地加剧了信息不对称，应计盈余管理或真实盈余管理在内部人交易加剧信息不对称过程中发挥了调节效应。整体上内部人交易尤其是卖出交易更多的是通过应计盈余管理活动影响财务报告质量，从而加剧了信息不对称程度。

　　（2）就与融资约束的关系而言，内部控制质量能够抑制融资约束，而内部人交易超额收益对融资约束的影响根据买入和卖出方向以及时间窗口的不同具有不同的结论，并且内部控制质量和短时间窗口内部人买入超额收益在负向影响融资约束的过程中发挥了替代效应；长时间窗口内部控制质量在内部人买入超额收益提升融资约束程度过程中发挥了调节作用。而短时间窗口和长时间窗口的内部控制质量在内部人卖出超额收益正向影响融资约束过程中均发挥了调节作用。

（3）就与投资效率的关系而言，内部控制质量能够有效提升公司投资效率；内部人交易整体上能够促进投资效率的提升；短时间窗口内，内部控制质量在内部人卖出交易正向影响投资效率过程中发挥了替代效应。进一步将融资约束按照中位数分组可以发现，整体而言，高融资约束组别中，内部人交易对投资效率的正向促进作用更显著，内部控制质量与内部人交易除了在长期卖出行为中发挥了互补作用，其他仍然发挥了替代作用。

本书的创新之处体现在以下方面：首先，从国内外尤其是我国对内部人交易的规范历程可以看出，尽管内部人交易经历了从禁止到放开的过程，但证券监管对内部人交易的限制性规定仍然趋向严格。包括《公司法》《证券法》和证监会部门规章在内，对于内部人交易的限制性规定都是外在要求，并没有对公司本身如何通过公司治理机制，从内部制度层面探究内部人交易获取超额收益的过程，以及内部制度如何影响内部人交易。本书结合我国财政部等五部委公布的 2008 年《企业内部控制基本规范》和 2010 年《企业内部控制配套指引》，从内部控制质量角度，分析内部控制在内部人交易影响资本配置效率过程中发挥的替代或协调作用，这对于从内部制度层面补充和完善《公司法》和《证券法》及前述证监会部门规章对内部人交易的约束机制，具有一定的创新意义。其次，尽管对于融资约束的成因在大量的既有文献中已经做过表述，但从内部人交易角度进行分析的研究成果还比较少。本书提出内部人交易的超额收益的多寡传递了内部人利用信息优势的程度高低，这种超额收益多寡便相应体现了外部投资者的信息劣势严重程度，作为回应，外部投资者会做出逆向选择，即内部人交易获取越多超额收益的公司，越不会继续成为外部投资者的投资目标，这时，虽然内部人通过交易获得了超额收益，但是由于外部投资者的逐渐"远离"，使公司股票流动性下降，内外融资成本差异不断加剧，最终导致了高程度的融资约束。另外，由于内部人交易主体在公司投融资决策中的重要地位，使内部人交易对于投资效率的影响具有重要的研究价值，结合内部人交易的方向以及期间不同，更是给本书的研究留下了较大的空间，截至目前的相关文献主要基于国外的研究成果，国内相关研究还比较少。最后，结合既有文献和本书的理论分析，高质量的内部控制能够缓解融资约束和提升投资效率，而内部人交易及其获取的超额收益越多，是否越可能导致更高程度的融资约束，以及对投资效率的影响是不是确定的，还没有定论，尤其两者的主体都是董事、监事和高级管理人员的情况下，对于资本配置效率的影响是否存在相互效应，本书进行了交互效应分析，对内部人交易和内部控制质量的协同作用或替代作用进行了理论分析和实证检验。

韩　飞

2019 年 11 月

❖ 目 录 ❖

第1章 导　论

1.1　研究背景和意义

1.1.1　研究目的和背景

公司内部人（一般指公司董事、监事和高级管理层）是一类拥有高度准确信息、信息获取成本低的特殊信息交易者。内部人交易即内部人通过二级市场买卖本公司股票的行为，内部人交易虽然并不等同于内幕交易，但内部人作为公司生产经营决策的直接参与者具有信息优势（包括估值判断优势、业绩预测优势和内幕信息优势），其交易行为已成为各国交易监管的焦点。2005 年以前，我国《证券法》明确禁止内部人交易，2006 年修订前的《公司法》也明确规定"公司董事、监事、经理所持有的本公司股票在任职期间内不得转让"。2007 年 4 月，证监会颁布了《上市公司董事、监事和高级管理人员所持本公司股份及其变动管理规则》，2016 年 1 月和 2017 年 5 月，证监会更是专门针对内部人股份减持而先后出台了前后替代性文件《上市公司股东、董事、监事、高级管理人员减持股份的若干规定》，从交易时间、交易方式和交易披露等方面对上市公司的内部人交易做出了具体的规定。

自 20 世纪 80 年代公司金融理论提及内部人交易以来，一直就是极富争议的话题。一方面，内部人交易能提高市场信息效率（Grossman & Stiglitz, 1980），知情交易者的比例越高、私人信息精确程度越高，则市场的效率越高、市场的有效性也越强；另一方面，内部人由于天然拥有公司的内幕信息，因此在公司治理水平低下及缺乏监管的条件下，内部人利用信息优势非法获利严重伤害到市场上其他投资者的利益。2017 年 5 月，证监会发布的《上市公司股东、董事、监事、高级管理人员减持股份的若干规定》，是我国股权分置改革放开股份减持以来，对内部人交易的最新政策性文件，对内部人交易进行了规范和约束，旨在保障我国资本市场的公平公正，保护投资人的合法权益。内部人交易之所以被如此重视和严密监督和规范，正是因为内部人往往利用信息不对称进行股份增持或减持从而获得超额收益。

由于信息不对称和委托代理成本的客观存在，交易双方对信息的掌握程度存在差异，掌握信息较多的一方往往具有信息优势，这导致了信息传递不充分，从而导致资金供给者由于对风险的担忧而要求更高的利率，引致了贷款规模下降和较高的融资成本。此外，当一个国家或地区的银行系统不能满足贷款需求时，这种受限的贷款规模便会引发贷款的配给问题，进一步地，公司外部投资者与公司经营管理者之间由于对公司生产经营情况的信息不对称，会使公司外部融资成本高于其内部融资成本，这种差距越大，意味着公司面临的融资约束越严重，对于公司而言，可以从资金"入口"的角度理解资本配置效率，即融资约束直接导致了外部资本流入公司的资本配置效率下降。如果从资金运用结果这一"出口"来看，投资不足和投资过度即投资效率低下也使资本配置效率下降。作为"入"的融资约束和作为"出"的投资效率，宏观上影响了资本市场的发展和国民经济的帕累托改进，微观上影响了公司的投融资决策和公司价值的实现。资本配置效率低下本身就源于信息不对称和委托代理成本，内部人通过股份的增减持，使公司内部的产权结构发生变动，同时使公司的资源在不同部门不同群体不同利益相关者之间发生流转，因此，内部人交易既体现了产权变动，也导致了不同的资源配置效果。

2008 年《企业内部控制基本规范》和 2010 年《企业内部控制配套指引》相继颁布实施以来，内部控制及其质量被广泛研究。首先，公司构建内部控制体系的目标是使会计信息得以正当披露，保证资产的安全与完整，实现利润的同时使风险可控，从这个层面讲，内部控制质量的高低，决定了信息不对称程度的高低。其次，如果内部控制体系较为完善、内部控制质量较高，意味着公司有着完善的内部控制环境、健全的风险评估和信息沟通机制、稳健的控制活动与监督，能够减少股东与管理者之间由于委托代理关系而带来的一系列问题，同时由于信息更加透明，股东与管理者的目标能够渐趋一致，从而减少投资过度与投资不足，提升投资效率。

基于以上背景，内部人交易的主体当然是包括董事、监事、高级管理人员在内的公司内部人，而我国 2008 年发布的《企业内部控制基本规范》明确规定：

"董事会负责内部控制的建立健全和有效实施。监事会对董事会建立与实施内部控制进行监督。经理层负责组织领导企业内部控制的日常运行"。由此可见,本书希望明确内部人交易对包括融资约束和投资效率在内的资本配置效率的影响,在此基础上讨论内部控制质量在这一影响过程中到底发挥了何种效用。

1.1.2 研究意义

理论意义:拓展了内部控制理论研究的内涵和外延,从内部人交易和资本配置角度拓展了信息不对称和委托代理理论,并丰富了内部控制质量与财务报告质量、内部控制质量与公司治理之间的关系。从公司所有权结构这一治理本质特征出发,通过嵌入实际控制人性质、股权制衡、机构投资者持股等多个公司治理维度,除了研究内部人交易与内部控制质量和融资约束、投资效率之间的关系,更深入全面研究了内外部持股和股权制衡等公司治理效应对内部人交易的影响,丰富和发展了公司治理理论。

实践意义:除了从政策法规角度进行"外部"规范,还有助于提醒公司要"苦练内功",从内部控制质量角度屏蔽内部人交易的动机,同时加强包括内部人交易在内的对外信息披露,由内而外、内外结合,从根本上保证内部人交易的透明化、合规化。同时,内部人交易集中体现了产权的变动,这种变动对资本配置效率的优化或降低,会使公司大股东和董事、监事、高级管理人员在做出投融资决策和分配决策时,除了考虑自身增减持股份带来的短期超额收益,更应该考虑由于资本配置给公司带来的长期收益(或损失),从而避免短视和机会主义行为。

1.2 研究内容与研究方法、技术路线

1.2.1 研究内容

第1章为导论。主要说明研究动机、研究意义、研究方法、研究思路结构安排。

第2章为文献综述。总结和资本配置相关问题在国内外研究主要成果。

第3章为理论基础。主要从信息不对称理论、委托代理理论、投融资理论等角度归纳内部人交易、内部控制质量和资本配置依据的理论基础。

第4章为路径与关系分析。分析内部人交易与资本配置效率、内部控制质量与资本配置效率之间的影响路径，以及内部人交易与内部控制质量相结合对资本配置效率可能的影响。

第5章为内部人交易、财务报告质量与信息不对称。以是否发生内部人交易、内部人交易占流通股比例，再以内部控制质量的重要体现即财务报告质量为核心解释变量，以融资约束和投资效率的主要影响因素即信息不对称为被解释变量，从内在机制角度理论分析并实证检验内部人交易和内部控制质量对资本配置效率的影响。

第6章为内部人交易、内部控制质量与融资约束。通过理论分析内部人交易和内部控制质量对融资约束的影响，然后以我国上市公司数据为研究样本，实证检验内部人交易与内部控制质量对融资约束的影响，以及内部控制质量在内部人交易影响融资约束过程中发挥了何种效应。

第7章为内部人交易、内部控制质量与投资效率。理论分析和实证检验内部人交易对投资效率起到了促进抑或降低作用，并结合内部控制质量对投资效率的作用，进一步分析内部控制质量的替代作用或互补作用。

第8章为研究结论、政策建议与研究展望。对全书进行整体归纳，提炼主要研究结论，并得出针对性的政策建议，最后提出未来可能的研究方向。

1.2.2　研究方法

（1）理论分析。

1）本书首先对国内外经典文献进行详细研读，确立内部人交易与资本配置效率关系研究这一细分主题。其次借助信息不对称理论和委托代理理论的经典理论和方法，并结合公司治理理论，从内部人交易、内部控制质量和资本配置效率三者之间的关系入手，分析内部控制质量在内部人交易对资本配置效率影响过程中发挥的作用。

2）对相关文献进行归纳和分类。采用归纳总结和逻辑演绎法，从理论上分析内部人交易、内部控制质量对资本配置效率的影响。同时，通过文献回顾分析内部人交易、内部控制质量和资本配置效率的研究现状及其有效性等经济后果，尽量回避写作过程中出现的理论错误和主观臆断带来的缺陷。

（2）实证分析。

1）简单的描述性统计。从总体规模、交易年度、获得的超额收益、不同产权性质等角度对内部人交易现状进行统计分析，简单归纳内部人交易在我国的特点，为进一步的实证检验打好基础。

2）内部人交易对资本配置效率的影响。主要从内部人所代表的产权性质及内部人交易的后果，实证分析其股份变动对资本配置效率的影响，分别从内部人交易对融资约束的影响、内部人交易对投资效率的影响进行实证检验。

3）内部人交易、内部控制质量对资本配置效率的影响。借助内部控制质量指数，在实证分析内部控制质量对融资约束、投资效率影响的基础上，重点分析内部控制质量在内部人交易分别影响融资约束和投资效率影响过程中发挥的作用。

1.2.3 技术路线

本书拟采用如下技术路线（见图1.1）：

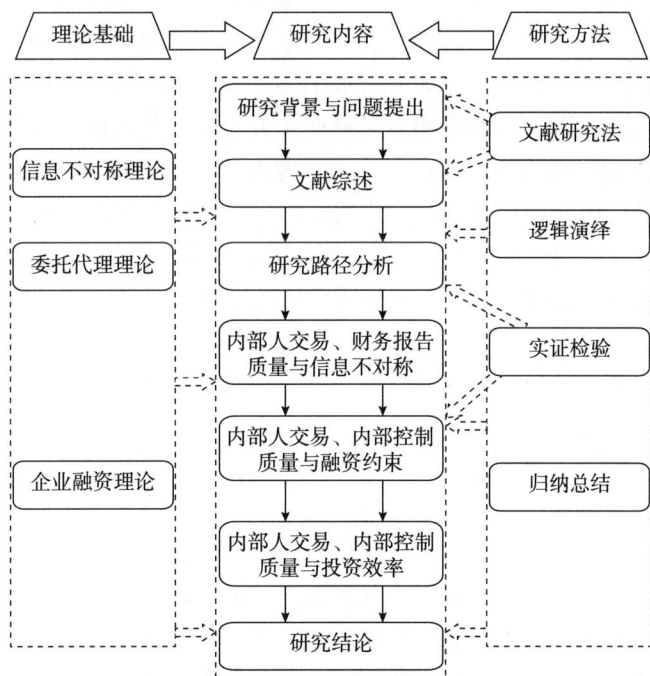

图1.1 研究技术路线

1.3　基本概念界定

1.3.1　内部人交易

公司内部人是一类拥有高度准确信息、信息获取成本低的特殊信息交易者，内部人交易即内部人通过二级市场买卖本公司股票的行为。就本书而言，公司内部人被界定为公司董事、监事和高级管理人员。从包括我国在内的大多数国家实践来看，内部人交易普遍经历了从严限制到有条件的放开这一过程。如美国 1933 年的证券法严格限制内部人减持到后来的允许匿名交易再到有条件的放开；我国 2006 年修订的《公司法》规定"公司董事、监事、高级管理人员……在任职期间每年转让的股份不得超过其所持有本公司股份总数的百分之二十五；所持本公司股份自公司股票上市交易之日起一年内不得转让。上述人员离职后半年内，不得转让其所持有的本公司股份"。2007 年 4 月，证监会颁布的《上市公司董事、监事和高级管理人员所持本公司股份及其变动管理规则》规定"上市公司董事、监事和高级管理人员在任职期间，每年通过集中竞价、大宗交易、协议转让等方式转让的股份不得超过其所持本公司股份总数的百分之二十五"。2016 年 1 月和 2017 年 5 月，证监会出台的《上市公司大股东、董事、监事、高级管理人员减持股份的若干规定》和《上市公司股东、董事、监事、高级管理人员减持股份的若干规定》规定"上市公司（大）股东、董事、监事、高级管理人员减持股份，应当按照法律、法规和本规定，以及证券交易所规则，真实、准确、完整、及时履行信息披露义务"，本书所称的内部人便是基于以上法律法规和部门规章，并结合针对本公司股票的交易而进行的界定，即公司董事、监事和高级管理人员。

内部人交易不同于内幕交易，凡是知悉内幕信息的知情人都可以作为内幕交易的主体，范围远大于董事、监事和高级管理人员。此外，尽管内部人交易主体即公司内部人也是利用其信息优势进行本公司的股票买卖，但是只要符合前述各种法律法规的允许条件，就可以进行内部人交易，而利用内幕信息进行内幕交易则被各国法律所禁止。

1.3.2　内部控制质量

本书先界定内部控制的概念，借鉴 1972 年美国审计准则委员会（ASB）对内部控制的定义，即"内部控制是在一定的环境下，单位为了提高经营效率、充分有效地获得和使用各种资源，达到既定管理目标，而在单位内部实施的各种制约和调节的组织、计划、程序和方法"，并采纳我国 2008 年财政部等多部委联合发布的《企业内部控制基本规范》对内部控制的界定，即"内部控制，是由企业董事会、监事会、经理层和全体员工实施的、旨在实现控制目标的过程"。目前国内外理论与实务界均普遍认可内部控制框架体系，内部控制具体由内部控制环境、风险评估、信息与沟通、控制活动和控制监督五要素组成。

随着我国 2008 年《企业内部控制基本规范》和 2010 年《企业内部控制应用指引》的相继发布，我国对内部控制的重视程度越来越高。截至 2016 年底，我国共有 2864 家上市公司编制并披露了内部控制评价报告，占所有同期披露财务报告上市公司数量的 92%，并有 2253 家上市公司披露了由会计师事务所出具的内部控制审计报告。借鉴深圳迪博公司内部控制数据库的衡量标准，若上市公司能够在内部控制环境、风险评价、控制活动等五要素范围内均达到《企业内部控制基本规范》和《企业内部控制应用指引》的相关要求，同时有效披露内部控制评价报告和内部控制审计报告，并就披露的内部控制缺陷及时整改，聘请声誉较高的会计师事务所为其出具内部控制审计报告，则可以认定该公司内部控制质量较高；反之则较低，根据对上市公司内部控制构成部分进行加权平均打分，得到量化的内部控制质量。

1.3.3　资源配置、资产配置及其效率

在对既有相关文献进行阅读学习和梳理归纳的过程中，笔者发现包括博士论文在内的很多既有文献并没有对资本配置及效率的相关概念进行清晰界定，甚至在同一文献中，将诸如"资本配置""资源配置"等相关概念视为一个概念而混用。因此，本书先将资源配置、资产配置及其效率的相关概念进行归纳总结，并根据本书的研究目标和内容对资本配置效率进行进一步的界定。

（1）资源配置与资源配置效率。从经济学角度来讲，资源是指生产过程中

所使用的投入（蒙德尔、胡代光，2000）。具体而言，不同于一般意义上的海洋、矿藏等自然资源，经济学上的资源是能够维持和创造社会福利的，且具有稀缺性的一种客观存在。基于资源的"稀缺性"这一前提，资源配置就是将稀缺的资源在各领域和各部门之间进行分配的过程，这一过程是动态的。进一步地，资源配置效率是指既定条件下，各投入要素在向各产出主体的分配过程中所产生的效益。资源配置效率体现了资源配置的合理性，资源利用程度越高，资源分配越合理，各种投入要素之间的组合越有效，从而减少宏观角度的经济浪费，提升微观主体的竞争优势，向社会福利最大化趋近，资源配置效率从而越高。换句话说，经济学中的资源配置效率主要体现为三个方面：有限的生产要素为谁服务、如何服务以及服务产出是什么。以科斯为代表的新制度经济学认为，产权的初始配置和交易成本对资源配置效率起基础性作用，即如果存在明晰的产权，且交易成本为零，那么谁拥有产权并不会影响资源配置的效率；相对应地，在交易成本为正的客观现实环境中，初始产权的界定会导致不同的资源配置效率。因此，当交易成本普遍存在的情形下，明晰的产权对资源配置及其效率有着至关重要的影响（Coase，1960）。著名的帕累托最优就是一种理想状态的资源配置效率，即当资源既定时，使一方或多方受益而其他各方利益不受损失。根据经济学一般均衡理论，要想达到帕累托最优的资源配置效率水平，各生产厂商根据相同生产要素生产产品时，边际产量应当相等，即边际技术替代率应当相等。

（2）资产配置与资产配置效率。本书倾向于会计学上对资产的定义，即资产是指由于过去的交易或事项形成的，被企业拥有或控制的，能够给企业带来经济利益流入的各项资源。从定义上看，资产也从属于资源，但是很明显，经过"过去的交易或事项形成""拥有或控制""经济利益流入"等条件层层限制后，资产的内涵远远小于资源的范围，即资产作为资源的微观存在，不仅是一种投入要素，而且必须是由微观主体"拥有或控制"且能够带来预期收益。

与资产的概念相对应，资产配置包含两层含义，一层是资产总体规模的增减变化，另一层是资产内部不同构成部分之间的结构安排。与资源配置、资本配置类似，资产配置更多地体现为动态性，即在考虑内外部因素的情形下，不断调整资产规模和资产结构，使之带来尽可能大的收益。同时，与资源配置、资本配置不同的是，资产配置更多地与"投资组合"关联，Markowitz（1959）的现代投资组合理论和 Roberts（1967）的市场有效假说以及 Sharpe（1964）

的资本资产定价模型为资产配置奠定了理论基础。现代投资组合理论主要强调不确定性条件下，分散持有是最优的资产配置决策；市场有效假说认为，在有效市场中，除了需要分散投资，还应当将资产区分不同的收益模式，从而最大化地补偿风险，保持投资组合的相对稳定性；资本资产定价模型则表明了无风险利率与资产风险水平以及资产组合价值的关系。从最早的"鸡蛋放进不同的篮子"即风险分散说，到1921年《华尔街日报》的"1/4"投资说，再到现代投资组合理论、市场有效假说以及资本资产定价模型，资产配置更强调在既定资产规模的前提下，通过资产内部现金、银行存款、固定资产、长期股权投资等不同的结构安排，如将现金转换为证券，或将厂房置换为股权，以追求实现更高的资产收益率。进一步地，资产配置效率就是指通过资产配置过程，实际获得的资产收益率与最优资产收益率之间的效率差异。基于资产配置与投资组合的密切关系，也有研究将资产配置效率界定为投资效率。

整体而言，资产与资本包含在资源的范畴之内，即都属于投入要素，本身具有稀缺性特征，因此都需要进行配置。无论是资源配置、资本配置还是资产配置，都是基于其自身的稀缺性而进行动态配置，三者的配置效率也通常指实际配置效率与最优配置效率或产出效率的差异。同时，三者又存在明显区别，除前文所述的资源、资本和资产字面的区别之外，资源配置更偏向于宏观角度的各领域和各部门之间的静态结构和动态流动，资源配置效率也相应地以社会福利最大化或帕累托最优为追求目标；资产配置更倾向于资产本身内部结构的安排与组合，如现金、固定资产、长期投资等之间的比例配置，强调资产的安全性和分散投资，资产配置效率也相应地表现为实际的资产收益率与最优资产收益率之间的差异；资本配置则强调具有增值功能的资本如何以融资的形式进入某部门或企业，以及如何以投资的形式离开某部门或企业，资本配置效率相应地体现为融资约束程度与投资效率。相对而言，资源配置及其效率偏向于宏观角度，资产配置和资本配置及其效率更偏向于中观或微观角度。

1.3.4 资本配置与资本配置效率

（1）资本配置的含义。马克思在其经典著作《资本论》中，认为资本是自行增值的价值："货币、商品和生产要素只是处在过程中的资本价值的相互交替形式。"亚当·斯密在《国富论》中认为，资本是将某人或某个组织拥有所有权的资产进行使用权等权能的出让，并获取利润，这也间接说明了资产与资本的区别，即资产本身并不能创造价值，只有将资产通过转让部分权能为代价转换为资本，才能通过"增值"实现"未来经济利益的流入"。

资本以增值为存在目的，而且资本有着多种表现形式。从经济学角度分析，资本泛指用于生产的基本要素，如厂房、设备、资金等生产物质资源。资本有其社会属性和自然属性，社会属性是指资本反映了社会关系，自然属性是指资本增值的目的性，本书将资本归纳为其自然属性。资本包括货币资本和非货币资本，货币资本是以货币形式存在的资本，是为购买生产资料和劳动力而形成的"储备"资本和"预付"资本，经过生产、销售等过程流转，货币资本逐步转化为生产资本、商品资本，最终又以货币形式进入下一个资本循环。而非货币资本是指人力资本、社会资本、土地、房屋、知识产权等不易用货币衡量或具备非流动性等特点的资本。相应地，资本配置就是对资本取得和资本运用，在各部门和各环节之间进行的安排与规划。

（2）资本配置的方式。从手段来讲，资本配置可通过行政配置和市场配置得以实现，前者是指通过政府行政命令强制性地将资本配置至各个区域和部门，市场配置则是通过市场调节等手段自发将资本配置至各个区域和部门。当前世界各经济体基本上都是以市场调节为主、政府调控为辅来实现资本配置。

从资本配置的领域来讲，可以通过宏观和微观两个层次实现资本配置的功能。就宏观层面而言，主要是从国民经济范畴实现资本配置，具体又可通过产业角度和地区角度得以实现。产业角度的资本配置主要是指各资本要素在国民经济各个产业、各个行业之间以及各个产业、各个行业内部的静态结构和动态流动过程；地区角度的资本配置主要是指各资本要素在地域之间以及地域内部的静态结构和动态流动过程。产业角度和地区角度两者的资本配置不是相互独立和割裂的关系，产业角度的资本配置分布于不同的地域，地区角度的资本配置往往布局于不同的产业。就宏观层次而言，追求的是资本配置过程的不断优化，对于不同产业、不同地区的资本配置，优势增长理论认为应当优先将稀缺的资本集中于优势产业和先进地区，实现快速和大量产出，然后反哺于弱势产业和落后地区以达到"先富带后富"，平衡增长理论则主张将资本均衡配置于各产业和各地区，实现平衡发展。

就微观层面而言，资本配置是指资本如何最有效地配置到各公司及其各项目上，以及在公司内部的负债和股权之间如何更有效地配比，从而保障项目决策的最优化和公司价值的最大化。就资本配置于各公司的过程而言，具体体现为资本流入和资本流出，当一个公司生产运营效率高于其他公司的平均水平时，较高的产出和利润能够以更低的资本成本吸引外部资本的进入，这便是资本微观层面的第一次配置过程；公司利用其业务和经营优势，将自有资本和融入资本，按照既定的收益率标准进行对外和对内投资，这一投资过程便体现了资本微观层面的第二次配置过程。就资本在公司内部的配置过程而言，主要体现为将货币资本转换为原材料、机器设备、人力资本，进而生产出产品变现，最后回到货币资本这一循环过程。

就本书而言，主要研究微观层面的资本配置，并聚焦于企业之间资本流入即融资过程和资本流出即投资过程的资本配置。

（3）资本配置效率的概念界定。资本配置效率一直以来都是经济学研究的重要命题，在财务学领域中也是被研究的核心之一。与前文的资源配置效率对应，本书倾向于将资本配置效率类比为微观层面的资源配置效率，即资本在企业之间和企业内部的流转与使用效率。

整体而言，高资本配置效率就是在社会资本总额不变的前提下，根据获得资本的成本高低及资本投资收益率的高低，将资本有效配置到各个公司、各个地区乃至各个行业中去，使各个公司、各个地区和各个行业的资本边际收益率趋于相等，最终达到最优状态。资本配置效率还可以分为静态资本配置效率和动态资本配置效率。前者是指其他条件不变时，实际资本配置与理想资本配置之间的差异；后者是指当资本配置偏离均衡状态时，向理想的均衡状态趋向和收敛的过程和效率。资本配置若想达到理想状态，必须考虑融资过程和投资过程（Stein，2001），相对应的资本配置效率应当从融资约束程度和投资效率来体现。

本书借鉴 Stein（2001）、Mclean 等（2012）、陈德球等（2012）、于文超和何勤英（2013）、岳琴（2013）、韩林静（2017）的观点，从微观视角的公司层面界定资本配置效率，即从公司获取外部融资、进行投资的资本配置过程考察，当公司能够以较低的资本成本获取外部融资，意味着融资约束程度较轻；同时，实际投资水平与理想投资水平之间的差异较小，这时的资本配置便是有效的，资本配置效率较高。

（4）对资本配置效率概念的进一步阐释。当一个公司由于生产经营扩张及其他原因需要从外部资本市场筹集资金时，如果能够以较低的资本成本筹集到所需资金，那么可以认为该公司的融资约束程度较低，从而完成资本配置的第一个环节。该公司经过投资计划和决策，将所筹集资金投入生产经营环节和其他投资环节，从而获得期望的投资报酬率，即为资本配置的第二个环节。本书所述的资本配置效率就从资本配置的两个环节来进行讨论，即融资约束和投资效率。

1）融资约束。现代财务理论认为，由于不完美市场的存在，即信息不对称和委托代理成本导致了外部融资成本高于内部资本成本，由此形成了融资约束。融资既是将储蓄转化为投资的过程，也是外部资本向融资企业不断配置的过程，企业如果不能以较低的成本筹集到所需资金，资本配置效率就无从谈起。同时，衡量融资效果必须以资金获取成本与资金使用效果进行对比，只有这样才能体现融资的效果。当企业能够以合理成本筹集到所需资金，说明此时的企业融资约束程度较轻，资金的融入效率相对较高；反之则说明企业存在较严重的融资约束，资金的融入效率相对较低，进而从"入口"角度降低了资本配置效率。

2）投资效率。关于投资效率的界定截至目前还没有一个公认和统一的标准。从投资目的来讲，顺利实现投资决策的目标，获得正的项目回报，从而实现公司价值最大化，应当是衡量投资效率高低的最重要标准。但是在现实投资过程中，由于信息不对称和委托代理成本的存在，公司投资往往会导致投资过度或投资不足，在投资过度或投资不足的情形下，即使投资项目获得了正的项目回报，也会因为投资资金被过度使用或没有被有效使用，从而导致投资效率低下。因此，本书借鉴 Richardson（2006）、叶蓓和袁建国（2007）的观点，将投资效率界定为项目预期回报为正，同时考虑了信息不对称因素和委托代理成本之后的、公司实际投资额与公司预期投资额之间的差异，即当投资项目能够获得正的预期回报，且实际投资额与公司预期最优投资额之间的差异越小，说明公司的投资效率越高，从"出口"角度也就提升了资本配置效率。

3）融资约束与投资效率。融资约束是影响投资效率高低的重要因素，但并不是唯一因素，融资约束对投资效率的作用效果目前仍没有较为一致的研究结论。就本书而言，有必要先分析内部人交易对融资约束的影响，即分析内部人交易是否对公司从外部获得资金产生了影响，并分析在融资约束背景下，内部人交易是否对公司投资效率构成了显著影响，即是否影响了公司资本向其他环节的配置，并将融资约束分为高融资约束和低融资约束，进一步分析内部人交易对公司投资效率构成的影响。同时，重点考察内部控制质量在前述过程中发挥的效应。本书认为，融资过程和投资过程是资本配置过程中不可分割的、有机联系的、一以贯之的两个过程，只有将融资过程和投资过程有机统一于资本配置的过程，才能真正体现资本配置效率的高低。

1.3.5　资本配置效率的衡量方法

与前文资本配置从宏观和微观方式考察类似，资本配置效率也可以从宏观和微观进行度量。

（1）宏观层面的资本配置效率度量。如前所述，宏观层面的资本配置可以从产业和地域两个角度进行考察，根据资本流动的规律，当某产业或某区域的资本收益率高于其他产业或其他区域，就会引发资本投入增加，相反则会导致资本流出和削减。在衡量资本配置效率时，比较经典的模型是 Wurgler（2001）构建的投入产出模型：

$$\mathrm{Ln}\ \frac{I_{i,t}}{I_{i,t-1}} = \alpha + \eta \mathrm{Ln}\ \frac{V_{i,t}}{V_{i,t-1}} + \varepsilon_{i,t} \tag{1.1}$$

式（1.1）中，I 代表资本投入，通常以固定资产投资表示；V 代表某行业的资本产出，通常以行业平均利润表示；η 代表行业投资反应系数，η 越大，表明资本投入与资本产出关系越密切，资本配置效率越高。Wurgler 资本配置效率模型也被称作投入产出模型，由于能够得出效率值，便于进行动态衡量，因此在国内外研究资本配置效率时被广泛运用。

（2）微观层面的资本配置效率度量。微观层面的资本配置效率主要体现为资本在企业之间流入流出的配置效率。具体表现为融资约束程度和投资效率。

1）衡量融资约束的标准。既有文献主要有两大类衡量融资约束程度的方法：

第一大类方法是采取单一指标对融资约束进行评价，如公司获得银行贷款越容易，则融资约束程度一般较低（Cull & Xu，2005；Ayyagari et al.，2011）；公司规模越大，则融资约束程度一般越低；现金分红越少，则融资约束程度往往越高；非国有公司往往面临更高的融资约束程度（Myers & Majluf，1984；Opler et al.，1999；Hadlock & Pierce，2010；屈文洲等，2011；甄红线和王谨乐，2016；全怡等，2016；周开国等，2017）。

第二大类方法则将上述单一指标进行组合，构建专门衡量融资约束的指标。经过较长时间的发展，逐步形成了三种关于融资约束的衡量指标。

第一，Fazzari 等（1988）提出的投资—现金流敏感系数，表示企业面临的融资约束程度越高，其对外投资所需要的内部现金流就越多，即两者间的敏感系数越大，随着学者研究的深入，对于投资—现金流敏感性的质疑不断增加，主要基于两个方面，其一，未来投资对现金流敏感的核心因素可能并不是融资约束，如委托代理问题引发的管理层超额在职消费也可能会导致投资对现金流敏感（Vogt，1994）；其二，经营现金流除了包含财务信息，也会包含投资信息，即使不存在融资约束，投资与现金流之间也可能很敏感（Hubbard，1998）。

第二，Almeida 等（2004）提出的现金—现金流敏感系数，指公司为保证未来投资所需资金，在面临融资约束程度较严重时，会保留更多的现金，使公司的现金—现金流敏感性较高。现金—现金流敏感性在我国融资约束研究中得到了较多的运用，我国资本市场中面临融资约束的公司呈现了更高的现金—现金流敏感系数（连玉君等，2008；王彦超，2009；于蔚等，2012；姚耀军和董钢锋，2015）。

第三，Kaplan 和 Zingales（1997）提出的 KZ 指数，将与融资约束相关的若干变量采用有序逻辑回归（Ordered Logistic）方法构建而成。总体而言，与国外发达资本市场相比，我国现金股利支付率较低，同时制造业所占比重较大，因此运用 KZ 指数衡量融资约束程度成为当前许多研究文献中使用的指标（邓可斌和曾海舰，2014；鞠晓生等，2013；李科和徐龙炳，2011；李君平和徐龙炳，2015）。

此外，还有 SA 指数、WW 指数等，其中 SA 指数由 Hadlock 和 Pierce（2010）借助企业规模和上市年限这两个外生变量进行构建而成，一定程度上解决了前述指标的内生性问题，能够从长期体现融资约束的特征。

2）投资效率的衡量。由于实际投资水平与预期投资水平存在差异，由此产生了非效率投资行为。理查德森（Richardson，2006）投资效率模型是截至目前衡量投资效率运用最广泛的模型，通过计算投资模型的残差作为投资不足和投资过度的代理变量，借以衡量投资效率，残差绝对值越小，表明企业投资过度或投资不足程度越低，投资效率越高。Richardson 投资效率模型如下：

$$Inv_{i,t} = \beta_0 + \beta_1 Growth_{i,t-1} + \beta_2 Lev_{i,t-1} + \beta_3 Cash_{i,t-1} + \beta_4 Age_{i,t-1} +$$
$$\beta_5 Size_{i,t-1} + \beta_6 Ret_{i,t-1} + \beta_7 Inv_{i,t-1} + \beta_8 \sum Ind + \beta_9 \sum Year + \varepsilon_{i,t}$$

$$(1.2)$$

式（1.2）中，Inv 代表新增资本投资；Growth 代表成长机会，通常以销售收入增长率表示；Lev 代表资产负债率；Cash 代表现金存量；Age 代表公司上市年限；Size 代表公司资产总额；Ret 代表股票年度回报率；Ind 和 Year 分别代表行业和年度。该模型的残差 ε 绝对值即表示非效率投资程度，残差绝对值越小表示投资效率越高；反之则表示投资效率越低。

部分学者质疑，理查德森预期投资模型的残差是基于样本公司投资水平最优的前提下才能正确衡量非效率投资，但是现实市场是不完美的，加之信息不对称和委托代理成本的存在，理查德森预期投资模型的解释变量在拟合最优投资水平时便有失精确，相应得出的残差也就很有可能出现偏差（Biddle et al.，2009；宋玉臣和李连伟，2017）。进一步提出运用异质性随机前沿模型计算投资效率，模型如下：

$$\frac{I_{i,\,t}}{Asset_{i,\,t-1}} = \beta_0 + \beta_1 TobinQ_{i,\,t} + \beta_2 \frac{CF_{i,\,t}}{Asset_{i,\,t-1}} + \beta_3 \frac{\Delta EQ_{i,\,t}}{Asset_{i,\,t-1}} + \beta_4 \frac{\Delta DT_{i,\,t}}{Asset_{i,\,t-1}} +$$

$$\beta_5 Size_{i,\,t} + \beta_6 \sum Year + v_{i,\,t} - u_{i,\,t}$$

$$(1.3)$$

式（1.3）中，$I_{i,t}$ 表示购买固定资产、无形资产和其他长期资产支出，$Asset_{i,t-1}$ 表示滞后一期的资产总额，$TobinQ_{i,t}$ 表示投资机会托宾 Q 值，$CF_{i,t}$ 表示经营活动现金流量，$\Delta EQ_{i,t}$ 表示以股本和资本公积金代表的股权融资净增加额，$\Delta DT_{i,t}$ 表示负债净增加额，$v_{i,t}$ 和 $u_{i,t}$ 则分别表示一般随机干扰项和无效率干扰项。

1.4　可能的创新之处

2017 年 4 月，我国证监会发布《上市公司股东、董事、监事、高级管理人员减持股份的若干规定》，这是证监会继 2007 年、2016 年之后发布的关于内部人交易股票最新的专门性文件。从历次"规定"可以看出，内部人交易面临的限制性规定越来越严格，然而包括《公司法》《证券法》和证监会部门规章在内，对于内部人交易的限制性规定都是外在要求，并没有对公司本身如何通过公司治理机制，从内部制度层面遏制内部人交易获取非正常的超额收益提出系统要求。本书结合我国财政部等五部委公布的 2008 年《企业内部控制基本规范》和 2010 年《企业内部控制配套指引》，分析内部控制质量在内部人交易影响资本配置效率过程中发挥的替代或协调作用，这对于从内部制度层面补充和完善《公司法》《证券法》及前述证监会部门规章对内部人交易的约束机制，具有一定的创新意义。

从信息传导这一路径理论分析和实证检验内部人交易如何导致融资约束及对投资效率的影响。一方面，对于融资约束的成因在大量的既有文献中已经做过表述，但从内部人交易角度进行分析的研究成果还比较少。本书提出内部人交易的超额收益的多寡传递了内部人利用信息优势的程度高低，这种超额收益多寡便相应体现了外部投资者的信息劣势严重程度。作为回应，外部投资者会做出逆向选择，即内部人交易获取越多超额收益的公司，越不会继续成为外部投资者的投资目标，这时，虽然内部人通过交易暂时获得了超额收益，但是由于外部投资者的逐渐"远离"，使公司股票流动性下降，内外融资成本差异不断加剧，最后导致了高程度的融资约束。另一方面，由于内部人交易主体在公司投融资决策中的重要地位，使内部人交易对于投资效率的影响具有重要的研究价值，结合内部人交易的方向以及期间不同，更是给本书的研究留下了较大的研究空间，截至目前的相关文献主要基于国外的研究成果，国内相关研究还较少。

影响资本配置效率的因素包括宏观层面因素和微观层面因素。宏观层面因素包括政府对经济的干预程度、市场开放程度、金融发展水平、区域经济差异；具体到公司企业的微观因素则主要是指公司内部治理水平，包括公司股权结构、投融资决策的科学性、大小股东和董事、监事、高级管理人员权力制衡及对外部产品市场、资本市场、投资者策略等内外部治理机制。内部控制是公司治理在生产经营等方面的延伸和具体化，其制度和机制首先是以公司董事、监事、高级管理人员为主体设计和执行的，同时，国内外普遍存在的内部人交易的"主力"也是公司董事、监事、高级管理人员，尤其是内部人交易信息披露后，必然会引起外部投资者的投资判断。无论是"跟风交易"还是"用脚投票"，加之公司内部人在公司的特殊身份与地位，内部人交易对于公司资本的流入、流出都必然会产生较大影响，这本身就是一种资本配置，在这种资本配置的过程中，可能存在资本从低效益公司流出至市场进而流向高效益公司，也可能由于公司治理水平低下、内部控制缺陷、公司内部人自利行为等因素使资本从高效益公司或外部市场流向低效益公司。本书研究公司内部人交易与资本配置效率关系研究的关系，正是试图通过公司内部人交易这一看似交易量较少、交易比例较低的现象，深入分析和实证检验其对资本配置效率是否发挥了显著影响。

　　结合既有文献和本书的理论分析，高内部控制质量能够缓解融资约束和提升投资效率，而内部人交易及其获取的超额收益越多，是否越可能导致更高程度的融资约束，以及对投资效率的影响是不是确定的，还没有定论，尤其两者的主体都是董事、监事和高级管理层的情况下，对于资本配置效率的影响是否存在相互效应，本书进行了交互效应分析，对内部人交易和内部控制质量的协同作用或替代作用进行了理论分析和实证检验。通过一系列理论分析和实证检验，本书试图论证：内部人交易和内部控制质量对于资本配置效率有着深刻而关键的影响，从而为今后的研究做进一步深入和长期的准备。

第 2 章　文献综述

2.1　内部人交易相关文献综述

国内外对内部人交易的相关研究经历了分析内部人交易收益的影响因素、内部人交易导致的市场反应、内部人交易带来的内部人和其他投资者之间的关系等几个内容和阶段。Lorie 和 Niederhoffer（1968）应当是最早对内部人交易进行系统研究的国外学者，Jaffe（1974）则最早运用事件研究法对内部人交易进行定量分析。廉鹏和王克敏（2009）较早对内部人交易的国外研究成果进行了文献综述，认为国外学者主要是从内部人通过交易获得超额收益、内部人交易的信息披露、内部人交易的市场反应、内部人交易与公司治理几个方面进行研究。

2.1.1　内部人交易及其所获收益的影响因素

信息不对称理论是学者研究内部人交易及其所获收益的重要理论基础之一。Glosten 和 Milgrom（1985）、Aboody 和 Lev（2000）、Finnerty（1976）、Seyhun（1986）、Lakonishok 和 Lee（2001）都通过理论分析和实证检验，论证了公司信息不对称程度越高，内部人交易越频繁，内部人能够获得更高的超额收益。国内的曾庆生（2008）也结合我国上市公司的内部人交易数据，验证了内部人在卖出股票时具备很高的择时能力，这种择时能力可能源于公司不透明的内部信息。曾庆生和张耀中（2012）进一步发现，与主板上市公司相比，中小板上市公司的内部人利用其信息优势，在财务报告披露窗口期获得了更高的短期和中期超额回报。Rozeff 和 Zaman（1998）、Piotorski 和 Roulstone（2005）

认为，公司内部人在进行本公司股票交易过程中，利用了其对公司的业绩预测和估值判断优势。Huddart 等（2000）分析了内部人交易的动机，认为内部人买卖本公司股票是基于分散其资产配置风险和利用其信息优势获利的两大动机，进一步研究发现，公司内部人在法律法规规定了股票预售披露制度后，内部人利用信息优势获利的动机被大幅削弱，而更多的是基于分散资产配置风险这一动机。

就内部人交易的择时能力及能否获得超额收益而言，Frankel 和 Li（2004）通过实证分析认为，内部人交易获得的收益取决于三个方面的因素，即能获得的超额收益率、交易规模和交易频繁程度。Glosten 和 Milgrom（1985）通过理论模型证明了内部人交易的收益随着内部人（知情交易者）和外部人（不知情交易者）之间信息不对称程度的提高而增加；Aboody 和 Lev（2000）发现信息不对称程度（以较高的研发支出替代）高的公司内部人交易收益更高；更多的学者通过实证检验发现公司内部人能够通过其信息优势而具备较强的择时交易能力，获得短期和长期超额回报（Lakonishok & Lee，2002；Ravina & Sapienza，2010）。Roulstone（2003）发现，对内部人交易施加限制的公司，公司内部人持股比例往往更高，公司给予了公司内部人更多的激励补偿计划。此外，有学者探讨了法律环境对内部人交易的影响，Cheng 和 Kin（2006）通过理论分析和实证检验发现，在外部法律监管较为严格的情形下，公司内部人利用其信息优势减持股票的法律风险大为增加，而通过提前发布坏消息进而增持股份所面临的法律风险较低。

曾亚敏和张俊生（2009）实证考察了公司高管进行的违规短线交易，发现公司高管通过短线交易能够获得超额收益，且高管对违规短线交易做出的辩解恰恰印证了其能通过短线交易获得超额收益。朱荼芬等（2011）将内部人界定为高管，发现高管在进行本公司股票买卖过程中同样利用了其信息优势，具有很强的交易择时能力，在股票买入过程中利用了其对公司业绩的预测能力和优势，而在卖出过程中主要利用了对公司估值的预测能力和优势。林振兴和屈文洲（2010）也发现，大股东在进行限售股减持时具备很强的择时能力。朱荼芬等（2011）借助事件研究法，发现大股东在减持股票公告日前后存在明显的择时交易，即在减持公告日前，股票超额收益率显著为正，而在减持公告日后，股票超额收益率显著为负。李俊峰等（2011）则根据我国大股东增持样本，发现大股东具有明显的增持窗口效应，即在增持前，股票超额收益并未体现，而在大股东增持后，股票超额收益显著为正。韩复龄和崔庆柱（2011）以我国创业板发生内部人交易的上市公司为样本，发现在短时间窗口内，进行卖出操作的内部人能够获得超额回报，并验证了信息不对称和信息层级假说。李维安等（2013）则对创业板公司的内部人交易对公司价值和成长的影响进行了更为深入的分析，借助我国创业板公司数据，发现核心高管的减持行为显著损害了公司的成长性。王雷等（2014）以我国2010~2012年创业板上市公司的高管减持数据为研究样本，发现创业板上市公司的高管能够通过股票减持获得超额收益，且信息披露质量越高，高管减持所能获得的超额收益越低。廉鹏（2009）研究了公司内部人交易与公司信息披露之间的关系，发现公司内部人除了可以利用其信息优势获得超额收益之外，还能够利用资本市场的信息传导机制，提前发布坏消息进而买入股票，提前发布好消息进而卖出股票，从而获得更多的超额收益。与其他文献研究股票交易过程中的内部人交易不同，伍艳（2004）较早研究了管理层收购（MBO）与内部人交易的关系，发现在国企改制过程中，原管理层通过"暗箱"操作和远低于市场价格受让国有资产，形成了另一种形式的内部人交易，导致了国有资产流失和低效率。

李勇（2003）对"内部人交易"和"内幕交易"之间的关系进行了分析，认为内幕交易主体范围远大于内部人交易主体；内幕交易为各国法律所禁止，而内部人交易基本上被允许。徐昭（2014）通过对既有文献的梳理，从内部人交易的流动性需求、减持动机、外部信息传递和法律监管四个角度分析了内部人交易的内在机制。此外，信息层级假说也被众多学者认可，Betzer和Thissen（2010）发现，董事长、监事会主席等内部人的层级越高，其越有可能拥有更多的私有信息，越会获得更高的超额收益。曾建新（2014）在其博士学位论文中除了对内部人获取超额收益进行了理论分析和实证检验，还阐述了控制权私利和薄弱的公司治理环境是影响内部人交易的重要因素，并基于所有权结构对公司治理影响内部人交易的过程进行了分析。

2.1.2 内部人交易的经济后果

国内外学者的研究有很多放在了大股东减持自身持有的股票带给市场的信息含量和市场反应上。早在1983年，Carlton和Fischel就认识到内部人交易与其他股票交易一样，能够向市场传递重要信息，通过内部人交易信息的及时释放，外部投资者能够采集并判断内部人交易所蕴含的信息含量，从而做出相应的投资（尽管这种信息获知与内部人相比而言相对滞后），这种信息的不断传递可以稳定股票价格和资本市场。就内部人减持股份是否导致股价崩盘而言，

Marin 和 Oliver（2008）发现，股价崩盘更多的是由于内部人抛售本身带来的不确定增加导致的，而非内部人利用其私有信息所致，即内部人抛售传递给市场的往往是内部人对公司前景不看好等负面信息，因此外部投资者在发现内部人抛售后，跟风抛售从而导致股价崩盘。Hu 等（2013）通过对 48 个国家证券市场实施内部人交易限制性法律前后的对比发现，实施内部人交易限制性法律后的股价崩盘次数明显少于实施之前，并认为股价崩盘风险与内部人在减持股份前是否隐藏"坏消息"存在显著正相关关系。Cheng 等（2013）发现，内部人进行股份减持时，往往会在减持前发布好消息且向市场传递增强预测精度后的积极盈利信息，而在进行股票买入时，则会提前发布坏消息且向市场传递增强预测精度后的悲观盈利信息。与 Marin 和 Oliver（2008）的观点类似，吴战篪和李晓龙（2015）借助我国沪深上市公司 2007~2012 年的内部人交易数据，发现上市公司内部人中的"大股东"抛售股票的行为引发了股市中的股价崩盘，同时导致了不确定性风险增加，外部机构投资者为应对大股东抛售进行的持股调整进一步提升了股价崩盘风险，这种股价崩盘的原因是由于大股东与外部投资者利益出现背离导致的，而并非由于信息不对称促使大股东隐藏其私有信息。吴育辉和吴世农（2010）利用我国沪深上市公司 2007~2009 年的大股东减持数据，发现大股东在减持前倾向于披露好消息，而往往将坏消息集中披露于减持之后，而且大股东持股比例越高，越是控股股东，前述披露倾向越显著。蔡宁和魏明海（2009）通过研究"大小非""解禁"中的减持过程，发现非流通股股东在将其所持股份减持之前，公司存在显著的正向操控性应计活动，而在减持之后这种操控性应计明显减少。Jaggi 和 Tsui（2007）以中国香港上市公司为研究样本，发现公司管理者倾向于调高公司盈余，以在内部人交易中获得私人收益。Sawicki 和 Shrestha（2010）也发现，中国上市公司内部人在买入本公司股票时，往往调低公司盈余，而在卖出本公司股票时，则倾向于调高公司盈余，内部人交易与真实盈余管理之间存在显著相关关系。武聪和张俊生（2009）综合考察了内部人交易与应计盈余管理及与真实盈余管理的关系，发现内部人交易与应计盈余管理不存在显著相关关系，而与真实盈余管理显著相关，内部人在卖出股票之后进行了真实盈余管理的负向操作，而在买入股票之后则更多地进行了真实盈余管理的正向操作，表明进行盈余管理特别是真实盈余管理是内部人交易获得超额收益的一种手段。王培（2017）发现，内部人交易随着应计盈余管理与真实盈余管理，在内部人卖出股票前倾向于正向应计盈余管理和负向真实盈余管理，而在买入股票前则相反。曾庆生（2011）系统分析了内部人交易信息披露延迟及其经济后果，发现公司内部人越是在信息敏感期交易，信息披露延迟时间越长；内部人职位层级越高，公司治理效应越好，越倾向于尽快披露内部人交易信息；同时，内部人交易信息披露延迟时间越长，市场反应越趋于冷淡。赵玉洁（2016）发现，内部人交易越多的公司，其公司股票越容易发生股价崩盘，且非董事的内部人交易更容易引发股价崩盘风险。周冬华等（2015）以我国财务困境类上市公司为研究样本，发现财务困境类上市公司的内部人交易越多，则注册会计师基于对公司持续经营能力重大疑虑而出具非标准审计意见的概率越低。章卫东等（2014）以我国股权分置改革为研究起点，发现大股东增持能够获得短期超额收益，且增持股份的数量与超额收益率显著正相关，第二至第十大股东增持的市场反应要好于第一大股东的增持效应。

2.1.3　内部人与公司其他利益相关者的关系

既有文献研究了内部人交易给内部人以外的其他投资者和公司利益相关者的影响。总体而言，内部人交易给利益相关者带来的是负面影响。Seyhun 和 Bradley（1997）从委托代理角度分析了内部人抛售其所持股票给公司其他投资的影响，认为内部人抛售股票后，降低了为其他股东服务的动机，不利于外部股东利益最大化目标的实现，当公司内部人是董事、监事和高级管理层等时，其抛售股票的行为往往随着董事、监事和高级管理层个人利益的追逐与实现，很可能会损害公司其他股东的利益，加剧了第一类代理成本，当公司内部人是大股东时，其抛售股票的行为又很可能损害中小股东的利益，从而加剧了第二类代理成本。Fishman 和 Hagerty（1992）发现，公司内部人为了更好地实现其个人超额收益，减少外部专业投资者（机构投资者）对实现其目标的干预，往往会"驱赶"外部专业投资者（机构投资者）。Banerjee 和 Eckard（2001）发现，公司内部人利用其优势信息进行股票交易损害了其他投资者的利益。Huang 等（2012）分别研究了机构投资者和大股东对内部人交易的影响，发现国内机构投资者持股比例对内部人交易具有显著的抑制作用，但大股东持股比例对内部人交易却没有显著关系。Maug（2004）发现，大股东会为了自身利益而选择监督公司内部人或与公司内部人进行合谋，监督还是合谋取决于法律环境和处罚成本。

王鹏和张欣越（2017）研究了终极控制人与内部人交易的关系，发现政府作为终极控制人时，公司更容易发生内部人交易；等公司现金流权和控制权分离度较高时，终极控制人更容易和内部人合谋，通过内部人交易获利，即终极控制人并非始终监督公司内部人，而是有可能与内部人合谋甚至成为内部人的一部分。曾庆生和张耀中（2013）实证分析了政治关联、分析师跟踪和股权性质对内部人交易信息含量的影响，发现分析师跟踪与公司内部人交易信息含量之间存在显著负相关关系。李琳和张敦力（2017）利用我国沪深上市公司2008～2013 年的内部人交易数据，发现内部人交易获得的超额收益与分析师跟踪数量存在显著负相关关系，且国有股权持股和机构投资者持股比例均显著削弱了这种负相关关系。何青（2012）借助我国 2007～2010 年沪深上市公司的内部人交易数据，发现大股东通过减持股份获取了超额收益，并通过这种方式攫取了私人收益，损害了中小股东的利益，存在明显的堑壕效应。张本照等（2016）发现，内部人交易的信息披露含量受到投资者情绪的影响，但是内部人也会利用这种影响和传导机制去主动调整其对外披露的内部人交易信息。储小俊等（2015）发现，投资者情绪越高，公司内部人越倾向于卖出本公司股份，而不倾向于买入本公司股份。曾庆生（2014）基于信息不对称理论，从公司高管及其直系亲属买卖本公司股票的视角，发现信息透明度越低，高管越容易获得超额回报，但信息透明度本身与高管亲属能否获得超额回报并没有直接联系。刘金星和宋理升（2015）研究了内部人交易信息的披露，发现内部人交易信息披露的及时与否与内部人层级、董事长和总经理是否两职合一、机构投资者持股比例及第一大股东持股比例显著相关。陈维等（2014）分析了我国证券分析师的独立性，发现证券分析师独立性越高，对上市公司股票评级越客观，上市公司内部人尤其是持有公司股票的高管通过内部人交易获得的超额收益越低。祝运海（2011）运用我国 2008～2009 年的上市公司数据，发现机构投资者趋向于回避内部人交易频繁的上市公司，而散户投资者则趋向于跟随内部人进行交易，从而导致了这部分股票流动性较高的现象，内部人交易最终损害了散户投资者的利益。张俊生和曾亚敏（2011）发现，内部人亲属并非我国相关法律法规关于内部人交易的限制对象，通过实证分析发现，内部人亲属通过交易内部人所在公司的股票，同样能够获得超额收益，且呈现层级效应，即董事长或总经理亲属通过股票交易获得的超额收益显著高于其他内部人亲属所获超额收益。

2.1.4　内部人交易与资本配置效率

研究内部人交易和资本配置效率的文献并不多，主要围绕内部人交易对融资约束和投资效率的影响展开。Narayanan（1988）认为，在发生内部人交易后，交易信息会传递给其他投资者尤其是外部投资者，外部投资者会对内部人交易做出反应。Manove（1989）也认为，投资者会对频繁卖出股票的内部人交易做出消极判断，采取"以脚投票"等方式撤离对该公司的投资，降低股票流动性，从而加剧该公司的融资约束（Ataullah et al.，2015）。

周冬华和赵玉洁（2015）以我国 2007~2013 年沪深上市公司的内部人交易数据为研究对象，以内部人当年买卖本公司股票的数量变化作为内部人交易的替代变量，发现内部人交易与融资约束程度呈显著正相关关系，即内部人交易股票数量变化越大，公司面临的融资约束越严重，但这种正相关关系在买入股票样本中并不显著，此外，只有内部人构成中的董事股票交易加重了融资约束程度时，民营控股上市公司相较于国有控股上市公司的内部人交易对融资约束的加重效应更显著。

基于对外部投资者保护的角度，国内外文献对内部人交易影响投资效率的路径进行了广泛研究。Bhattacharya 和 Nicodano（2001）借助跨期模型，通过向交易的不知情一方施加流动性冲击，发现内部人交易一定程度上可以分散外部投资者的投资风险，从而降低了内部人交易带给外部投资者的逆向选择程度，从而提升了外部投资者的整体福利。Dow 和 Rahi（2003）通过建立参数模型并引入内生噪声，发现公司内部人交易虽然加剧了股票价格的波动，但是内部人交易传递的信息仍然有利于投资效率的提高。Leland（1992）运用理性预期模型分析了投资者由于内部人交易获得福利收益或承受的福利损失，认为内部人交易一定程度上能够提升市场流动性，当发生内部人交易时，交易信息可以反映在股票价格上，外部投资者的未知风险会一定程度上降低，公司投资弹性成为影响内部人交易的重要因素，如果投资弹性大，则内部人交易就是有利的。Cespa 和 Foucault（2008）同样运用跨期模型，考察了风险厌恶型投资者对内部人交易信息的反应，研究发现公司内部人比外部投资者能够获得更多的预期收益，进而导致了负的外部效应，当公司内部人仅能有限地获取信息时，公司内外部投资者的平均福利才是最大的，这时内部人交易才能提升投资者的平均福利水平。

徐昭（2014）认为，内部人交易尤其是减持行为可以降低股权集中度，减少对中小股东的"隧道挖掘"行为，同时由于股票移转至外部投资者，使机构投资者等理性投资者有机会进入公司，能够减少对公司原有内部人的依赖，有利于公司整体投资效率的提高。

2.1.5　内部人交易与信息披露

国内外学者主要从内部人交易的信息披露对内部人获得超额收益的影响、信息披露的内容和机制对内部人交易活动的影响两个方面展开研究。

Cheng 等（2012）发现，公司内部人会选择恰当的时点进行本公司股票交易并进行对外信息披露。Idrmuc 等（2006）对比了英美两国内部人交易的状况，发现两国由于对内部人交易信息披露时点的规定有所不同，由此导致内部人交易信息披露存在不同的时滞效应，因公司内部人获得的超额收益也有所不同。Ogers（2005）认为，公司内部人能够认识到其交易信息披露会对外部市场造成影响，从而有意识地买入交易前披露低质量的盈余信息，而在卖出交易前披露高质量的盈余信息。孙刚（2014）用营运资本应计项目的变动与若干期的经营现金净流量匹配度度量信息不确定性，发现公司内部人获得的超额收益与信息不确定性存在显著正相关关系。肖浩（2015）发现，公司财务信息透明度越高，公司股价特质性波动越剧烈，而内部人交易的频率和规模与公司股价特质性波动呈显著正相关关系，内部人交易显著增强了公司财务信息透明度与股价特质性波动的敏感性。程敏英等（2012）以股权集中的上市公司为研究样本，发现控股股东能够利用信息披露策略获取短期超额收益，且在关联交易中，控股股东的关联股东获得了更高的超额收益。王雄元和张鹏（2008）以我国六个发生内部人交易的上市公司作为研究案例，研究了公司内部人交易与信息披露之间的关系，发现公司内部人通过其享有的信息获得了超额收益，而且公司业绩是公司内部人选择买入还是卖出的重要前提，法律法规尤其是诉讼风险并没有对内部人交易及其信息披露产生明显的约束作用。Brochet（2010）研究了内部人交易的信息含量受美国萨班斯法案的影响，发现萨班斯法案实施后，公司内部人基于私有信息的减持动机得到抑制，内部人交易传递至资本市场的反应更加敏感。

2.2　内部控制质量研究相关文献

2.2.1　内部控制有效性与信息披露

国外学者主要围绕内部控制是否有效及缺陷信息披露的角度展开研究。De Franco 等（2005）发现萨班斯法案第 302 款规制了内部控制缺陷的披露，其向外部投资者传递了额外信息。Hammersley 等（2008）发现内部控制缺陷程度、内部控制缺陷的可审性、内部控制评价报告都会向市场传递特有的信息，并引发市场做出反应。U 和 Tuttle（2014）运用实验研究法，具体衡量了投资者信心，评价了内部控制缺陷与投资者信心和股票价格之间的关系。Kim 和 Park（2009）发现，公司披露内部控制缺陷具有明显的信息含量，且内部控制缺陷的披露与否和股票价格存在负相关关系。

国内学者基本也是围绕是否披露内部控制缺陷及内部控制缺陷披露的市场反应展开，随着我国内部控制规范的逐步建立，经过了从关注是否自愿披露内部控制缺陷到内部控制缺陷披露本身及其市场反应的过程。黄寿昌等（2010）发现，上市公司自愿披露内部控制报告的行为降低了信息不对称程度，即向市场传递了公司具备良好的内部控制能力，其股票流动性和价格波动也得到了明显改善。与 Kim 和 Park（2009）的研究类似，杨清香等（2012）发现，我国上市公司内部控制信息披露同样存在明显的市场反应，这种市场反应是正面的，即披露了内部控制缺陷的上市公司其公司业绩高于未披露内部控制缺陷的上市公司。敖世友（2009）借鉴管理熵理论和管理耗散假说，构建了内部控制评价体系，试图区别于现有理论对内部控制系统进行评价。朱彩婕和刘长翠（2017）发现，公司第一大股东持股比例和高管薪酬越高，内部控制缺陷披露后的缺陷修复效果越好，独立董事比例的高低则在内部控制缺陷修复过程中发挥了显著负面作用，表明我国独立董事未能发挥其对内部控制缺陷的有效监督功能。

我国真正构建内部控制体系发展于 2008 年和 2010 年由财政部等多部委先后公布的《企业内部控制基本规范》和《企业内部控制配套指引》。此前我国的研究成果主要集中于内部控制信息的披露与否，以及内部控制信息披露的规范与否。李明辉等（2003）对我国 2001 年上市公司内部控制信息披露情况进行统计后发现，大部分上市公司内部控制信息披露流于形式，且自愿披露内部控制信息的上市公司更少。林斌和饶静（2009）认为，财务状况不佳和舞弊风险较高等因素更容易导致上市公司不愿披露其内部控制信息。刘秋明（2002）发现，我国上市公司更倾向于发布对其有利的内部控制信息，且内部控制信息披露方式缺乏统一标准。红星和孙嚣（2007）发现，由于缺乏强制性要求，在上海证券交易所上市的公司绝大部分并没有按照当时公布的内部控制指引公布其内部控制信息。国萍等（2008）认为，我国上市公司披露的财务报告中包含的内部控制信息质量较低，并不能反映各个公司之间内部控制质量差异。邱冬阳等（2010）研究了内部控制信息披露与首次公开发行股票首日开盘价之间的关系，发现内部控制信息披露越充分，首次公开发行股票首日开盘价越高，两者呈显著正相关关系。

2.2.2　内部控制质量与财务报告质量

国外学者较早研究了内部控制质量对财务报告的影响。在美国萨班斯法案公布之前，Kinney 和 Mcdaniel（1989）、Bell 和 Carcello（2000）就发现，内部控制越薄弱，财务报告出现错报的可能性越大。Iambalvo（1996）发现，内部控制越有效，越能够抑制管理层进行的盈余操纵活动。强有力的内部控制能够限制管理层的盈余操纵行为。Donaldson（2003）也发现，有效的内部控制有助于会计信息质量的长期改善。美国萨班斯法案公布之后，Altamuro 和 Beatty（2010）发现内部控制监督显著提高了会计信息质量，且萨班斯法案公布后，进行了内部控制整改的公司会计信息的盈余质量明显更高。Ashbaugh 等（2009）发现整改了内部控制缺陷的公司与未整改的公司相比，具备更高的盈余质量；对审计师以前披露的内部控制缺陷进行整改的公司与没有进行整改的公司相比具有更高的盈余质量。Doyle 等（2007）也发现，内部控制越有效，公司会计信息质量越高，两者之间存在显著的正相关关系。Lambert 等（2007）认为，内部控制缺陷降低了会计信息质量，进而提高了投资过程中的信息传递风险，同时内部控制缺陷降低了公司决策效率和管控水平，增加了公司经营风险，最终增加了权益资本成本。Shbaugh-Skaife 等（2009）以 2003~2005 年美国上市公司为样本研究发现，在萨班斯法案第 302 条款和第 404 条款法案规制下，披露了内部控制缺陷的公司往往权益资本成本更高。学者同时围绕内部控制缺陷与会计应计质量的关系展开研究。Hogan 和 Wilkins（2008）发现，存在内部控制缺陷的公司，其应计质量与相对不存在内部控制缺陷的公司相比，并没有显著差别。Han 等（2005）发现，萨班斯法案第 404 条款规制下，与不存在实质性内部控制缺陷的公司相比，具有内部控制实质性缺陷的公司，其操控性水平应计都显著较高。Inger 和 You（2011）借助 DID 双重差分模型，发现萨班斯法案的颁布提升了公司盈利的相关性，公司的应计操控更少。Ogneva 等（2007）发现，内部控制缺陷严重程度与资本成本之间呈显著正相关关系。Bneish 等（2008）发现在萨班斯法案第 302 条款和第 404 条款规制下，内部控制缺陷的披露与否和资本成本之间呈现不同的关系，即在第 302 条款下，两者呈显著正相关关系，而在第 404 条款下，两者之间的关系并不显著。

国内学者对内部控制质量与财务报告质量之间关系的研究也比较早。但是受限于数据来源和实证方法，2000 年前后的学者主要是从理论方面展开研究。吴水澎等（2000）发现，公司内部控制失效会大大增加公司会计信息失真的风险。明辉（2002）论述了内部控制质量对提高会计信息质量的重要性。与内部控制框架构成类似，李明辉也认为内部控制环境是内部控制体系中的首要因素，完善的内部控制能够有效防止会计信息失真。方春生等（2008）采用案例研究和问卷调查，以中国石化的第一手数据为基础，检验了中国石化实施内部控制制度的效果，尤其是对财务报告可靠性的正向作用。汉文和张宜霞（2008）认为，有效的内部控制是决定会计信息质量优劣的重要标准和前提。2010 年前后，学者开始用更多的实证方法检验之前的理论推导，董望和陈汉文（2011）经过实证检验发现，内部控制质量与公司应计盈余质量显著正相关。红星和金玉娜（2011）研究发现，以 2009 年上市公司是否自愿披露内部控制评估报告作为内部控制质量的衡量标准，自愿披露内部控制报告则内部控制质量越高，应计盈余管理和真实盈余管理越能够得到抑制，即盈余管理程度越低。采用处理效应模型校正自选择性偏差后，上述结论更为稳健。范经华等（2013）则发现，内部控制质量与应计盈余管理呈显著负相关关系，但与真实盈余管理的关系并不显著。韩飞和田昆儒（2017）以我国文化创意类上市公司为研究样本，发现内部控制质量越高，文化创意类上市公司发生财务舞弊的概率越低，且在内部控制质量、财务舞弊发生概率方面，文化创意类与非文化创意类上市公司相比具有显著的差异，真实盈余管理在内部控制质量负向影响财务舞弊过程中发挥了中介效应。李虹和田马飞（2015）发现，内部控制质量越高，每股收益、每股净资产与股价的价值相关性越强；反之，当公司内部控制缺陷越严重时，每股收益和每股净资产的价值相关性均降低（田高良等，2011）。索有（2014）采用 PEG 模型测算公司权益资本成本，发现自愿披露内部控制鉴证报告的上市公司其权益资本成本往往较低。但是可能由于衡量标准和分析方法不同，也有学者对于内部控制报告披露与资本成本的关系提出了不同看法，如孙文娟（2011）基于信息不对称理论并经过实证检验，发现公司披露内部控制报告并没有对权益资本成本产生显著影响。罗付岩（2017）发现，良好的内部控制能够显著抑制公司的"吃喝腐败"，减少"吃喝腐败"对公司绩效的负面效应，这种抑制效应在国有企业尤其明显。

2.2.3 内部控制质量与审计效果

由于内部控制评价报告由公司管理层负责编制和披露，其可靠性与客观性需要经过会计师事务所的审计，即出具内部控制审计报告，学者围绕内部控制和内部控制的审计质量进行了研究。Patterson 和 Smith（2007）发现，萨班斯法案实施后，公司的内部控制强度显著提升，审计质量也通过内部控制的改善予以改进。Bedard 和 Graham（2011）发现，管理层会有意或无意地低估内部控制缺陷，这些内部控制缺陷往往会通过注册会计师审计借助内部控制测试流程揭露出来。Raghunandan 和 Rama（2006）发现，披露了内部控制实质性缺陷的公司所花费的审计支出比未披露公司高出 40% 之多。Hogan 和 Wilkins（2008）也发现，披露了内部控制缺陷的公司，其审计费用显著较高。Hoag 和 Hollingsworth（2011）发现公司支出的审计费用随着内部控制实质性缺陷的修正而下降。Munsif 等（2011）除了发现披露内部控制缺陷的公司支付了较高的审计费用外，修正内部控制所带来的审计费用减少并非"立竿见影"，而是具有一定黏性，即在修正的未来一至两年内，审计费用并没有立刻随着内部控制缺陷的修正而降低。

我国学者就内部控制质量与审计质量之间关系的研究基本沿袭国外学者的思路，主要围绕内部控制缺陷与审计收费、审计范围、经济后果和内部控制审计报告披露等方面展开。李越冬等（2014）发现，内部控制缺陷存在越多，审计收费越高，两者存在显著的正相关关系。张宜霞（2011）发现，当年披露了内部控制重大缺陷的公司，下一年的审计收费下降。宋献中和禹天寒（2017）认为，上市公司选择的会计师事务所审计专长越强，未来发生股票崩盘的风险越低，且内部控制质量越高，越能正向影响会计师事务所对股票崩盘风险的抑制作用。向锐等（2017）则以上市公司审计委员会负责人的个人特征为研究视角，发现内部控制质量与审计委员会负责人的教育层次、薪酬、声誉和是否在上市公司所在地经常性工作呈显著正相关关系，并对内部控制构成要素形成了不同影响。廖义刚和邓贤琨（2016）发现，我国上市公司业绩预告的偏离程度与当期审计收费呈显著正相关关系，这种显著正相关关系随着内部控制质量的提升而削弱。

2.2.4　内部控制质量与公司治理

美国 2002 年萨班斯法案出台前，国外学者主要围绕管理层舞弊识别开展内部控制质量与公司治理的相关性研究。Albrecht 和 Romney（1986）认为，管理层舞弊的主要诱因是业绩压力、财务状况和内部控制异常。Krishnan（2005）发现公司审计委员会独立性越强，公司越不倾向于披露内部控制缺陷。萨班斯法案公布后，关于内部控制质量与管理层舞弊的研究文献如雨后春笋般大量增加，Goh（2010）发现，在 SOX302 条款规制下，披露了内部控制缺陷的公司中，审计委员会规模越大，具备财务背景的成员比例越高，董事会独立性越强，则内部控制缺陷越能够得到及时整改。Feng 等（2009）发现，披露了内部控制缺陷的公司，其财务总监的职业技能越差。Hogan 和 Wilkins（2008）认为，当公司存在内部控制缺陷时，管理层会由于缺乏正式规程的制约而拥有更多的自由裁量权，从而更容易发生财务舞弊，由此导致财务报告披露的信息质量失真。同时，由于内部人掌握了更多的私有信息，在交易自身持有的股票时会获取更多的超额收益，造成对其他投资者利益的损害（Skaife et al.，2013）。

周继军和张旺峰（2011）通过实证分析发现，内部控制质量与管理层舞弊之间存在显著负相关关系，还发现良好的公司治理能够减少管理层舞弊并提升内部控制质量。周美华等（2016）从内部控制预防管理层腐败的角度研究发现，管理层权力越大会导致越严重的管理层腐败，而高质量的内部控制可以抑制管理层腐败，同时能够提升公司价值。卢锐等（2011）也发现，良好的内部控制有效抑制了管理层的自利行为。杨德明等（2009）、杨玉凤等（2010）也发现，高质量的内部控制能够有效降低委托代理成本。周奕彤（2012）则根据我国三鹿"毒奶粉"事件，从内部控制质量和公司治理之间关系的视角理论分析了三鹿乳业公司最终破产的原因，强调了内部控制质量和公司治理在公司生产运营过程中的重要性。冯均科等（2017）研究了我国上市公司不同类型的独立董事对内部控制缺陷披露的影响，发现内部控制缺陷是否存在及披露与独立董事个人特征中的教育背景和兼职数量存在显著正相关关系，而与任期、薪酬存在显著负相关关系。韩飞和田昆儒（2017）以我国上市公司中符合界定标准的"僵尸企业"为研究样本，发现内部控制质量越高，成为"僵尸企业"的概率越低，并从利益相关者持股角度考察，机构投资者、大股东和管理层持股比例越高，越能够有效抑制"僵尸企业"的形成。

研究内部控制质量与内部人交易之间关系的文献并不多，主要代表性观点包括以下方面：陈作华（2015）发现，内部人能够通过私有信息进行股票交易获得超额收益，而内部控制质量越高，越能够抑制这种内部人交易获得的超额收益，从而有效减少内部人的"寻租"行为。陈作华和温琳（2016）进一步发现，公司内部控制质量越低，内部人亲属越能够利用内部人的私有信息在高点卖出股票，获得超额收益。树成琳（2016）以 2011~2013 年发生内部人交易的沪深上市公司为样本，基于信息不对称理论，发现内部控制质量和内部人交易引发的市场短期反应和长期获利能力均呈显著负相关关系。

2.2.5 内部控制质量与资本配置效率

就内部控制质量与融资约束的关系而言，Lambert 等（2007）、Gao（2010）认为，内部控制质量越高，对外披露的财务报告质量越高，公司面临的经营风险和法律风险越低，同时外部投资者根据公司披露的财务报告质量所面临的信息风险就越低，公司负担的权益资本成本相应就会降低。王书珍和俞军（2016）以我国沪深上市公司为样本，运用迪博内部控制指数，发现高质量的内部控制能够显著抑制融资约束程度，且内部控制质量越高，越能够缓解融资约束对企业研发的抑制作用。程小可等（2013）也发现，内部控制质量与融资约束程度存在显著负相关关系。杨金和池国华（2016）分析了在不同的融资约束程度和方式下，内部控制质量对投资不足的影响机制，发现低融资约束和倾向于债务融资的上市公司中，良好的内部控制质量能够有效缓解融资约束。刘桂春和叶陈刚（2017）从公司研发效率视角出发，发现公司内部控制越健全，质量越高，融资约束越能够提升公司的研发效率，而内部控制质量越差的公司，融资约束对公司研发效率的影响越小。袁卫秋和周琳（2017）发现，公司现金持有能够通过资本投资提高产品竞争优势，即资本投资发挥了中介效应，高质量的内部控制进一步促进了资本投资中介效应的发挥，同时，这种促进效应在低融资约束公司中更加显著。林钟高和丁茂桓（2017）发现，内部控制缺陷的修复能够显著降低债务融资成本，同时外部环境对于内部控制缺陷修复的监督则明显促进了这种降低效应。

就内部控制质量与投资效率之间的关系而言，Doyle 等（2007）、Ashbaugh-Skaife 等（2009）认为，内部控制质量越高，越能缓解信息不对称程度，并抑制委托代理问题，进而减少投资不足和投资过度带来的投资效率低下风险。Cheng 等（2013）发现，内部控制实质性缺陷的披露能够有效抑制非效率投资。国内也形成了一些有代表性的观点，李万福等（2011）研究发现，高质量内部控制缓解了公司面临的投资过度和投资不足，同时公司整体层面和会计操作层面的内部控制重大缺陷与投资过度或投资不足之间呈正相关关系，但并不显著。方红星和金玉娜（2013）也发现，良好的公司治理机制和健全的内部控制能够有效缓解公司的非效率投资。刘焱（2014）基于企业生命周期视角，分析了不同生命周期阶段的内部控制质量与投资过度之间的关系，发现只有生命周期的成熟期和衰退期阶段的内部控制质量与过度投资之间存在显著关系。干胜道和胡明霞（2014）发现，高质量内部控制对过度投资具有抑制作用，但这种抑制作用只有在管理层不集中的情形下才显著。于忠泊和田高良（2009）从会计稳健性、可操控应计和资源配置效率三个角度，同时运用应计盈余计量和投资效率模型，却发现内部控制质量对非效率投资的抑制作用并不显著。林钟高和陈曦（2017）基于分析师跟踪视角，发现存在内部控制缺陷不利于吸引机构投资者，但是分析师跟踪能够缓解内部控制缺陷对机构投资者的负向关系。周中胜等（2016）发现，内部控制各要素的日臻完善能够提升公司投资机会与投资支出之间的敏感性，从而提升公司投资效率，但这种提升在国有企业和非国有企业表现出不同的显著性，同时也有赖于是否健全的制度环境。徐朝辉和周宗放（2016）发现过度投资会导致公司面临高信用风险，而高质量的内部控制则能够抑制过度投资面临的高信用风险。张超和刘星（2015）研究了公司内部控制缺陷信息披露与投资效率之间的关系，发现两者之间存在时序关系，即内部控缺陷信息的披露对过度投资存在抑制作用，且这种抑制作用存在时滞效应。郭泽光等（2015）阐述了债务治理效应的内涵和影响因素，并通过实证检验发现，在债务治理对公司绩效进行的监督影响过程中，内部控制质量并不能发挥很大的作用。

2.3　资本配置效率相关文献

2.3.1　宏观资本配置效率相关文献

就宏观角度而言，方军雄（2007）借鉴 Wurgler（2001）的投入产出法模型，研究了我国改革开放后的市场化进程与资本配置效率之间的关系，发现随着我国市场化进程的加快，资本配置效率也得到了显著提升与改善。赵玉林和石璋铭（2014）利用新能源、新兴信息产业等国家制定的七大战略新兴产业数据，并借助 Wurgler（2001）的投入产出系数衡量资本配置效率，发现我国当前战略新兴产业的资本配置效率普遍不高，与其显著相关的因素主要包括技术效率较低、融资约束程度较高和外部市场环境不完善。同样是在 Wurgler（2001）投入产出系数的基础上，应千伟等（2010）构建了改进后的微观资本配置效率指标即基准 Q，发现 2004 年利率改革后，微观资本配置效率发生了下降，且在市场化水平较低的地区下降尤为明显。张庆君和刘靖（2017）从当前互联网背景出发，以我国商业银行为研究样本，用数据包络分析方法评价银行的资本配置效率，实证检验了互联网金融对资本配置效率的影响，发现互联网金融的发展与银行贷款业务存在替代关系，从而降低了银行业的资本配置效率。许可等（2011）基于 Wurgler（2001）的研究方法发现，我国中部各省资本配置效率具有明显差异，这种差异的重要原因之一是产业结构的调整，且这种差异和波动在 2004 年后趋于缩小和平缓。郭炜等（2014）也发现，我国地区资本配置效率按我国东部、中部、西部地理区位呈现由高到低的差异，并发现地方财政支出过度增长是地区资本配置效率低下的重要原因。曹静等（2017）、薛薇和谢家智（2011）从农村经济发展的角度，测度了农业资本配置效率，发现 1991~2011 年，农业资本配置效率增长并不理想，且波动较大，并根据东中西地理区划呈现明显的梯度差异，且这种差异随着农业经济的发展而趋于缩小。蒲艳萍和成肖（2016）也发现，我国东部和西部的工业资本配置效率明显高于中部地区，东部工业资本配置效率较高的原因主要基于较高的市场化水平，西部工业资本配置效率相对于中部较高的原因主要是更倾斜的政府政策和鼓励性规章。茅锐（2012）利用储蓄和投资相关性度量资本配置效率，发现我国地区资本配置效率近些年来并未明显改善，同时东部、中部和西部资本配置效率差异也在逐渐扩大。陈晓迅和夏海勇（2013）实证检验了我国省际人力资本配置效率对我国经济增长的作用，发现人力资本配置效率越高，对经济增长的推动作用越强，且这种效应在东、中、西部地区存在显著差异。纪雯雯和赖德胜（2015）则通过分析资本和劳动之间的关系，并将劳动区分为低技能劳动和人力资本两类，发现我国人力资本配置效率不高制约了全要素生产率的提升，且资本当中的物资资本更倾向于与人力资本寻求配比而非与低技能劳动资本进行配比。

基于我国国情，很多学者研究了政府干预对资本配置效率的影响。曲三省（2015）发现，我国国有经济与私营经济和外资经济相比，在资本配置方面缺乏效率。程哲和白云霞（2015）从政府官员更替对企业贷款的影响角度出发，发现市场化程度较低的地区，政府官员变更对国有企业贷款的影响显著大于对非国有企业贷款的影响。刘成杰和范闯（2015）以2008年国际金融危机为研究节点，理论分析和实证考察了金融危机前后对我国工业资本配置效率的影响。研究发现，2004年以来，我国工业资本配置效率逐步提高，但是2008年金融危机以来我国陆续出台的一系列应对政策事实上使工业资本配置效率的优化产生了行业异质性，即资金周转强、技术创新程度高、对外开放广泛的行业资本配置效率提升明显。王淼（2016）借助我国国有企业样本，研究了政府干预和公司治理对企业资本配置效率的影响，发现政府干预缓解了国有企业的融资约束导致的投资不足，但是对投资过度没有产生显著影响。李敬和王朋朋（2017）发现信贷资本在不同行业表现出了显著不同的资本配置效率，呈现这一差异的原因是由于政府干预对信贷资本流向的影响。

于震等（2009）借助我国1991~2006年省份面板数据，实证分析了金融发展对资本配置效率的影响，发现我国金融发展并没有通过提升资本配置效率进而促进经济增长，重要原因之一是政府干预较为严重。李青原等（2010）发现，外商直接投资和我国金融发展都能够有效提升我国地区资本配置效率，但是外商直接投资和金融发展两者之间存在竞争效应和挤出效应。陈创练等（2016）也发现，国外金融资本的流入，有利于我国工业资本配置效率的提升，但是这种有利态势的前提条件是我国国内金融发展水平较低，随着我国金融发展水平不断提高，对国外金融资本的过度引入反而不利于资本配置效率的提高。戴伟和张雪芳（2017）发现，我国近些年来的金融市场化提升了我国实体经济的资本配置效率，且经济发展水平也对资本配置效率影响显著。黄宪和范薇（2017）进一步从行业角度研究了金融发展对我国实体经济资本配置效率的影响，发现融资约束较高的行业，金融发展对实体经济资本配置效率的促进作用更加显著。张运和许涤龙（2017）也发现，金融状况和制度环境都能够显著影响资本配置效率，尤其是金融市场信息对社会资本配置效率的影响更为显著。韩林静（2017）基于委托代理理论，将金融市场化进程与企业管理者权力相结合，综合考察对资本配置效率的影响，发现我国企业的管理者权力越大，非效率投资的现象越严重，即管理者权力的提升反而降低了投资效率，而我国宏观层面的金融市场化并没有使微观企业的管理者权力与投资效率的关系得到改善。郭东和邓旭升（2016）具体以我国信托业作为研究对象，借助 Wurgler（2001）的研究方法发现，我国 2007 年以来信托业资本配置效率处于有效区间，但也呈现出先期上升而后有所下降的倒"U"形发展轨迹，此外，我国信托业的行业与制度变迁及外部政策环境显著影响了信托业资本配置效率，而企业自身行为则对其资本配置效率的影响不大。尹雷等（2017）将资本配置效率界定为资本从利润率低的部门或区域向利润率高的部门或区域形成和流动的效率。以资本投资对工业增加值（资本投入对投资产出）的弹性系数衡量资本配置效率，并借此视角讨论了货币政策对供给侧结构性改革的影响，发现货币性政策的变动能够显著影响资本配置效率，并伴随不同的经济周期产生不同的影响。

韩立岩和蔡红艳（2002）借鉴 Wurgler（2001）衡量资本配置效率的方法，研究我国 20 世纪 90 年代股票市场与资本配置效率的影响，发现股市流动性越高，资本配置效率越低。金雪军和王永剑（2011）用投资效果衡量资本配置效率，研究了影响我国 1991~2008 年资本配置效率的因素，发现整体而言，在此期间的资本配置效率呈逐年下降态势，且影响因素中仅有进出口额和贷存比与资本配置效率呈显著正相关关系。夏天（2008）研究了 2001~2005 年湖北省的行业资本配置效率，认为在当时的经济背景下，我国采取的投资导向经济增长模式反映了我国资本配置效率整体低下，行业资本配置效率能否优化又直接影响了整体资本配置效率的优化，同时发现行业负债和行业从业人员规模与行业资本配置效率呈显著正相关关系。任燕燕等（2009）从金融市场与工业行业资本配置效率的关系出发，以 1993~2006 年山东省工业行业数据为研究样本，发现山东省这段时间的工业行业资本配置效率整体偏低，且山东省上市公司股票总市值和居民实际消费增长率均与工业行业资本配置效率显著正相关。

成力为等（2009）研究了地方政府财政支出竞赛与区域资本配置效率的关系，发现地方政府设置的要素流动壁垒、干预银行信贷等竞赛行为降低了区域资本配置效率，并提出了减少地方政府财政支出竞赛行为，提升区域资本配置效率的对策。许开国（2009）也研究了地方政府的行政性垄断对区域资本配置效率的影响，发现地方政府的行政性垄断与该地区的行业资本配置效率呈现倒"U"形关系，区域资本配置效率整体偏低。

2.3.2 微观资本配置效率相关文献

Fazzari 等（1988）发现，由于现实资本市场存在融资成本，公司在外部融资时必然受限于融资成本的高低，而外部制度环境的好坏将直接影响到资本市场的平均融资成本，从而降低投资—现金流敏感性。

汪昌云和汪勇祥（2007）研究了货币政策对企业投资的影响，认为货币政策会影响到企业购置资产的成本，从而影响投资决策进而影响投资效率。喻坤等（2014）进一步研究了货币政策冲击在融资约束影响投资效率过程中的作用，外部融资约束越严重，投资效率越低下，且在非国有企业中的低效率会更明显，考虑宏观货币政策冲击作用后，这种差距被进一步拉大。

Mclean 等（2012）根据 44 个国家的微观企业数据，发现投资者保护程度与资本配置效率显著正相关。与之类似，于文超和何勤英（2013）从融资约束和投资效率两个方面衡量资本配置效率，并借助我国民营上市公司样本，研究了投资者保护与政治关联对民营企业资本配置效率之间的关系，发现投资者保护程度越高，资本配置效率越高，且在有政治联系的民营企业中这种正相关关系更加显著。李欣先和周红根（2016）借鉴 Richardson（2006）的方法衡量技术资本配置效率，以收入波动衡量环境不确定性，研究了环境不确定性对公司技术资本配置效率的影响，发现环境不确定性与技术资本配置效率之间呈显著负相关关系，这种负相关关系在国有控股公司中体现为配置过度，在非国有控股公司中体现为配置不足。覃家琦和邵新建（2015）借助参数化生产函数，从静态和动态两个角度度量资本配置效率，研究了交叉上市、政府干预对资本配置效率的影响，发现总体而言，中国内地和香港交叉上市公司资本配置效率更低。Chen 等（2011）研究了政府干预对企业投资的影响，发现国有企业投资支出对投资机会的敏感性显著弱于非国有企业。张祥建和郭岚（2008）发现，公司大股东为实现其私人收益，会通过虚增资产注入的方式达到"寻租"的目的，降低了资本配置效率。邵军和刘志远（2014）实证检验了公司治理对集团内部资本配置效率的影响，以集团对控股公司投资水平与投资机会的敏感性作为衡量内部资本配置效率的指标，发现国有集团的内部资本配置效率较低，同时国有集团第一大股东和管理层持股比例与内部资本配置效率呈显著正相关关系。陈学胜和罗润东（2017）研究了我国利率市场化改革对信贷市场资本配置效率和微观企业内部资本配置效率的影响，发现利率市场化的深入能够显著提高信贷市场的资本配置效率，同时利率市场化能够通过利率价格传导机制提升企业内部的资本配置效率。

既有文献普遍认为导致资本配置效率低下的主要原因是信息不对称和委托代理问题。Narayanan（1988）认为，公司内部管理者和公司外部投资者对于投资项目的信息不对称会导致双方对该投资项目产生不同的判断，一般而言，高回报的投资项目往往意味着高投入，在投资项目融资过程中会面临融资约束，如果融资约束程度较高，就会导致资金形成困难并导致投资不足；相反，融资约束程度较低意味着公司可以较低的融资成本拿到资金，私利动机和"帝国构建"冲动又会使管理层过度投资（Stulz，1990）。Myers 和 Majluf（1984）也认为，信息不对称使公司不能以合理成本获得资金，从而导致投资不足。与 Wurgler（2001）研究宏观行业间的资本流动并提出投入产出系数不同，Richardson（2006）从会计框架出发以微观企业投资效率衡量资本配置效率，并以投资水平和现金流量之间关系的模型残差作为具体衡量指标，为后来研究非效率投资提供了重要参考和工具。

国内学者基本都认同公司股权性质对融资约束具有显著影响，即国有控股公司的融资约束程度比非国有控股公司的融资约束程度显著较低。熊家财和苏冬蔚（2014）将资本配置效率限定为投资效率，发现股票流动性越高，越能够改善股票信息含量和信息不对称程度，从而提升资本配置效率。熊家财和叶颖玫（2016）进一步将资本配置效率描述为融资约束下投资过度或投资不足的程度，发现股票流动性优化了企业投资，且这种优化作用在高融资约束和成长型企业中更加显著。苏坤（2015）以投资水平对投资机会的敏感性度量资本配置效率，发现股权激励降低了委托代理成本，促使管理层减少短期行为，提升风险承担能力，进而有利于做出投资决策，提升资本配置效率。黄政和吴国萍（2014）进一步将 Wurgler（2001）提出的投入产出系数运用于微观企业，研究以盈余管理程度表征的信息透明度与资本配置效率的关系，发现公司的信息透明度越高，其资本配置效率越高。Stein（2001）认为，信息不对称和委托代理成本是影响资本配置效率的最基础因素。陈德球等（2012）将资本配置效率界定为投资效率和融资约束程度，分别用投资对托宾 Q 敏感系数和投资对自由现金流敏感性表示，研究了其与政府质量、投资规模之间的关系，发现政府质量越高，投资效率越高，融资约束程度越轻。任春艳和赵景文（2011）发现，公司会计信息质量越高，越能够促进公司未来新增投资，同时，会计信息质量能够抑制投资过度并缓解投资不足，从而提升资本配置效率。

苏力勇和欧阳令南（2009）借鉴 AOU 利用托宾 Q 值的离散分布度量资源配置效率，从股权配置资金角度出发，市净率较高的公司更容易获得股权融资，从而优化股权资本配置效率，同时，提升信息质量和改善负债融资模式也有利于资本配置效率的提高。祝继高和陆正飞（2011）发现，不同股权性质的公司，其获得股权融资的难度不同，证券监管部门对国有企业股权再融资的偏向损害了民营企业的利益，造成了资本配置效率的低下。李云鹤等（2011）运用企业生命周期理论，实证考察了公司治理机制对资本配置效率的影响，发现过度投资在企业生命周期过程中呈现先升后降的倒 "U" 形，而投资不足现象则没有随着生命周期的演进而发生明显变化。姜英兵（2013）实证考察了2007年实行新会计准则后，会计稳健性对资本配置效率的影响，并以 Khan 和 Watts（2009）的 C_score 衡量会计稳健性，以 Richardson 投资效率残差衡量资本配置效率，发现新会计准则实行后，会计稳健性越高，越能够抑制投资过度，同时缓解投资不足。潘红波和余明桂（2014）以苏坤的过度投资或投资不足来度量资本配置的低效率，研究了集团内关联交易对高管薪酬激励和资本配置效率的影响，发现"空降"担任公司高管的外部经理，利用集团内关联交易会降低公司资本配置效率。同样地，周春梅（2009）、张林（2010）也以投资效率衡量资本配置效率，发现公司盈余质量与投资效率之间存在显著正相关关系，且公司通过降低代理成本这一间接手段实现两者间的正向影响。黄欣然（2011）基于融资约束与投资效率之间存在一定因果关系的理论分析，发现公司盈余质量越高，越能够有效缓解公司面临的融资约束，从而缓解投资不足，最终提升了公司的资本配置效率。张新民和张婷婷（2016）以托宾 Q 值衡量的投资效率来度量资本配置效率，研究了企业商业信用对公司资本配置效率的影响，发现公司商业信用越高，其投资效率也越高。汪建新和黄鹏（2015）指出，行业资本配置效率的提高，有利于企业缓解外部信贷资金的压力，从而能够将更多资金配置到具有更高技术含量的固定资产投资当中去，提升出口的产品质量。李文贵（2013）也发现，具有银行关联关系的企业，其投资与托宾 Q 敏感性代表的资本配置效率更高。辛清泉等（2007）基于代理理论，研究了政府对上市公司高管"限薪令"对公司资本投资的影响，研究发现，当薪酬契约无法补偿公司经理层的努力工作和经营才能时，经理层更倾向于通过过度投资实现其薪酬补偿。李焰等（2011）研究了不同产权性质下的高管个人特征对公司投资效率的影响，发现不同的产权背景下，高管特征对公司投资效率的影响有显著差异。李云鹤（2014）借鉴 Myers（1984）的信息不对称理论，将投资过度和投资不足作为衡量资本配置效率低下的依据，并分别考虑有外部融资约束和无外部融资约束，构建了资本配置效率模型，发现资本配置效率随着公司成长而不断变化。

Giroud 和 Mueller（2011）发现，完善的公司治理机制能够抑制管理层的道德风险和逆向选择，降低委托代理成本，从而提高资本配置效率。李鑫和李香梅（2014）也发现，控股股东往往倾向于通过隧道挖掘等手段获得私有收益，从而降低资本配置效率，而公司治理的激励约束机制能够显著缓解这种现象，但这种显著性仅体现在对投资过度的抑制上面，而对投资不足影响不显著。

Healy 和 Palepu（2001）、Biddle 等（2009）都认为，高质量的会计信息能够有效缓解管理者的道德风险和逆向选择，提升公司的投资效率。李青原（2009）以会计应计质量和会计稳健性等指标加权衡量会计信息质量，以投资效率衡量资本配置效率，发现会计信息质量越高，越能够有效抑制投资过度，并缓解投资不足。许立志（2017）研究了机构投资者异质性与投资效率的关系，发现机构投资者异质性显著影响了投资效率，且公司内部控制质量在这一过程中发挥了调节作用。李海凤和史燕平（2015）仍然借鉴 Wurgler（2001）对资本配置效率的衡量方法，从行业和公司两个层次得出资本配置效率，发现以证券交易所信息披露评级为基准的信息披露评价越高，行业和公司两个层次的资本配置效率都能得以提升。黄莲琴和主富峰（2015）以我国 2001~2010 年具有高管政治关联的上市公司为研究样本，研究了董事长、总经理和财务总监三类核心高管的政治网络与投资效率的关系，发现国有企业尤其是地方国企的高管政治网络加剧了公司的过度投资水平，降低了资本配置效率，而民营企业的高管政治网络则能够降低公司的过度投资水平并缓解投资不足，从而优化资本配置效率。

2.4 文献述评

根据国内外关于内部人交易、内部控制质量和资本配置效率的既有相关文献，可以归纳为以下几点：

第一，学者最早对内部人交易进行系统研究至今也不过半个世纪。从内部人交易相关文献来看，研究的焦点集中在两个方面：

一是内部人交易能否获得超额收益，如果能够获得超额收益，又是基于哪些原因。前者经过国内外学者的理论分析与实证检验基本上都已经证明了内部人能够通过有目的的"择时"交易本公司股票实现相对于其他投资者的超额收益。学者在确认内部人超额收益的同时，把相当多的精力用于研究到底是哪些因素导致了内部人获取超额收益。通过文献梳理，无论是由于内部人的流动性需求或减持动机，还是由于外部信息传递和法律监管，以及内部人在公司所处的高层级地位和薄弱的公司治理环境等因素，表面上看确实都使内部人获得了超额收益，但是不难发现，内部人交易获得超额收益的最根本因素就是信息不对称，学者正是基于内部人掌握了相对于其他投资者的信息优势这一根本因素，才从其他方面展开讨论。

二是内部人交易带来的影响。整体而言，尽管有学者尤其是早期的国外文献认为内部人交易能够促进信息传递，对资本市场和外部投资者的整体福利是有利的。但是迄今为止，绝大部分文献还是支持内部人交易不利说，即认为内部人交易基于信息不对称传递至市场的信息本身就是扭曲和带有目的性的，交易行为本身影响了外部投资者的投资决策判断，可能会进一步加剧股价波动，从而引发股价崩盘、外部投资者和其他中小股东利益受损等现象，更为严重的是，外部投资者会由于内部人交易本身的信息不对称做出逆向选择，而改变之前的投资策略，"用脚投票"远离公司，使公司面临的融资约束加剧。关于内部人交易和融资约束之间的关系，虽然已经有少部分文献做了初步研究，但是对内部人交易的衡量存在一定局限，其对融资约束的影响也并没有进行细致的分析。如内部人交易表面来看就是公司内部人买卖本公司股票，但是细分为买入和卖出两个方向，短期和长期两个区间，是否发生内部人交易、内部人交易数量或金额占流通股比例等类别之后，对融资约束的影响应当呈现不同的结果。此外，从既有文献来看，不同的融资约束程度会带来不同层级的投资效率，但是这种影响是正面还是负面仍然存在争议，而争议存在的一个很可能原因就是没有考虑在不同的融资约束程度下，存在对投资效率产生影响的其他重要因素。目前专门分析内部人交易对公司投资效率影响的文献较之对融资约束影响的文献相对更少，一方面可能是由于学者过多关注内部人交易的其他经济后果而未引起充分重视，另一方面也可能是内部人交易与投资效率之间没有关联而失去研究价值。

第二，在总结内部控制质量相关文献的基础上，本书重点介绍了内部控制质量对资本配置效率影响的相关文献。从既有文献来看，内部控制质量有利于提升信息披露质量，能够增强财务报告的可信度，进而提升财务报告审计的效果。同时，高质量的内部控制能够通过一系列的制度安排和权利安排，促进公司治理水平的提高。

对以上相关文献进行归结可以发现，无论是高质量的内部控制对财务报告及其涉及的信息披露，还是对审计效果的正面影响，其实就是高质量的内部控制能够促进信息传递。换言之，能够降低信息不对称程度；而高质量的内部控制对公司治理水平的提高，其实就是高质量的内部控制能够有效降低委托代理成本。而信息不对称和委托代理成本正是影响资本配置效率的最关键因素。从既有文献来看，高质量的内部控制也确实能够缓解融资约束，抑制投资过度并减少投资不足，进而提高了资本配置效率。

第三，根据既有文献和研究成果，本书无意再对内部人交易获得超额收益及其影响因素进行重复性的理论分析和实证检验，仅从描述性统计的角度，展示 2009~2016 年的内部人交易概况，以观察内部人交易在我国 2007 年逐步放开后的演进轨迹。同时，内部控制质量对融资约束、内部控制质量对投资效率的研究成果也比较丰富。从研究价值和创新性出发，本书将重点围绕内部人交易对融资约束的影响、融资约束背景下内部人交易对投资效率的影响，以及内部控制质量在这些影响过程中发挥了何种效应。针对既有研究文献可能存在的局限，本书将内部人交易进行尽可能的细分，同时将内部控制首要的施加对象——财务报告披露，以及资本配置效率的基本因素——信息不对称作为根部路径，先分析不同情形的内部人交易对事后信息不对称的影响，以及财务报告披露质量及其与内部人交易结合对事后信息不对称的影响，在此基础上再进一步分析不同情形的内部人交易对融资约束和投资效率的影响，以及内部控制质量在此过程中发挥的效应。

第 3 章　理论基础

3.1　信息不对称理论

3.1.1　信息不对称理论简介

信息不对称理论是指在市场经济活动中，各方对于信息的了解和掌握程度是不同的，对于交易事项拥有较多信息的一方（被称为优势信息方）往往处于有利地位，而拥有较少信息的一方（被称为信息劣势方）往往处于不利地位。信息优势方通过向信息劣势方传递信息的过程获得不对等的收益，而信息劣势方则倾向于通过各种渠道获取信息以弥补自身信息较少带来的损失。

对信息不对称理论的研究兴起于 20 世纪 70 年代，G. Akerlof、M. Spence 和 J. E. Stigjiz 三位学者分别从商品交易、劳动力和金融市场三个领域阐释了信息不对称理论，发现与经典 MM 理论不同，由于交易各方信息掌握程度不同，从而使市场效率偏离了最优状态，导致了不完美市场的出现。G. Akerlof（1970）在其代表文献《柠檬市场》中指出，由于二手车市场的卖主比买方对二手车明显拥有更多的信息，买方为减少信息不对称带来的预期损失，倾向于按照整个二手车市场的平均价格出价，而二手车卖主对于质量较高的二手车是按照较高的价格要价，经过几个回合的谈判，质优价高的二手车会逐步退出市场，而只剩下质差价廉的二手车，从而导致"劣币驱逐良币"的现象。推而广之，整个商品市场同样存在劣质商品以次充好，从而降低普通购买者的预期，最终劣质商品"驱逐"了优质商品，现实情形下，有多种方式是可以降低信息不对称程度的，如厂商承诺保修、通过广告向消费者传递高质量的产品信息、建立独立的质量监督机构和等级认证机制、订立严格的约束条款和信誉机制等。

M. Spence（1973）则从劳动力市场角度阐述了信息不对称理论，他指出用人单位在招聘员工时，由于对员工的个人状况并不清楚，员工在借助工作简历这一工具时往往会对其工作经历夸大其词，并通过语言和形体等外在表现使用人单位处于信息劣势一方，为减轻信息劣势给招聘工作带来的影响，用人单位会衡量应聘者的"获得成本"，即从应聘者毕业院校来判断其获得学历的难易程度，如从哈佛大学毕业的应聘者一般要比其他普通大学毕业的应聘者在才能方面具有更高的可信度。在《劳动市场的信号》一文中，M. Spence 提出个人、公司和政府若无法直接传达其偏好时，可以借助"信号法"，即信息传递减少信息不对称程度。

J. E. Stigjiz（1976）指出，保险市场中的信息不对称体现为保险合同签订前和保险合同签订后的信息不对称。在保险合同签订前，保险公司不知道投保人的风险程度，而投保人清楚自己的风险程度，双方由于信息不对称而使保险水平不能达到最优，类似于二手车市场，低风险类型的投保人面临一般水平的保费支出时，会由于其投保预期效益可能低于不投保的预期效用而放弃投保，进而退出保险市场，只剩下高风险水平的投保人愿意投保，这时的保险公司基于之前的平均保费收入而面临亏损境地，当保险公司进一步提高保费避免亏损时，又会进一步将次低风险水平的投保人"驱逐"出保险市场，这就是保险市场的逆向选择问题。在保险合同签订后，投保人由于有了保险这一屏障，往往以更加放松甚至放任的心态面对保险事故，如对车辆投保后，由于有保险屏障而对车辆疏于维护保养，从而使保险公司可能面临更高的赔付金额，这就是保险市场的道德风险问题。

随着学者对信息不对称理论研究的不断深入，信息不对称被划分为不同类型，如按照信息不对称作用的时间划分，发生在交易行为或契约签订之前的信息不对称被称为事前信息不对称，发生在交易行为或契约签订之后的信息不对称被称为事后信息不对称。由于事前信息不对称发生在交易行为或契约签订之前，占据信息优势的一方往往会基于自利动机而做出有利于自己而直接或间接损害他人利益的行为，以前文所述的旧车市场为例，旧车的卖方和买方由于信息不对称，使质量较高的旧车逐步退出市场，而质量较差的旧车则被频繁交易，这一过程产生的根源便在于买卖双方达成交易之前的信息不对称，进而这一排斥高质量旧车而选择低质量旧车的过程也被称作逆向选择。与事前信息不对称相对应，事后信息不对称发生在交易行为或签订契约之后，占据信息优势的一方同样会基于自利动机做出行动决策，如在保险市场中，保险公司基于对既有保险标的的调查来设计保险合同和费率，接受保险合同的客户在签订保险合同后往往会由于保险合同的"保护"而陷入"不作为"境地，从而使保险公司承担放大了的风险，同时，保险公司无力对每一位客户的行为进行"监控"，要想降低保险合同签订后的信息不对称，更多的是寄希望于客户不放松自己之前的谨慎行为，即道德自律，因此，道德风险便源自事后信息不对称。

按照信息不对称的内容划分，可以分为隐藏行动的信息不对称和隐藏知识的信息不对称，前者是指信息劣势方无法获知信息优势方的行动，后者是指信息劣势方无法获知或无法获得信息优势方的知识水平。进一步地，信息不对称可以体现为以下模型：

（1）逆向选择模型。如前所述，信息不对称发生于交易行为或契约签订之前，一方拥有更多的信息，而另一方处于信息劣势，基于自身对信息的把握而做出的行为模式。

（2）隐藏行动的道德风险模型。在交易行为发生或契约签订时，交易双方的信息是对称的，但是交易行为发生或契约签订之后，信息优势方会基于自己的优势信息并根据自己的利益决定行动或不行动，行动或不行动的状态与自然状态的结合决定了可观测的结果，信息劣势方往往无法获知信息优势方的行动决策，只能观测到信息优势方行动或不行动的结果。如在雇佣情形下，雇主往往无法判断雇员工作是否努力，而只能通过最后的工作成果和与同行业状况这一"自然状态"结合起来判断雇员是否努力，这时雇主就倾向于设计激励契约使雇员的工作成果与其工作报酬挂钩，进而达成对雇主最有利的结果。

（3）隐藏信息的道德风险模型。与隐藏行动的道德风险模型类似，隐藏信息的道德风险模型也是基于交易行为发生或契约签订之后的信息不对称，但这时的信息劣势方无法预测信息优势方所拥有的信息而非行动，信息优势方基于自己的优势信息，在自然状态的约束下再进行行动决策，而非像隐藏信息的道德风险那样先有行动决策再结合自然状态。这时的信息劣势方是能够观测到信息优势方的行动的，只是无法预测自然状态。如企业主管销售的经理与企业销售人员及其客户之间，销售人员能够获知自己客户的部分信息，而经理相对于销售人员却对客户的信息所知甚少，经理仅能够观测到销售人员对客户的行动，此时经理就倾向于设计激励合同，刺激销售人员根据不同的客户这一"自然状态"，结合获知的客户信息，最终选择不同的销售策略。

（4）信号传递模型，即信息优势一方向信息劣势一方传递信息。信号传递模型包括两个关键的参与人，即信号发送者与信号接收者。类似于合同订立过程中的要约与承诺，信号发送者一般拥有优势信息，其先向信号接收者发送信号，信号接收者收到信号后做出相应的行动。值得注意的是，在这一过程中，信号接收者仅能观察到发送者传递到的信号，然后依据这个信号去主观判断该信号所蕴含的信息，这种由信号接收者主观推断出的信息与信号发送者真正拥有的信息很多情况下仍不一致。

（5）信息甄别模型。根据信息经济学的解释，信息甄别是指信息劣势方为减轻己方信息不对称程度，根据自己对信息优势方类型的判断，给出不同的合同，由信息优势方再根据这些合同做出回应，披露自己的私有信息，从而达到信息的帕累托最优状态。典型的例子是保险公司和投保客户的例子，投保客户知道自己的风险从而作为信息优势方，而保险公司不知道投保客户的风险从而作为信息劣势方，保险公司为甄别不同风险的投保客户会提供不同的保险合同，投保客户根据自己的风险情况选择适合自己的保险合同，这样保险公司便可以根据投保客户选择的保险合同达到甄别高风险客户和低风险客户的目的。

3.1.2　信息不对称理论在本书中的基础地位

根据前文对信息不对称理论的介绍，在交易双方的交易过程中，发生在交易行为或契约签订之前的信息不对称被称为事前信息不对称，发生在交易行为或契约签订之后的信息不对称被称为事后信息不对称。交易行为或契约签订之前，占据信息优势的往往是提供商品或服务的一方，而另一方由于其信息劣势地位而宁愿选择以平均价格获得接受商品或服务，进而放弃质优价高的商品或服务，这个"选择"的过程被称作逆向选择；相对应地，交易行为或签订契约之后，原本占据信息劣势的一方由于取得了商品或服务的所有权，同样会基于自利动机做出行动决策，如利用契约对商品或服务的保护条款做出"不道德"行为，这种由于"不道德"行为引发的风险便是道德风险。换句话说，逆向选择源自事前信息不对称，道德风险源自事后信息不对称。

引申至本书的讨论主题，公司内部人基于自利动机，在交易本公司股票前，倾向于利用自身对公司生产运营的更多了解而做出能够获得超额收益的买卖股票的决策，这种信息不对称同样会引发逆向选择和道德风险。进一步地，内部人交易对资本配置效率的影响，既是基于信息不对称理论，又与信息不对称理论阐释的事前信息不对称引发的逆向选择、事后信息不对称引发的道德风险有所差异，在信息不对称理论中，事前信息不对称往往引发商品或服务提供方拉抬售价，而接受方压低买价，交易双方处于对立地位，事后信息不对称则引发商品或服务接受方的"不道德"行为，提供方面临由此引发的风险；而在内部人交易过程中，公司内部人基于其信息优势做出买卖决策，外部投资者认识到公司内部人具有信息优势而选择跟随买卖，此时双方并非对立情形。然而，公司内部人根据外部投资者的跟随"买卖"行为再次做出的相反"卖买"行为，才是公司内部人利用信息优势的真正目的。作为不对称信息的拥有者，公司内部人在股票买卖过程中实际上做出了逆向选择行为。

股票交易完成后，公司内部人利用"低买高卖"或"高卖低买"的操作获得了超额收益，而外部投资者则成为信息不对称的"受害者"，以上时段可以被视作"事前"。与之相应，下一次发生内部人交易可以视作"事后"，外部投资者认识到内部人利用其信息优势获利，要么选择"按兵不动"，要么选择与内部人交易相反的交易方向，要么"用脚投票"退出公司，尤其是退出公司这一行为，很可能由于外部投资者出售股票引发股价下跌，股票流动性下降，导致公司面临更严重的融资约束，进而影响公司的投资决策，影响公司投资效率。至于在内部人交易"事前"至"事后"的整个过程中，内部人交易对资本配置效率的影响，以及内部控制质量对资本配置效率起到了怎样的作用，还有待于在后面的第 4 章中进行深入分析。

3.2　委托代理理论

委托代理理论是契约理论的重要发展，20 世纪 60 年代末 70 年代初，在理性经济人假设的基础上，随着信息不对称理论的提出和发展，学者对委托代理理论进行了深入研究，以此探讨宏观的社会治理和微观的公司治理等问题，并逐步形成了系统的理论分析框架。委托代理理论的核心观点是，随着生产力发展和规模化生产，生产效率极大提高，社会分工极大细化，原有的企业所有者越来越没有精力和能力去管理规模越来越大、数量越来越多的企业，而此时由于生产专业化的分工，越来越多具备专业知识和经验，并对企业生产具有专业管理能力的人开始出现，因此企业所有者开始以支付报酬为代价，将企业生产经营的权利委托给专业胜任者即职业经理人，从而产生了以所有者为委托人、以经理为受托人的委托代理关系。在这种委托代理关系中，基于理性经济人假设，委托人和代理人的效用函数不同，其中委托人追求企业价值最大化，而代理人则追求更高的工资收入和更多的闲暇时间，由此产生委托代理冲突和委托代理成本，进一步地，应当设计一套有效的机制和制度安排，使之能够缓解委托代理冲突和降低委托代理成本，激励和约束代理人的行为，达到委托人和代理人利益的渐趋一致。

亚当·斯密在其经典著作《国富论》中，基于理性经济人假说，首次提及委托代理关系，指出公司中的董事和员工都为了自己的利益各自从事经营管理和生产活动，董事很难像合伙制企业的合伙人那样尽心尽责，由此在股东和董事之间、董事和员工之间产生了委托代理关系。20 世纪 30 年代，Berle 等（1932）正式提出了委托代理理论，他们通过对美国当时 200 家大公司的调查分析发现，数量上多达 44% 的公司，以及 200 家公司财产总额的 58% 的部分都掌控在未持有公司股票的公司经营管理者手中，这种企业所有制将生产经营权委托给经营管理者行使的情形，导致了公司所有权和经营权的分离，也使公司所有权和经营权的分离成为现代公司的一大特征。进一步地，这种分离产生了委托代理关系，即委托人将具体事务委托其代理人代为处理过程中形成的责权利关系。

真正将委托代理理论进行系统性研究开始于 20 世纪 60 年代末 70 年代初，这时的委托代理理论除了探究企业所有者和经营管理者之间的两权分离关系，更是结合了当时开始集中研究的信息不对称理论，本书将委托代理理论分为三部分进行阐述，分别是委托代理关系、委托代理冲突的原因及其解决机制。

3.2.1　委托代理关系

如前所述，委托代理关系是指委托人与代理人之间基于契约形成的责权利关系。具体而言，委托代理关系可以分为基本的委托代理关系和复杂的委托代理关系。

（1）基本的委托代理关系。主要是指仅有一个委托人和一个代理人，或代理人仅承担一项任务，或委托代理关系只在当期存在。很明显，随着社会主体间的关系越来越复杂，基本委托代理关系越来越不能适应社会的发展，目前仅在最基本的主体之间存在，如律师接受委托办理案件。

（2）复杂的委托代理关系。与基本的委托代理关系相比，复杂的委托代理

关系具备以下形态:

1) 多委托人的委托代理关系或多代理人的委托代理关系。是指多个委托人将一项业务委托同一代理人予以实施,或一个委托人将一项业务委托给多个代理人予以实施。前者由于存在多个代理人,且代理人之间的工作成果可以相互比较,因此有助于减少委托人的信息不对称程度,如政府委托多个垄断厂商实施某一经济行为,在这种情形下,多个垄断厂商面临大致相同的自然选择即外界因素,政府可以横向比较厂商的行为绩效,但如同在前文阐释信息不对称理论时所述,正是由于政府只能观测到厂商的行为效果,却无法观测到厂商行为是否努力,由此导致的信息不对称可能使厂商之间形成共谋,进而导致更加严重的委托代理冲突。而在多代理人的委托代理关系中,多个委托人由于委托一个代理人完成工作,委托人之间也会存在竞争关系,同样会导致委托代理冲突。

2) 多任务委托代理关系。是指代理人接受委托实施多个任务,此时代理人需要对多个任务进行实施决策以决定对不同任务付出不同努力,而委托人则需要根据不同的任务设计不同的激励和约束契约。

3) 多层委托代理关系。是指代理人将受托的工作转委托给第三方予以实施,这种情况下形成了两层或两层以上的委托代理关系,即原始委托人和原始代理人的委托代理关系,及原始代理人和新的代理人形成的新的委托代理关系。原始委托人与代理人之间的信息不对称会随着委托代理层级增加而加剧,对各层代理人的监督成本也会增加。

3.2.2　委托代理冲突的原因

由于委托人和代理人的利益取向不一致,导致了委托代理冲突,现实中的委托代理问题主要有以下三方面的原因:

(1) 委托代理双方的效用目标不同。委托人将部分权能委托给代理人行使,目的是希望代理人行使这些权能的效果比委托人自己行使这些权能的效果更佳,但现实情况是委托人和代理人作为理性经济人,都有自己的效用函数。例如,在公司所有者和经营管理者之间,所有者期望股东价值最大化,希望经营管理者努力工作,以最低的成本为自己创造更多的财富,但是经营管理者期望的是更高的报酬、更加舒适的工作环境和更多的公司资源为己所用,尽管双方实现效用目标的根基在于公司的持续经营与利润获得,但是在此过程中双方不同的利益诉求必然导致委托代理冲突。

（2）委托人与代理人之间存在信息不对称。在当前研究委托代理理论时，不能不考虑信息不对称理论的影响，甚至可以说，信息不对称理论是委托代理理论得以发展的重要基石。在委托代理关系中，委托人和代理人之间同样存在信息不对称，具体表现为事前的信息不对称即逆向选择和事后的信息不对称即道德风险。在委托人和代理人签订契约之前，由于作为招聘方的委托人不熟悉作为应聘者的潜在代理人，能力较差的潜在代理人会利用夸大自身工作经历、修饰简历、改善自身形象、运用谈吐技巧等手段，与能力较强的潜在代理人共同应聘，使招聘方无法清晰分辨两类代理人孰优孰劣，从而有可能选择实际能力较差的代理人并与之签订契约，而"驱逐"了实际能力较强的代理人，这就是事前信息不对称导致的逆向选择；在签订契约之后，委托人无法观测到代理人工作的努力程度，只能观测到代理人的工作成果，代理人在工作过程中可能会过度追求舒适的环境和闲暇时间，这就是事后信息不对称导致的道德风险。

（3）缺乏完备契约。所谓的完备契约，是指委托人和代理人就签订契约时和签订契约后的所有事项都通盘考虑，能够使代理人圆满达成委托人的委托目标。在完备契约下，不存在信息不对称，所有信息都得以在双方之间共享。但是由于现实中信息的不可能完备和不确定性的存在，完备契约也是不可能存在的。

3.2.3　委托代理冲突的解决机制

在长期的委托代理关系当中，尤其是微观企业的委托代理关系中，如何有效缓解委托代理冲突和降低委托代理成本一直是理论与实务界探讨的话题，目前来看，学者和实务界人士主要是从以下几个方面付出努力：

（1）建立激励和约束机制。委托人无法观测到代理人工作的努力程度，却可以观测到代理人的工作成果。因此委托人可以通过加强对代理人的激励，使代理人的工作更加努力。激励的实质就是利用代理人的自利性特征，以物质或精神奖励等形式让代理人增强责任心和创造性，尽量按照委托人的意愿从事工作，减少机会主义行为，最终与委托人的利益一致。在激励机制的设计过程中，需要考虑两个条件：一是要让代理人认识到按照激励目标进行工作，比不按照激励目标进行工作获得的效用更高；二是委托人的利益实现是建立在代理人的利益实现基础之上的，二者利益应当相容，即通过激励手段使代理人这一主体在追求自身利益的同时促成集体利益的实现。

从另一个角度来说，要想使代理人实现更好的代理效果，仅有激励是不够的，还应当结合约束机制，具体体现为监督和控制制度。这样委托人在让渡一部分权能给代理人的同时，又为自己增加了监督的新权能，无论是委托人亲自履行监督与控制职能，还是再次委托第三人对原代理人实行监督和控制，无疑都提升了委托人的成本，并形成了另一个层次的委托代理关系，但不管怎样，只要这一新的委托代理成本低于监督控制带来的效用，那么这种监督和控制仍然是必要的。现实中可以通过将部分剩余索取权和部分剩余控制权让渡给监督者（监督者也可以是委托人自己），达到对代理人的约束效果。

（2）建立有效的信息传递机制。通过信息传递，能够缓解双方的信息不对称，一般而言，在委托代理关系中，代理人的信息掌握程度要高于委托人，因此委托人会在委托代理契约签订前通过加深对代理人的了解、查验代理人的学历证明等方式减少信息不对称引致的逆向选择，在委托代理契约签订后通过激励约束制度的实施等方式，使双方主动或被动地传递信息，进而缓解委托代理冲突，降低委托代理成本。

3.2.4 委托代理理论在本书中的基础地位

如前所述，在委托代理关系中，基于理性经济人假设，委托人和代理人的效用函数不同，其中委托人追求企业价值最大化，而代理人则追求更高的工资收入和更多的闲暇时间，由此产生委托代理冲突和委托代理成本。

具体至内部人交易与资本配置效率的讨论中，委托代理理论的基础地位在于，公司内部人在交易本公司股票时，基于公司股东的委托和公司整体利益，结合本书第1章对公司内部人的界定，公司董事、监事、高级管理人员需要努力解决公司面临的融资约束和提升公司投资效率，由于内部人交易往往借助于公司内部人的优势信息做出选择，逆向选择和道德风险会加剧公司面临的融资约束程度，进而对公司的投资效率造成影响，根据这一简单推导过程，就公司角度和整体利益而言，公司董事、监事、高级管理人员等内部人应减少其内部人交易行为；然而公司董事、监事、高级管理人员尤其是公司董事，既是公司各项重大决策的制定者和执行者，往往又因持有公司股票而作为公司股东。作为理性经济人，公司董事、监事、高级管理人员等内部人会在公司整体利益和个人利得之间进行权衡，当公司内部人预期的内部人交易超额收益大于其未从事内部人交易获得的公司平均薪酬时，公司内部人很可能倾向于通过内部人交易获得额外收益，此时的内部人交易引致的融资约束和投资效率问题便可能出现，进而损害公司整体利益。再者，公司内部人除了担任公司运营的决策者，在内部控制框架中，还是公司内部控制制度的设计者和执行者，此时的公司内部人为了实现内部人交易的超额收益，可能会利用内部控制制度设计和执行者的身份，影响内部控制环境和内部控制实施，进而影响内部控制质量，最终传导至公司面临的融资约束和投资效率。可见，如果没有委托代理理论的基础性地位，就无法分析内部人交易、内部控制质量和资本配置效率背后的深层次逻辑关系和相互联系。

3.3 其他理论基础

3.3.1 信号传递理论

信号传递理论认为，在投资者与管理层信息不对称的情况下，股利政策包含公司经营状况和未来发展前景的信息。投资者通过对这些信息的分析来判断公司未来盈利能力的变化趋势，从而引起股票价格的变化。因此股利政策的改变会影响股票价格变化，二者之间存在相关性。如果公司提高股利支付水平，等于向市场传递了利好信息，投资者会认为公司的未来盈利水平会提高，管理层对公司的未来发展前景更加有信心，从而引起股票价格上涨；如果公司以往的股利支付水平一直比较稳定，而现在突然降低了股利，就等于向市场传递了利空信息，投资者会对公司做出悲观的判断从而出售股票，导致股票价格下跌。根据信号传递理论，稳定的股利政策向外界传递了公司经营状况稳定的信息，有利于公司股票价格的稳定。因此，公司在制定股利政策时应当考虑市场的反应，避免传递易于被投资者误解的信息。

3.3.2 传统投融资理论

（1）最初的 MM 理论和修正的 MM 理论。最初的 MM 理论，即由 Modigliani 和 Miller（1959）在《资本结构、公司财务与资本》所阐述的基本观点，他们认为，如果不考虑公司所得税和企业经营风险，公司采取何种资本结构与公司价值无关，即公司采取债务融资和采取股权融资以及两者间的比率不会对公司的市场价值产生影响，这一理论也被称为资本结构无关理论。

由于公司不考虑所得税不符合现实情形，Modigliani 和 Miller（1963）进一步修正了最初的 MM 理论，他们发现，在考虑公司所得税的情况下，由于负债利息是在税前扣除，自身具备的"税盾效应"能够降低企业的综合资本成本，从而增加企业价值。因此，就企业价值最大化角度而言，承担的负债越多，其能够发挥的"税盾效应"越大，公司价值也就越大。当债务资本在资本结构中趋近 100% 时，才是最佳的资本结构，此时企业价值达到最大，最初的 MM 理论和修正的 MM 理论是资本结构理论中关于债务配置的两个极端观点，他们启发了人们对债务融资和资本结构的认识，成为现代金融理论的研究基础。

（2）权衡理论。尽管修正的 MM 理论对不符合现实情境的完美市场从所得税角度进行了改进，但是仍无法解决企业资本结构最优的问题，即在考虑债务利息的税盾效应下举债多多益善，但是几乎没有企业的资产负债率为 100%，相反，过度举债会大大增加企业的财务风险，严重时资不抵债而破产倒闭。针对这一问题，诸多学者在 MM 理论基础上不断延伸和拓展，逐步发展和完善了权衡理论。Baxter（1967）认为，尽管债务融资模式会降低企业所得税成本，但同时也会提升企业破产风险成本，两者间存在此消彼长的关系；具体而言，破产风险成本体现为直接破产成本和间接破产成本，前者指企业破产时产生的破产清算费用等，后者指破产清算过程中可能面临的资产冻结和拍卖变卖等强制执行措施（Stigliz，1969；Kraus & Litzenberger，1973；Scott，1976）。以上破产相关成本都会随着负债增加而增加，债权人必然会由于企业财务风险提升而要求更高的风险补偿。因此，债务融资就不是企业的全部选择，而是应在举债带来的抵税效应和破产成本之间进行权衡，从而选择相对较优的资本结构。

3.3.3 优序融资理论

前期的融资理论和信息不对称理论为优序融资理论提供了理论基础。在信息不对称理论中，公司投资者在公司增发新股时面临信息不对称而发生逆向选择行为，一般而言，增发新股代表着公司面临更好的投资机会，但是也可能是为了将估值虚高的资产进行剥离、弥补弱势产业亏损等非正常用途，投资者面对杂芜信息时就可能"用脚投票"，使前景较好的公司反而陷入融资困境。在这一理论支持下，Myers（1984）等学者提出了优序融资理论，即企业在面临融资选择时，会优先选择原始积累、留存收益等内源融资方式获得投资所需资金，只有当内源融资方式不能满足投资资金需求时，才会考虑外部融资渠道，即使在采用外部融资方式时，也有筹集顺序，即采取银行贷款—债券—可转换债券—股权融资的顺序。尽管优序融资理论提出和发展以来，对到底按照什么顺序融资才是真正的"优序"存在着不同的观点，但不同区域不同行业甚至不同公司都有其特点，"优序融资"本身就不应当界定出整齐划一的标准。

此外，Fama（1965，1970）将与证券价格相关的信息界定为历史信息、公开信息和内部信息三种类型。历史信息在证券市场交易中形成的诸如历史股价、成交量等历史资料；公开信息指能够通过公开渠道获取的公司运营和发展相关信息；内部信息则指仅为公司内部人员所能获知的相关信息。与三种信息相对应地，就形成了三种所谓的"有效市场"，即弱势有效市场、半强势有效市场和强势有效市场。弱势有效市场中，当前的证券价格完全反映了蕴含在证券历史价格中的全部信息；半强势有效市场中，投资者能够根据所有公开信息进行交易，意味着所有投资者之间在公开信息层面都是公平的，除非获得未公开的"内部信息"，否则不会获得超额收益；强势有效市场中，所有公开信息和所谓的"内部信息"都被反映在证券价格上。西方既有文献所做的理论分析和实证研究表明，部分发达国家的证券市场已经达到次强势有效，但 Fama 的有效市场假说和西方既有文献都是建立在高度发达的证券市场和股份制占主导地位的前提之上，更重要的是，有效市场假说并没有考虑市场的流动性，当发生市场恐慌时，不论价格是否公平，投资者往往都会不惜代价抛售股票，由此引发进一步的股价崩盘等现象。基于我国当前资本市场和企业实际，有效市场应具备以下特点：①企业需要的资金能够以合理价格在资本市场得以筹集；②企业闲置资金能够以有效投资的方式进入资本市场；③企业投资或运营的成败能够在资本市场上得以反映（王化成，2017）。

3.3.4　资本配置效率的影响因素

本书先对资本配置效率的影响因素进行基本归纳总结，并将在第 4 章中专门进一步分析内部人交易和内部控制质量如何影响资本配置效率。总体而言，影响资本配置效率的影响因素包括以下方面：

（1）市场化进程与金融市场发展水平。市场化程度的高低，直接影响生产要素和产品在市场中的流动性和竞争力，在高度市场化的环境中，潜在厂商和已有厂商会在产品价格信号及时灵敏的引导下得以不断进入和退出市场，向市场提供更多充分竞争的产品，资本相应地能够更加顺畅地在各领域和各部门之间流动和配置，资本配置效率得以不断提高。在这一过程中，由于各要素能够相对充分地自由流转，价格信号和公司信息能够相对及时和透明地传递至市场，也即这时的价格能够反映公司的内在价值，外部投资者能够根据传递的信息做出投资判断，使企业获得相应的融资，这些融资会被市场化和专业化程度较高的公司用于进一步的投资决策，这些除了市场化程度较高的要求，还需要配套的较高的金融市场发展水平，使资本能够更加顺畅地从低效率部门流向高效率部门。同时，由于金融市场不可能完全有效，投资者倾向于在交易活动中隐藏其私有信息和动机，从而获得更高的超额收益，非公开和私有信息的存在，干扰了其他投资者的正常判断，不利于资本配置效率的提升，但是也同时通过信息的二次传递，刺激了市场化程度的不断修正与提升。

（2）会计信息质量。国内外既有研究普遍认为，高质量的会计信息能够降低信息不对称程度，从而缓解由于信息不对称导致的逆向选择和道德风险（Kedia & Philippon，2009；Biddle et al.，2009；Chen et al.，2011；曾颖和陆正飞，2006；周春梅，2009；张林，2010；任春艳和赵景文，2011）。具体而言，外部投资者在向公司提供资金时，必然考虑投入资金的风险和收益，而投入资金的风险与其对公司的了解程度和信息透明度成反比，而公司向外部传递信息的最核心内容就是会计信息，即公司披露的会计信息质量越高，会计信息越透明，外部投资者就越能够真实了解公司的现实状况，并对公司未来发展做出预期判断，最终决定是否提供资金给公司；相反，公司披露的会计信息质量越差，意味着公司要么财务会计制度不健全，要么由于特殊目的刻意隐瞒，这些都会降低外部投资者对公司的投资信心，外部投资者要么放弃提供资金，要么基于高风险提高预期投资回报率，从而造成公司的融资约束或融资成本上升，进一步会影响公司接下来做出的后续投资决策。因此，会计信息及其质量作为公司对外披露信息的最主要内容，对于信息不对称程度的作用，直接影响了资本配置效率。此外，由于委托代理成本的存在，管理层往往基于其私人动机形成"帝国构建"冲动，扩张投资导致投资过度。会计信息除了向外部投资者提供，还在公司内部流转和被股东会或监事会作为衡量管理层业绩的核心指标，高质量的会计信息能够更真实地反映管理层的业绩，督促管理层为了公司价值最大化，同时考虑利益相关者的利益而工作，从而减少"自利"动机和行为，减少投资过度行为，提升资本配置效率。

（3）公司治理水平与股权结构。从广义角度来讲，公司治理是通过正式或非正式的内外部制度或机制以协调公司与利益相关者之间的利益关系；从狭义角度来讲，公司治理则是以股东为代表的所有者与管理层的监督与制衡机制（李维安，2001，2002）。在处理与外部投资者的关系时，良好的公司治理机制向市场传递了经营规范、制度安排合理等公司信息，同时，良好的公司治理机制能够使外部投资者有更多的机会参与和监督公司的运营过程，能够降低公司与外部投资者之间的信息不对称程度，缓解融资约束，进而减少公司由于融资约束或融资成本过高导致的投资不足，同时良好的公司治理机制能够兼顾公司长短期利益，减少短视行为，有效约束公司的投资过度行为。在对公司内部管理层的监督与制衡过程中，通过设计薪酬、激励和其他奖惩契约，使管理层的行为与股东利益保持一致，最大限度地避免管理层的非效率投资，缓解股东和管理层之间的委托代理问题，从而使资本配置效率在公司内外部层面都能得到提升。

第4章 路径与关系分析

4.1 内部人交易与资本配置效率关系分析

4.1.1 内部人交易影响资本配置效率的动机选择

在分析内部人交易与资本配置效率的关系之前，本书拟先基于信息不对称和委托代理理论，同时借鉴 Myers 和 Majuf（1984）、刘星等（2014）关于融资约束与投资效率关系的理论成果，借助经济学中无差异曲线的原理，对内部人交易与资本配置效率之间的理论关系进行路径推导，从公司内部人自利动机角度，阐释公司内部人进行内部人交易的动机和目的。

设公司内部人进行内部人交易时的交易数量（股数）占交易之前持有股份数量的比例为 a。由于公司内部人指公司董事、监事高级管理层，他们对公司生产经营情况和投融资情况比外部投资者拥有更多的信息优势，同时由于代理成本的存在，内部人有"帝国构建"或"隧道挖掘"的动机。基于理性经济人假设，公司内部人这一特殊群体仍然以自身利益最大化为决策目标。假设公司在 t_1 期面临某投资决策或收回投资决策，该投资的初始投资为 I，预期投资收益为 R，且该初始投资额 I 预期收益 R 为对称信息（内部人和其他投资者均能获知该信息）。公司既有资金的融资松弛变量为 S，$0 \leqslant S \leqslant I$，公司内部人与其他投资者除了在初始投资 I 和预期收益 R 信息对称，对于融资松弛变量 S 也信息对称。除了融资松弛变量 S，其他投资所需资金通过发行新股来获取，即需要发行金额为 E=I−S 的新股。企业初始期为 t_0，初始期的公司整体市场价值为 V_0，其中的股权市场价值部分设为 P。如果公司在项目收益刺激或内部人影响下做出了项目投资决策，公司内部人利用其内部信息优势获得的私有收益（通过内部人交易获得的超额收益）为 car，且 $0<car<R$。

在时点 t_0 处，公司内部人和其他投资者就初始公司价值 V_0 和初始投资 I、预期收益 R、融资松弛 S 均信息对称，即对以上项目享有平等信息。但是到了时点 t_1 处，随着投资项目的进行，公司内部人开始逐步获取并掌控关于该投资的未公开信息，该未公开信息由于信息披露的相对滞后或尚未达到信息披露标准而被公司内部人所了解，如市场利率的即时变动对投资项目的影响、既有项目吸引了更多的潜在投资者、现金流量可能发生有利于或不利于投资项目的信息等，都很可能被公司内部人所独享，但这些信息要么未达到信息披露时限，要么达不到信息披露要求，公司内部人总能够根据以上信息做出自己的选择，如决定是否继续融资从而完成该投资。根据 MM 理论的完美市场假说，在不考虑委托代理成本情形下，公司最终是否接受该投资项目应当取决于投资项目净现值 NPV 是否大于零。然而，在现实情况下，公司内部人有可能为了其私有收益而接受投资项目净现值 NPV 较少甚至为负的投资项目，也有可能放弃投资项目净现值 NPV 较大的投资项目，这取决于公司内部人将私有收益和投资项目最终给内部人带来的收益结果的比较（当然，公司内部人还有可能需要考虑其他综合因素，本书暂不作考虑），从而导致公司投资过度或投资不足。结合以上分析，在 t_1 处，公司内部人如果选择权益性融资方式，并接受该投资项目，则公司内部人的预期收益为：

$$V_e=\frac{aP}{P+E}\times（V_0+E+S）+\frac{aP}{P+E}\times（R-car）+car \tag{4.1}$$

式（4.1）中，$\frac{aP}{P+E}$ 表示股权融资后公司内部人占交易前股份的持股比例，$\frac{aP}{P+E}\times（V_0+E+S）+\frac{aP}{P+E}\times（R-car）+car$ 表示公司内部人与其他投资者共同获得的投资收益即对称信息收益，car 表示公司内部人利用其内部信息优势并通过内部人交易获得的私有收益（超额收益），该私有收益很明显地被公司内部人独享，但是为获取这部分收益的成本却由全体投资者承担，这便构成了部分委托代理成本。当公司内部人对可获得的项目投资收益达不到其预期，或预期投资收益低于其超额收益时，则会放弃该投资项目，此时公司内部人可获得的收益仅为公司正常生产经营收益，即 $Ve^*=a\times（V_0+S）$。综上所述，公司内部人是否会影响公司做出投资的决策，取决于两者之间的互相比较，即当 Ve>

Ve^* 时，公司内部人将影响公司做出投资决策，反之不影响：

$$\frac{aP}{P+E}\times（V_0+E+S）+\frac{aP}{P+E}\times（R-car）+car\geqslant a\times（V_0+S）\qquad（4.2）$$

由式（4.2）可以推知，公司内部人是否做出项目投资决策，或影响公司做出项目投资决策，首先取决于项目净现值是否大于零，其次取决于其获取的私有收益（超额收益）是否大于零或是否大于项目投资的预期收益 E。因此，可以进一步获得公司内部人是否做出进一步融资决策并实施该投资项目的决策无差异曲线：

$$R=\frac{E}{P}\times V_0+E\times（\frac{S}{P}-1）+car\times（1-\frac{P+E}{aP}）\qquad（4.3）$$

式（4.3）中，$\frac{S}{P}<1$，因为作为融资松弛变量，S 本身就构成股权价值 P 的一部分。进一步地，将 R 视为二元一次方程 $y=a+bx$ 中的 y，将 V_0 视为 x，则在二维坐标系中，该曲线与 x 轴的交点为：

$$0=\frac{E}{P}\times V_0+E\times（\frac{S}{P}-1）+car\times（1-\frac{P+E}{aP}），\quad 即$$

$$V_0=\left[E\times（1-\frac{S}{P}）+car\times（\frac{P+E}{aP}-1）\right]\times\frac{P}{E}\qquad（4.4）$$

由前文的 $\frac{S}{P}<1$ 和 $\frac{P+E}{aP}>1$ 可知，该曲线与 x 轴的交点 $V_0>0$，即在 y 轴右侧。

该曲线与 y 轴的交点为：

$$R=\frac{E}{P}\times0+E\times（\frac{S}{P}-1）+car\times（1-\frac{P+E}{aP}），\quad 即$$

$$R=E\times（\frac{S}{P}-1）+car\times（1-\frac{P+E}{aP}）\qquad（4.5）$$

由前文的 $\frac{S}{P}<1$、$\frac{P+E}{aP}>1$ 可知，式（4.5）曲线与 y 轴的交点小于0，即在 x 轴下方。

综上所述，可将该无差异曲线近似表现在图 4.1 的二维坐标系中：

由图 4.1 可知，公司和内部人面临的投资机会决策主要围绕区域Ⅰ、区域Ⅱ和区域Ⅲ展开。当公司初始价值 V_0 和预期投资收益 R 位于区域Ⅱ时，对于公司和公司内部人而言，由于在投资无差异曲线上方，应当做出理性的投资决策并进行投资。在区域Ⅰ范围内，由于项目预期收益 R 小于零，因此按照正常

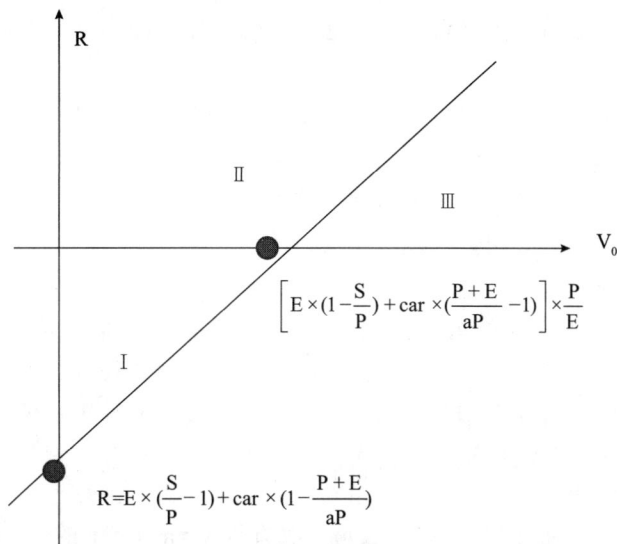

$$\left[E \times (1 - \frac{S}{P}) + car \times (\frac{P+E}{aP} - 1)\right] \times \frac{P}{E}$$

$$R = E \times (\frac{S}{P} - 1) + car \times (1 - \frac{P+E}{aP})$$

图 4.1　公司内部人投资无差异曲线

标准，公司不应当做出投资决策并放弃该投资项目，但是由于该区域处于投资无差异曲线上方，即对于公司内部人而言，虽然无法获得正的预期收益，但是仍可以凭借其内部信息优势通过内部人交易获得私有收益（超额收益）。因此，公司内部人仍然会选择实施该投资项目，这会导致公司的投资过度。相反，在区域Ⅲ范围内，由于项目预期收益 R 大于零，因此按照正常标准，公司应当做出投资决策并进行投资，但是由于该区域处于投资无差异曲线下方，即对于公司内部人而言，虽然能够获得正的预期收益，但是与其私有收益（超额收益）相比仍有差距。因此公司内部人不会选择实施该投资项目，这会导致公司的投资不足。

4.1.2　内部人交易与融资约束

（1）内部人交易是影响融资约束的关键因素。内部人交易简单来讲就是内部人买入或卖出本公司的股票，不论从内部人交易的主体——公司董事、监事和高级管理层（以下简称董事、监事、高级管理人员）人数来看，还是从交易数量、交易金额看，内部人交易与同样以公司股票为标的的交易行为都无法相提并论。结合后文针对内部人交易的描述性统计，内部人交易数量和金额占本公司所有股票交易的比例都可以说是微不足道的。但是，正是由于信息传递原理和公司董事、监事、高级管理人员这一特殊群体，使内部人交易成为影响融资约束的关键因素。

首先，内部人交易可以缓解融资约束。早在 1984 年，Myers 和 Majluf 就指出，公司和外部投资者之间由于信息不对称，使外部投资者难以对公司运营具备充分的了解，无法基于公司披露的信息而充分评价公司运营的优劣。资本市场的发达程度不同，公司信息披露的及时性和充分性就会不同，但无论在何种类型的资本市场，董事、监事、高级管理人员都是公司生产运营的核心群体。当某一市场的信息传递较为及时和透明，且公司董事、监事、高级管理人员很少出于自利动机买卖本公司股票时，此时的信息不对称程度较低，内部人交易能够向外部投资者传递更多的公司信息，外部投资者能够更加便利地做出投资决策，并愿意以更低的回报率向公司投入资本，相应地，公司就能以更低的融资成本获得资本投入，从而缓解公司面临的融资约束。此外，由于信息传递较为及时和充分，即使外部投资者基期对公司形成了负面认识，也会由于内部人交易传递的信息而逐步修正其预期，并愿以较低的成本向公司提供资本。

其次，内部人交易也可能加剧融资约束。与上面的分析过程相反，如果信息传递不及时，或者公司董事、监事、高级管理人员凭借其对公司生产运营的优势信息，出于自利动机而利用不对称信息获取超额收益，内部人利用信息不对称优势，获得的超额收益越高，传达给投资者的信息整体而言越负面，作为理性投资者，对于内部人交易频繁尤其是超额收益高的公司会采取逆向选择的策略，即远离这些公司，进一步地，公司内部人通过买卖本公司股票获得的超额收益越高，会引发外部潜在投资者更多的逆向选择行为，越来越多的"用脚投票"和撤离公司行为会导致公司股票流动性下降，从而使股票价格下跌、外部融资成本上升，融资约束加剧。

与国外资本市场相比，我国资本市场还不成熟，存在更多的"非公开信息"，公司内部人借助其对公司运营更为了解的优势，具备了更强的交易择时能力，即在股票价格低迷期时增持公司股票，而在价格高位时减持套现，这种内部人交易越频繁，交易数量或交易金额越大，内部人交易信息披露越不及时，外部投资者对公司的信心受挫越严重，从而导致更加严重的资本撤离，股票流动性下降更多，公司面临的融资约束也就越严重（Narayanan，1988；Manove，1989；Fidrmuc et al.，2006；Ataullah et al.，2015）。

（2）不同的内部人交易特征，对融资约束的影响也有所不同。内部人交易必然涉及公司董事、监事、高级管理人员在面对本公司股票时的交易方向，即买入还是卖出。具体分析买入和卖出情形时，由于存在不同的交易时间窗口，引起的市场反应又会有所不同，即传递给市场的信息有所不同，外部投资者将做出不同的决策，从而给公司带来不同的融资约束程度。

1) 在内部人买入本公司股票的短时间窗口内，内部人买入交易向市场传递了积极信号，即公司内部人看好公司未来发展前景并积极购买本公司股票以待升值，外部投资者跟风买入，这会使公司股价在短期内往往具有良好表现，由于外部资本在短期内不断涌入，公司面临的融资约束程度自然会得到缓解。

2) 随着时间窗口的不断拉长，公司内部人买入的积极信号被市场消化和吸收，外部资本的积极流入也逐渐归于平静。在长时间窗口内，公司董事、监事、高级管理人员等内部人更多的是基于对公司战略的把控而拥有更多的不对称信息，这种不对称信息要比短时间窗口更加丰富，也更不易为外部投资者真正掌握。与外部投资者相比，公司内部人会由于对公司前景的认可、公司战略的相对稳定性等优势信息持有股票，直至其认为合适的时机再行卖出，这种长时间窗口的信息不对称进一步加剧了外部投资者对其信息劣势的担忧，从而使外部投资者失去对公司的耐心和信心，不断向下修正其对公司前景的预期，导致股票流动性下降，公司从资本市场筹集资金的难度上升，从而加剧了公司面临的融资约束。

3) 以上两个方面是从两个期间讨论了内部人买入行为带给融资约束的影响，而从卖出行为分析则应当相对简单。无论是短时间窗口还是长时间窗口，公司内部人卖出股票的信息披露一般都会给外部投资者造成消极影响。外部投资者基于信息不对称，将公司内部人卖出本公司股票的行为判断为公司内部人对公司前景的悲观预期，于是跟风卖出，导致公司股价下跌，股票流动性下降，短期内导致公司面临较高的融资约束，长期内这种效应进一步体现为公司内部人和外部投资者的两种行为，公司内部人基于其信息优势，在其认为合适的时机卖出股票，获得超额收益，随后获取的超额收益不断下降，直到未来某一时点再次买入。另外，公司内部人卖出股票时，外部投资者并没有获得超额收益，可能会由于公司股价的萎靡而持续悲观，并不断向下修正对公司生产经营和投资项目的盈利预期，选择"用脚投票"的方式逐步远离公司，从而加剧了公司面临的融资约束。

4.1.3 内部人交易与投资效率

一般而言，内部人交易对投资效率的影响应当结合融资约束的考虑，从内部人买入和卖出的角度进行分析：

（1）在考虑外部融资约束的情况下，由于公司董事、监事、高级管理人员等内部人作为公司各种决策的制定者和执行者，掌握了公司生产运营的大部分信息，这种对信息的掌握包括对拟投资项目的分析和了解。首先，公司内部人在面临投资决策时必然考虑到投资所需资金，现有和筹集到的资金直接影响了未来的投资效率，根据融资优序理论，公司董事、监事、高级管理人员会优先选择内部自有资金，但自有资金往往无法满足投资需要，因此公司董事、监事、高级管理人员等内部人面临着外部负债融资或股权融资的选择。其次，外部投资者对公司投资项目选择了解相对较少，这种与公司内部人之间的信息不对称导致外部投资者在向公司投资时，要求更高的风险溢价，以期达到弥补未来不确定性损失的目的，这种风险溢价又直接导致了公司外部融资成本高于公司内部资金成本，进而形成了公司的融资约束并导致公司面临投资决策时由于缺乏足够资金而投资不足。由此分析，公司内部人在买入本公司股票前，往往会向市场传递投资不足等信息，降低外部投资者对公司发展信心，压低股票价格。因此，公司内部人买入行为往往随着投资不足，从而有可能降低投资效率。

（2）从公司内部人卖出股票的角度分析，由股东和管理层之间形成的委托代理关系中，管理层为了自身利益最大化，往往倾向于过度投资，通过"帝国构建"彰显自身的工作努力。就内部人交易角度而言，公司董事、监事、高级管理人员等内部人通过扩大投资，向市场不断传递公司发展的正面形象，进而推高股票价格，从而为卖出自身持有股票做好充足准备。因此，公司内部人卖出交易往往随着投资过度，从而降低了投资效率，综合公司内部人买入行为对投资效率的分析，公司内部人基于自利动机，倾向于在内部人交易过程中，结合非效率投资，侵害外部投资者利益。

4.2 内部控制质量与资本配置效率关系分析

研究内部控制质量与资本配置效率之间的关系也是基于信息不对称理论与委托代理理论。就内部控制质量和融资约束的关系而言，高质量的内部控制通过一系列规范的内控环境构建以及良好的风险评估、信息与沟通、健全的控制活动与监督机制，使财务报告披露的信息质量得到提升，进而降低信息不对称程度，外部投资者通过获取财务报告披露，能够获得相对更加真实和透明的信息，减少非公开信息给外部投资者带来的非正常干扰，对公司运营也有更加深入的了解。相应地，外部投资者基于对公司更加公允的了解而愿意以更低的成本提供资金给公司，降低公司的融资成本，缓解公司面临的融资约束。

　　就内部控制质量与投资效率的关系而言，公司内部控制质量越高，意味着公司内部控制制度和内部控制体系越规范。具体而言，内部控制环境良好的公司，会形成自上而下的内部控制文化和意识，各层级之间会形成畅通的双向沟通局面，对投资决策的风险评估和应对会做出更加客观的评价，通过对投资项目的集体决策等控制活动和对投资项目的事前、事中和事后监督，能够进一步降低投资面临的投资风险。此外，高质量的内部控制通过影响财务报告信息的质量和披露，降低了信息不对称程度，从而缓解了公司面临的融资约束，能够抑制由于公司面临融资约束而导致的投资不足。同时，高质量的内部控制能够通过一系列制度安排，合理规划公司内部大股东和小股东之间、股东和管理层之间的责、权、利，引导公司各利益相关方为公司利益最大化而非个人利益最大化而努力，从而减少诸如管理层为实现自身私利而引发的"帝国构建"冲动，有效抑制投资过度。

　　总体而言，公司通过高质量的内部控制，既能够从"入口"角度缓解公司面临的融资约束，也能够从"出口"角度提升公司的投资效率。但是，如果单独从内部控制质量这一个维度去看待对资本配置效率的影响，很可能会由于实施主体、内外部环境变化等因素而显得过于狭窄，因此，有必要将内部人交易与内部控制质量结合起来，综合考察对资本配置效率的影响。

4.3　内部人交易与资本配置效率关系综合分析

4.3.1　由财务报告质量和信息不对称为出发点进行的综合分析

　　保证财务报告的质量和财务信息及时有效的传递，是内部控制的核心目标之一，高质量的财务报告也就成为衡量内部控制质量高低与否的核心判断标准。如前文所述，在资本配置过程中，不论是作为资本融入可能导致的融资约束，还是融入资本后的流转和使用带来的投资效率高低与否，由此产生的资本配置效率都源于信息不对称。本书希望通过递进分析，在讨论内部人交易与资本配置效率的关系之前，先对内部人交易与后两者的表现形式及产生原因的关系进行分析，即对内部人交易与财务报告质量与信息不对称之间的关系进行理论分析。

具体而言，高质量的内部控制可以提高公司的财务报告质量，高质量的内部控制可以减少公司管理者无意识的错误或者有意操纵会计盈余，从而可以提高财务报告质量。而财务报告质量的提高，降低了公司和外部投资者之间的信息不对称程度，进而降低了公司的融资约束并能够提升投资效率。委托代理理论认为，高质量的会计信息可以减少公司和外部投资者之间的信息不对称程度，降低投资者的信息风险。此外，高质量的内部控制能够降低公司的经营风险和法律风险，从而增加归属于广大股东的现金流，进而降低上市公司的权益资本成本。即高质量内部控制通过提高财务报告质量，进而影响投资者面临的信息风险，从而降低公司的权益资本成本。

由于不完美市场的存在，信息不对称直接导致了外部融资成本高于内部资本成本，由此形成了融资约束。企业如果不能以较低的成本筹集到所需资金，资本配置效率就无从谈起。同时，衡量融资效果必须以资金获取成本与资金使用效果进行对比，只有这样才能体现融资的效果。当企业能够以合理成本筹集到所需资金，说明此时的企业融资约束程度较轻，资金的融入效率相对较高；反之，则说明企业存在较严重的融资约束，资金的融入效率相对较低。同时，在将融入资本运用于现实投资过程中时，由于信息不对称的存在，公司投资往往会导致投资过度或投资不足，在投资过度或投资不足的情形下，即使投资项目获得了正的项目回报，也会因为投资资金被过度使用或没有被有效使用，导致投资效率低下。

从以上角度分析，财务报告质量是内部控制质量的核心表现形式，而信息不对称是资本配置效率的核心影响因素，同样也是内部人交易的核心影响因素。如果能够厘清内部人交易与财务报告质量、信息不对称之间的关系，也就不难进一步推导内部人交易与内部控制质量、资本配置效率三者之间的综合关系。

就内部人交易与信息不对称的关系而言。一方面，公司内部人基于其既有的信息优势做出股票买入或卖出的行为后，会以信息披露的方式传递至资本市场。外部投资者获知内部人交易信息后，由于事前的信息不对称即内部人在交易前就很可能掌握了信息优势，外部投资者会做出逆向选择，即要求更大的买卖价差和更低的报价，这必然会导致市场交易成本的上升，而交易成本的上升会进一步挫伤外部投资者的交易意愿，导致股票流动性下降，从而进一步加剧了信息不对称程度。另一方面，正是由于公司内部人交易的信号传递效应，且当今各国主要资本市场均对内部人交易的披露时限做出了详细规定，使外部投资者能够相对及时地获取内部人交易信息，通过内部人交易信息及其披露，外部投资者可能认为公司内部人交易本公司股票的行为向市场主动或被动地传递了对本公司当前和以后的价值判断，这种判断恰恰提升了内部人交易的信息含量，增加了信息透明度，外部投资者有更强烈的意愿入场交易，提高了股票交易的活跃度，进一步降低了信息不对称程度。因此，从以上角度分析，公司内部人对信息不对称可能具有双重影响，将在后面章节中进行专门论述和实证检验。

就财务报告质量与信息不对称的关系而言，外部投资者借助上市公司披露的财务报告对公司做出整体判断并做出投资决策，而公司在对外披露财务报告时往往倾向于披露好消息而隐藏坏消息，并伴随有目的的盈余管理活动，甚至通过"洗大澡"的方式计提高额损失，这些盈余管理活动无疑影响了财务报告的质量，造成了财务报告信息披露过程中的信息不对称，外部投资者根据财务报告做出投资的过程中也逐步认识到了这种事前的信息不对称，进而要求更高的投资回报或"用脚投票"撤出该公司，这又进一步提高了股票交易成本，降低了股票交易的流动性，从而加剧了信息不对称程度。当公司严格按照会计准则要求制定和披露财务报告，对外越及时和充分地传递财务报告信息，公司财务报告质量越高，意味着财务报告披露导致的信息不对称程度越低。

进一步地，当公司内部人利用其自身信息生产和披露的预先知悉和主动权，通过应计盈余管理或真实盈余管理活动，将其获取超额收益的动机融入财务报告披露过程，将会使信息不对称存在更大的不确定性。换句话说，公司内部人交易越频繁，交易占流通股比例越高，往往意味着公司内部人有更强烈地获取超额收益的动机和既得利益，不管是由于公司内部人有意识地通过盈余管理活动影响财务报告的信息披露，还是由于内部控制质量低下导致的财务报告信息披露存在缺陷，最终与内部人交易频繁和大量的存在结合后，将会使信息传递的效率和效果大打折扣，进一步降低外部投资者的投资预期，加剧信息不对称程度。而高质量的财务报告质量往往意味着公司通过有效的内部控制等手段降低了盈余管理活动导致的不确定性，进而能够减缓或抵消内部人交易对信息不对称程度的负面影响。

4.3.2　综合分析内部人交易与资本配置效率之间的关系

在前文的概念界定中，"资本配置效率"被本书界定为"入口"的融资约束程度和"出口"的投资效率，在综合考察内部人交易与资本配置效率的关系时，可以分解为讨论内部人交易、内部控制质量与融资约束的关系，以及内部人交易、内部控制质量与投资效率的关系。此外，内部人交易与融资约束、投资效率以及内部控制质量与融资约束、投资效率的关系在前文已经进行过阐释，此处仅讨论同时考虑内部人交易与内部控制质量的情形下，融资约束和投资效率的关系。

公司董事、监事、高级管理人员作为内部人交易的实施主体，同时又是内部控制制度和体系的设计和执行主体，其身份的双重性使其在内部人交易和内部控制设计与执行过程中存在冲突。具体而言，内部控制的总体目标是保证财务报告的可靠性，提高经营效率和效果，符合法律规范，从内部控制环境、风险评估、信息与沟通、控制活动与监督几个方面，合理兼顾公司利益相关者的利益，最终促进公司利益最大化；而内部人交易绝大多数情况下都是通过买入或卖出行为，来实现公司内部人自身利益的最大化。同时内部控制与内部人交易也存在共同点，内部控制制度和体系是由董事会聘任的管理层设计和执行并保证其有效性，监事会对公司内部控制的运行予以监督，并对内部控制评价报告予以审核并发表意见；内部人交易的实施主体就是公司董事、监事、高级管理人员，在设计和执行内部控制制度和体系时，公司董事、监事、高级管理人员要考虑公司整体利益，而在进行内部人交易时的自利动机又导致了两者实施主体的同一性与矛盾性，这种实施主体的一致性和目标动机以及手段的反差都决定了在影响融资约束或投资效率的过程中，内部控制质量与内部人交易发挥了替代效应。

与财务报告质量影响信息不对称程度的分析不同，财务报告质量是内部控制质量的表现形式或者可以说是"标靶"之一，公司通过一系列内部控制活动和手段，使内部控制质量呈现不同等级的水平。一般而言，内部控制环境越完善、风险评估与信息沟通越完备、内部控制活动越充分以及内部控制监督越严谨，内部控制质量往往就越高，而高质量的内部控制也就促成了高质量的财务报告。根据前文的分析，财务报告质量越高，越能够降低公司和外部投资者之间的信息不对称程度，进而降低了公司的融资约束并能够提升投资效率。从理论分析的角度出发，财务报告质量与信息不对称程度之间的关系应该是明确的，但是财务报告质量的"高"或"低"，是一个相对明确的结果，并没有往前追溯至内部控制质量"高"或"低"的主体因素，即制定和执行内部控制制度体系的公司董事、监事、高级管理人员这一主体。因此，定性分析财务报告质量"高""低"在内部人交易影响信息不对称程度的过程中发挥作用时，重点讨论了内部控制质量发挥的调节效应。而由于内部人交易和内部控制实施主体的重叠性和目标动机以及手段的非重叠性，都决定了当内部控制质量较高时，内部人交易对融资约束程度或投资效率的影响较小，而内部控制质量较低时，内部人交易很可能就比较"猖獗"，两者之间一定程度上相互替代。

第 5 章　内部人交易、财务报告质量与信息不对称

5.1　引　言

　　我国自 2006 年开始实施修订后的《公司法》和证监会公布的诸如《上市公司董事、监事和高级管理人员所持本公司股份及其变动管理规则》，逐步放开公司内部人交易本公司的股票，但这种逐步放开伴随着极为严格的条件。单方面获知重大事件信息或基于公司前景的价值判断，从而买入或卖出股票，是公司内部人获得超额收益的重要来源，公司内部人通过内部人交易，本身就会向市场传递信息，这些信息本身也会导致或高或低的信息不对称程度，而提高信息披露水平、减少信息不对称是降低内部人获得私利的重要途径。外部投资者购买公司股票，除了关注和分析包括内部人交易在内的各种传递信息之外，主要是根据公司披露的财务报告信息，如果披露的财务报告信息有偏误（这种偏误既可能是故意的，也可能是非故意的），而且这种偏误是由于公司大股东或管理层通过盈余管理活动故意为之，那么此时公司大股东或管理层相较于外部投资者就拥有了更多的信息优势。结合既有研究成果，盈余管理活动被划分为应计盈余管理和真实盈余管理，前者通过有目的地选择和运用诸如固定资产折旧、减值准备等会计政策，从而掩盖和扭曲真实经营业绩（Dechow & Skinner，2000），而真实盈余管理则是通过削减产量降低利润、加速销售平滑利润等实际生产经营手段，从而调节和操控当期盈余（Roychowdhury，2006）。应计盈余管理和真实盈余管理都是财务报告质量的重要影响因素，而且真实盈余管理由于没有直接运用会计政策，因此隐蔽性更强。由此，有必要从内部人交易和财务报告质量两个角度综合考察对信息不对称程度的影响。

5.2　理论分析与假设提出

内部人交易简单来讲就是公司内部人买入或卖出本公司的股票，抛开其动机而言，内部人交易传递给市场和投资者的信息含量是比较丰富的，投资者根据其获知的内部人交易信息来调整其对公司投资项目前景的预期，即投资决策主要依赖于对内部人交易信息的判断。具有良好发展前景的上市公司内部人，拥有更多的关于公司价值的私有信息，当本公司股票价格被低估时，有强烈动机去购买，以便公司未来价值回升时获利。与此相反，公司未来业绩不佳的内部人更愿意卖出手中的股票，以免未来股票价格下跌时遭受损失。因此，在外部投资者看来，内部人买入交易往往意味着公司投资项目具有良好的前景，公司的股票价格有所上升；而内部人卖出交易则视为公司投资项目前景较差，公司的股票价格将可能有所下降（Fidrmuc et al.，2006）。

根据信息不对称理论，信息优势方通过向信息劣势方传递信息的过程获得不对等的收益，而信息劣势方则倾向于通过各种渠道获取信息以弥补自身信息较少带来的损失。与外部投资者相比，公司内部人对公司生产经营、资金筹集、项目投资和利润分配情况有更深入的了解，基于这种比较优势并结合自利动机，公司内部人会做出买入或卖出本公司股票的行为，这个过程本身可能就是信息不对称的体现，由于目前绝大多数国家的资本市场均较为严格地限制内部人交易，要求内部人及时披露交易信息，因此当内部人交易信息传递到资本市场时，外部投资者便会根据传递的信息，结合自己从其他渠道获取的信息做出投资决策。那么，公司内部人交易向市场传递的信息是否具备信息含量，内部人交易的进行和信息披露到底加剧了信息不对称还是减缓了信息不对称？具体而言，本书研究的重点并非内部人交易的原因，即公司内部人基于其信息优势进行本公司股票买卖，这种信息优势的存在是既定的，而公司内部人基于信息优势进行内部人交易后，向市场传递的信息是否像"柠檬市场"那样导致了交易双方进一步的信息不对称？这可以从两个方面进行分析并得出竞争性假设。

一方面，公司内部人基于其信息优势做出股票买入或卖出的行为后，会以信息披露的方式传递至资本市场。外部投资者获知内部人交易信息后，由于先天的信息不对称即内部人在交易前就很可能掌握了信息优势，外部投资者会做出逆向选择，即要求更大的买卖价差和更低的报价（Leland，1990；Kyle，2003），这必然会导致市场交易成本的上升，而交易成本的上升会进一步挫伤外部投资者的交易意愿，导致股票流动性下降，从而进一步加剧了信息不对称程度。因此，从以上角度分析，公司内部人交易加剧了信息披露后的信息不对称程度，由此提出假设 1a。

假设 1a：发生内部人交易的公司，内部人交易越频繁，交易量越大，由此导致的信息不对称程度越高。

另一方面，正是由于公司内部人交易的信号传递效应，加之当今各国主要资本市场均对内部人交易的披露时限做出了详细规定①，使外部投资者能够较为及时地获取内部人交易信息，通过内部人交易信息及其披露，外部投资者可能做出如下判断：公司内部人交易本公司股票的行为向市场主动或被动地传递了对本公司当前和以后的价值判断，这种判断恰恰提升了内部人交易的信息含量，增加了信息透明度，外部投资者有更强烈的意愿入场交易，提高了股票交易的活跃度，进一步降低了信息不对称程度。因此，从以上角度分析，公司内部人交易减缓了信息披露后的信息不对称程度，由此提出与假设 1a 相对应的竞争性假设 1b。

假设 1b：发生内部人交易的公司，内部人交易的频率和交易量降低了内部人和外部投资者之间的信息不对称程度。

财务报告是外部投资者获取公司信息的最主要来源。与内部人交易存在于部分公司不同，每一家上市公司每年都必须披露自己的财务报告信息。一般来讲，各个国家的财务会计准则和财务会计制度基本上都对会计政策、会计核算与监督、财务报告信息披露制定了统一的标准，公司只需按照这些标准进行会计核算并定期报出财务报告即可，但是这种合规性既非公司的唯一目标也非首要目标。为了实现公司利润最大化或股东利益最大化甚至公司价值最大化，公司从股东到管理层都有强烈的自利动机，或为了降低税费，或为了增加融资，或为了平滑利润，总会想方设法地在会计处理过程中或在实际生产经营过程中发挥"主观能动性"，利用会计政策和财务处理标准预留给公司的自由裁量权，

---

① 如我国证监会发布的《上市公司董事、监事和高级管理人员所持本公司股份及其变动管理规则》明确规定："上市公司董事、监事和高级管理人员所持本公司股份发生变动的，应当自该事实发生之日起 2 个交易日内，向上市公司报告并由上市公司在证券交易所网站进行公告。"

对包括公司利润在内的会计活动和实际运营进行安排和处理，这种安排和处理最常见的形式是盈余管理。具体来讲，盈余管理包括应计盈余管理和真实盈余管理，前者主要通过诸如主动选择会计政策中的资产折旧方法、计提资产减值准备、改变收入和费用的确认条件等方式，实现对应计项目的操控；后者则规避了对会计政策的利用，转而通过在实际生产经营过程中调节产量、加速销售或改变销售期间、调整资产处置时间、调节管理层掌控范围内的酌量性费用等方式，实现平滑利润等目标。与应计盈余管理主动选择会计政策相比，真实盈余管理由于都是基于真实的生产经营过程，因此具有更强的隐蔽性，因此在当前监管环境越来越严、企业会计诉讼风险越来越高的背景下，真实盈余管理成为公司管理层更加青睐的盈余管理工具（Schipper，1989；Ewert & Wagenhofer，2005）。

如前所述，外部投资者借助上市公司披露的财务报告对公司做出整体判断并做出投资决策，但是大量研究均表明，公司在对外披露财务报告时倾向于披露好消息而隐藏坏消息，并伴随有目的的盈余管理活动，甚至通过"洗大澡"的方式计提高额损失，这些盈余管理活动无疑影响了财务报告的质量，造成了财务报告信息披露过程中的信息不对称，外部投资者在根据财务报告做出投资的过程中也逐步认识到了这种事前的信息不对称，进而要求更高的投资回报或"用脚投票"撤出该公司，这又进一步提高了股票交易成本，降低了股票交易的流动性，从而加剧了信息不对称程度。综上所述，当公司严格按照会计准则要求制定和披露财务报告，对外越及时和充分地传递财务报告信息，公司财务报告质量越高，意味着公司的应计盈余管理程度和真实盈余管理程度越低，财务报告披露导致的信息不对称程度应当越低，由此提出假设 2。

假设 2：公司应计盈余管理程度越低，信息不对称程度越低；公司真实盈余管理程度越低，信息不对称程度越低。

从美国"安然事件"到我国"银广夏"事件，再到 2017 年的"鞍重股份"财务造假，无不显示了公司内部人出于公司利益和个人自利动机，利用其对公司运营的实际管理控制权，通过对公司财务信息和非财务信息的操纵，从而实现所谓的"利润最大化"和"股东财富最大化"目标。毫无疑问，这些事件损害了外部投资者的利益，最为关键的是，以上"丑闻"被揭露之前，绝大部分外部投资者并不知情，公司内部人正是利用了自身信息生产和披露的预先知悉和主动权，导致了信息不对称。既有文献表明，公司盈余质量越低，公司内部人越能够通过买入和卖出股票获得更高的超额收益（Aboody et al.,

2005），即在购买股票前进行负向应计盈余管理和向外界传递坏消息，而在卖出股票前则倾向于进行正向应计盈余管理和发布好消息，进而获得超额收益（Sawicki & Shrestha，2008）。随着真实盈余管理活动的日益增多及其隐蔽性特征，公司内部人也已经利用真实盈余管理有目的地调节利润从而达到低买高卖和高卖低买的目的（武聪和张俊生，2009）。因此，公司内部人在交易过程中，往往会结合盈余管理活动，这一过程加剧了公司内部人和外部投资者之间的信息不对称，由此提出本章的假设3及其子假设：

假设3：公司内部人交易越多，盈余质量越低，导致的信息不对称程度越高。

假设3a：公司内部人交易越多，应计盈余管理程度越高，导致的信息不对称程度越高。

假设3b：公司内部人交易越多，真实盈余管理程度越高，导致的信息不对称程度越高。

5.3 数据来源与研究设计

5.3.1 各主要变量的界定和度量

（1）被解释变量。既有文献对信息不对称程度有多种计量方式，比较有代表性的主要有 Easley 等（1996）的知情交易概率模型，该模型假设交易双方有一方是知情交易者而另一方并不知情，并借助二叉树分析方法，将交易信息分为好消息和坏消息以及没有消息三种情形，据此分别计算以上三种信息由知情交易方到达不知情交易方的速率期望值，进而得出知情交易概率即 PIN 值，PIN 值越高，代表信息不对称程度越高。Amihud（2002）提出了利用非流动性指标衡量信息不对称程度，认为股票流动性越高，某一笔交易引起的价格波动越小，投资者的逆向选择成本越低，而信息不对称是导致逆向选择的核心因素，因此，股票流动性越高，往往意味着较低的信息不对称程度。

由于知情交易概率模型的 PIN 值需要借助股票日交易的高频数据，考虑到我国资本市场的不完善程度和高频数据的可得性较低，本书选取 Amihud

（2002）非流动性指标作为信息不对称程度的替代变量，且张峥等（2013）实证研究发现，Amihud（2002）非流动性指标越大，流动性越差，信息不对称程度越高。

借鉴 Amihud（2002）的计量模型，构建股票非流动性指标：

$$非流动比率 = \frac{\sum \sqrt{\dfrac{股票日回报率}{股票日交易量}}}{D} \tag{5.1}$$

式（5.1）中，D 为股票年交易天数。

（2）解释变量。

1）内部人交易。为了衡量内部人交易对信息不对称程度的影响，借鉴祝运海（2011）、肖浩（2015）、赵玉洁（2016）的界定方法，采用类别变量和连续变量两个方式衡量内部人交易。首先按照是否发生内部人交易，将样本数据一年内发生过内部人交易的界定为 1，否则界定为 0，分析是否发生内部人交易对股票流动性的影响。其次从内部人年交易数量及其占个股年流通股比例两个连续变量的角度，分析内部人交易对股票流动性的影响，进而实证检验内部人交易与信息不对称的关系。

2）盈余质量。盈余质量是衡量财务报告质量高低与否的重要指标，借鉴既有文献，本书将应计盈余管理和真实盈余管理程度作为财务报告质量的替代变量（李青原，2009；金智，2010；杨海燕等，2012；叶青等，2012；刘启亮等，2013；范经华等，2013；张娆，2014；潘红波和韩芳芳，2016；许楠等，2016；袁知柱等，2017），按照既有文献，应计盈余管理和真实盈余管理程度越高，盈余质量代表的公司财务报告质量越差。

应计盈余管理程度借鉴修正的 Jones 模型（1991），构建应计盈余管理模型：

$$Ta_{i,t} = Ni_{i,t} - Cfo_{i,t} \tag{5.2}$$

$$\frac{Ta_{i,t}}{Assets_{i,t-1}} = \alpha_0 \frac{1}{Assets_{i,t-1}} + \beta_1 \frac{\Delta Sales_{i,t} - \Delta Ar_{i,t}}{Assets_{i,t-1}} + \beta_2 \frac{Ppe_{i,t}}{Assets_{i,t-1}} + \varepsilon_{i,t} \tag{5.3}$$

$$Nda_{i,t} = \alpha_0 + \alpha_0 \frac{1}{Assets_{i,t-1}} + \beta_1 \frac{\Delta Sales_{i,t} - \Delta Ar_{i,t}}{Assets_{i,t-1}} + \beta_2 \frac{Ppe_{i,t}}{Assets_{i,t-1}} \tag{5.4}$$

$$Da_{i,t} = \frac{Ta_{i,t}}{Assets_{i,t-1}} - Nda_{i,t} \tag{5.5}$$

在上述模型（5.2）、模型（5.3）中，Ta、Ni、Cfo 分别代表总应计利润、净利润和经营活动现金流量，模型（5.4）中 Nda、Assets、Sales、Ar、Ppe 分别代表不可操控应计利润、资产总额、销售收入、应收账款、固定资产净额；模型（5.5）中，Da 代表可操控性应计利润，即应计盈余管理水平 Da，Da 值越大，表明操纵性应计水平越高，应计盈余管理程度越高，财务报告质量相对越低。

真实盈余管理程度借鉴 Roychowdhury（2006）的观点，企业为了提高销售收入，会采用诸如提高商品折扣比例和放宽信用政策等手段实现，这种操控行为会导致当期实际经营现金流量低于正常的经营现金流量，两者的差额就是异常的经营现金流量，具体体现为以下线性回归模型：

$$\frac{\text{CFO}_t}{\text{Assets}_{t-1}} = \alpha_0 + \alpha_1 \frac{1}{\text{Assets}_{t-1}} + \beta_1 \frac{\text{Sales}_t}{\text{Assets}_{t-1}} + \beta_2 \frac{\Delta\text{Sales}_t}{\text{Assets}_{t-1}} + \varepsilon_t \qquad (5.6)$$

企业会采用扩大生产，进而降低单位生产成本的方式来增加当期利润，当年实际生产成本与正常生产成本的差额即为异常生产成本。具体可用下列线性回归模型衡量：

$$\frac{\text{PROD}_t}{\text{Assets}_{t-1}} = \alpha_0 + \alpha_1 \frac{1}{\text{Assets}_{t-1}} + \beta_1 \frac{\text{Sales}_t}{\text{Assets}_{t-1}} + \beta_2 \frac{\Delta\text{Sales}_t}{\text{Assets}_{t-1}} + \beta_3 \frac{\Delta\text{Sales}_t}{\text{Assets}_{t-1}} + \varepsilon_t \quad (5.7)$$

此外，企业还会通过缩减管理费用、销售费用等手段降低当期酌量性费用，进而增加当期利润，缩减当期酌量性费用导致实际酌量性费用低于正常酌量性费用，两者的差额即为异常酌量性费用。正常酌量性费用可用下列线性回归模型衡量：

$$\frac{\text{DISEXP}_t}{\text{Assets}_{t-1}} = \alpha_0 + \alpha_1 \frac{1}{\text{Assets}_{t-1}} + \beta \frac{\text{Sales}_{t-1}}{\text{Assets}_{t-1}} + \varepsilon_t \qquad (5.8)$$

以上三个模型中，CFO 表示正常经营现金流量，PROD 表示正常生产成本，DISEXP 表示正常酌量性费用，Assets 表示当期年末总资产，Sales 表示营业收入，残差 ε_t 分别代表异常经营现金流量、异常生产成本和异常酌量性费用，即销售操控、生产成本操控和酌量性费用操控的程度，分别以 Acfo、Apro 和 Aexp 表示。进一步借鉴 Zang（2011）的方法，使用综合指标 Rda 代表公司的真实盈余管理水平：

$$\text{Rda} = \text{Apro} - \text{Acfo} - \text{Aexp} \qquad (5.9)$$

（3）控制变量。为综合检验内部人交易和财务报告质量对信息不对称的影响，本书选取总资产自然对数、资产负债率、个股年换手率、净资产收益率、营业收入增长率、实际控制人性质和股权集中度作为控制变量，并控制了行业和年度。相关变量释义如表 5.1 所示。

表 5.1　变量定义及解释

变量类型		变量说明
ILL		信息不对称程度，借鉴 Amihud（2002）模型构建
Insider	Ins_dum	当年如果存在内部人交易，取 1，否则取 0
	Ins_num	内部人交易数量取自然对数
	Ins_rario	内部人交易数量占流通股比例
	Buyrario	内部人买入数量占流通股比例
	Soldrario	内部人卖出数量占流通股比例
Ar		应计盈余管理程度，借鉴修正 Jones 模型构建，如式（5.2）至式（5.5）所示
Car		真实盈余管理程度，借鉴 Roychowdhury（2006）、Zang（2011）模型构建，如式（5.6）至式（5.9）所示
Size		公司年末资产总额的自然对数
Roe		年末净资产收益率
Growth		年营业收入增长率
Lev		公司年末负债总额与期末资产总额之比
Turnover		个股年换手率
Con		实际控制人为国有控股取 1，否则取 0
Dual		董事长兼任总经理取 1，否则取 0
Sh5		股权集中度，以前五大股东持股比例表示
Ind		2012 年证监会行业分类
Year		2009~2016 年

5.3.2　数据来源及模型设计

内部人交易数据来源于上海证券交易所"披露"专栏——"监管信息公

开"中的"董事、监事、高级管理人员持有本公司股份变动情况",及深圳证券交易所"信息披露"专栏——"监管信息公开"中的"董事、监事、高级管理人员及相关人员股份变动",同时与 CSMAR 国泰安数据库中的"董事、监事、高级管理人员及相关人员持股变动情况文件"进行抽样交叉核对,同时考虑到小额内部人交易带来的信息不对称程度轻微,剔除交易股数小于 1000 股或交易金额小于 20000 元的内部人交易数据。由于本书界定内部人交易为公司内部人通过二级市场买卖本公司股票,因此不考虑内部人交易数据中的"分红送转""股权激励""增发新股对老股东配售"等非交易因素,仅保留上海证券交易所的"二级市场买卖"和深圳证券交易所的"大宗交易""竞价交易"相关的内部人交易数据。由于包括我国在内的很多国家都禁止上市公司董事、监事、高级管理人员的短线交易,即在短期内买入又卖出或在短期内卖出又买入,根据我国相关规定,剔除 6 个月内先买入后卖出或 6 个月内先卖出后买入的内部人交易数据,按照年度将内部人交易次数、内部人交易股数和交易金额进行合计,同时为了实证检验是否发生内部人交易对信息不对称的影响,添加了没有发生内部人交易的样本作为对比检验样本和虚拟变量的组成部分。

考虑到我国内部人交易自 2006 年《公司法》及 2007 年证监会《上市公司董事、监事和高级管理人员所持本公司股份及其变动管理规则》颁布实施后,才开始逐步放开董事、监事、高级管理人员等公司内部人交易本公司股票,结合 2008 年是我国股市"牛熊转换"后的第一年,内部人交易受此影响较大,因此本书选取沪深股市 2009~2016 年的上市公司样本,除了前述对内部人交易数据进行的整理,在数据整理过程中,还进行了如下工作:①剔除金融类上市公司样本;②剔除非正常上市的 ST 和 *ST 公司样本;③剔除盈余管理和财务数据及其他变量数据缺失的公司。

衡量财务报告质量的盈余管理数据和衡量信息不对称程度的股票非流动性所需数据,以及控制变量等相关数据,取自 CSMAR 国泰安数据库、Resset 瑞思数据库和 CCER 色诺芬数据库,同时使用 EXCEL2010 和 STATA13.1 进行数据处理并得到回归结果。为消除样本数据极端值带来的影响,本书对虚拟变量外的所有连续变量均在 1% 和 99% 的位置进行了 Winsorize 缩尾处理。

为验证内部人交易对信息不对称程度的影响即假设 1a 和假设 1b,设计模型(5.10):

$$ILL = \alpha + \beta_1 Insider + \beta_2 Roe + \beta_3 Size + \beta_4 Lev + \beta_5 Turnover + \beta_6 Dual +$$
$$\beta_7 Growth + \beta_8 Con + \beta_9 Sh5 + \beta_{10} \sum Ind + \beta_{11} \sum Year + \varepsilon$$

$$(5.10)$$

模型 (5.10) 中,内部人交易 Insider 分别以是否发生内部人交易 Ins_dum、内部人交易数量 Ins_num 和内部人交易量占个股流通股比例 Ins_rario 表示。若 Insider 前的系数 β_1 为正值,表示发生内部人交易的公司样本、内部人交易越频繁和交易量越大,内部人交易量占个股流通股比例越高,则信息不对称程度越高;若 β_1 为负值,则表示信息不对称程度越低。

为验证财务报告质量对信息不对称程度的影响即假设 2,设计模型 (5.11):

$$ILL = \alpha + \beta_1 Da(Rda) + \beta_2 Roe + \beta_3 Size + \beta_4 Lev + \beta_5 Turnover + \beta_6 Dual +$$
$$\beta_7 Growth + \beta_8 Con + \beta_9 Sh5 + \beta_{10} \sum Ind + \beta_{11} \sum Year + \varepsilon$$

$$(5.11)$$

模型 (5.11) 中,分别以应计盈余管理 Da 和真实盈余管理 Rda 表示的盈余管理程度作为财务报告质量的替代变量。若 Da 或 Rda 前的系数 β_1 为正值,表示盈余管理程度越高,财务报告质量相应越低,信息不对称程度越高;若 β_1 为负值,则表示盈余管理程度越低,财务报告质量越高,信息不对称程度越低。

在模型 (5.10) 和模型 (5.11) 的基础上,为验证财务报告质量在内部人交易影响信息不对称过程中是否发挥调节效应,加入内部人交易和财务报告质量的交乘项,设计模型 (5.12):

$$ILL = \alpha + \beta_1 Insider + \beta_2 Da(Rda) + \beta_3 Insider \times Da(Rda) + \beta_4 Roe +$$
$$\beta_5 Size + \beta_6 Lev + \beta_7 Turnover + \beta_8 Dual + \beta_9 Growth + \beta_{10} Con +$$
$$\beta_{11} Sh5 + \beta_{12} \sum Ind + \beta_{13} \sum Year + \varepsilon$$

$$(5.12)$$

与模型 (5.10) 类似,内部人交易 Insider 分别以是否发生内部人交易 Ins_dum、内部人交易数量 Ins_num 和内部人交易量占个股流通股比例 Ins_rario 表示。依照模型 (5.10) 和模型 (5.11) 的分析路径分析 Insider 和盈余管理程度 Da、Rda 前的系数 β_1、β_2 基础上,主要分析内部人交易和财务报告质量的交乘项系数 β_3 符号,若 β_3 系数为正值,表明财务报告的低质量进一步加剧了内部人交易对信息不对称程度的正向影响；若β₃系数为负值，则表明财务报告的低质量减缓了内部人交易对信息不对称程度的正向影响。

5.4　实证结果与分析

5.4.1　内部人交易的描述性统计

如前文所述，既有文献对内部控制质量、融资约束和投资效率都进行了大量研究，已经逐步形成了各自的研究体系，而学者对内部人交易的研究主要集中于超额收益的获取及其原因，以及内部人交易带来的经济后果，而对内部人交易这一"本体"的现状仅以"均值""标准差""最小值""最大值"等进行"一笔带过"式的描述性统计，这不利于对内部人交易的全面了解和深入分析，而且内部人交易作为本书理论分析的核心内容以及实证检验的核心解释变量，有必要在对内部人交易、内部控制质量和资本配置效率进行理论铺垫和路径分析的基础上，对内部人交易本身2007~2016年最新期间的现状进行单独的和详细的描述性统计分析，以帮助我们深入地了解内部人交易在我国资本市场中所处的地位，也有利于更深入地了解内部人交易与内部控制质量、资本配置效率的关系。

本部分内部人交易描述性统计的样本数据在前文"数据来源及模型设计"已做过详细阐述，不再赘述。下面将围绕内部人交易的不同内容和特征进行分析。

（1）内部人交易的总体规模。表5.2是按照区分内部人买入和卖出股票的情形进行的统计结果。可以看出，买入样本量接近卖出样本量的一半，与既有文献关于内部人交易数据的对比可以发现，2013年之前内部人交易的买入样本不到卖出样本的1/3甚至更低（曾庆生，2014；李应求和李依帆，2015；刘金星和宋理升，2015），而近些年来内部人交易的买入频率已经有了较大幅度的提升，这与我国股权分置改革后的"大小非解禁"有密切关系。此外，结合下文的分年统计可以进一步探寻买入样本增加的背景原因。

表 5.2　内部人交易规模统计

	样本量（个）	均值	中位数	最小值	最大值
买入股数（万股）	16659	28.68	3	0.1	5739
买入金额（万元）		386	35.3	2	104235
卖出股数（万股）	37512	69.46	5.74	0.1	18000
卖出金额（万元）		1117	102.8	2	181562

　　（2）内部人交易的分年统计。表 5.3 的分年统计进一步说明了内部人买入和卖出之间的关系。在 2014 年及之前的年份，除了 2008 年和 2012 年，内部人买入样本均在卖出样本的 1/3 以下，值得注意的是，2008 年和 2012 年正是我国股市的相对底部，较低的市盈率体现了较低的市场估值，内部人交易在这两个年份的买入卖出样本占比差距缩小，表明公司内部人更愿意在公司市场估值较低时买入。与之相对应，2009 年和 2014 年是我国股市的两次"反弹"期，内部人交易的卖出样本与买入样本的比例远远大于其他年份，表明公司内部人倾向于在高市场估值的情形下卖出股票。2015 年则比较特殊，由于小盘股估值泡沫、高杠杆配资资金、恶意做空及监管不力等制度原因，出现了空前的"股灾"，政策性救市频现，当年的内部人买入样本历史上首次超过了卖出样本，此时的内部人买入本公司股票，可能考虑更多的是稳定本公司股票价格，防止股价的进一步下跌，而非为了获取更高的超额收益，2016 年随着股市趋于稳定，内部人交易的买入样本再次少于卖出样本，2007～2016 年的内部人交易股数和金额也基本体现了这一规律。以上描述性统计的结果还需要实证检验进一步验证。

表 5.3　内部人交易分年统计

年份	买入或卖出	样本量（个）	均值	中位数
2007	买入股数（万股）	309	1.58	0.5
	买入金额（万元）		22.5	8.2
	卖出股数（万股）	1122	11.1	1.2
	卖出金额（万元）		221.9	23.2

续表

年份	买入或卖出	样本量（个）	均值	中位数
2008	买入股数（万股）	713	5.25	1.6
	买入金额（万元）		42.86	11.9
	卖出股数（万股）	1235	12.2	2.3
	卖出金额（万元）		157.3	30.9
2009	买入股数（万股）	383	4.65	0.95
	买入金额（万元）		47.6	9.7
	卖出股数（万股）	2780	15.2	3
	卖出金额（万元）		227.8	47.9
2010	买入股数（万股）	541	5.03	1
	买入金额（万元）		64.2	14.7
	卖出股数（万股）	2943	25.4	3.4
	卖出金额（万元）		466.7	75.5
2011	买入股数（万股）	794	12.47	2.1
	买入金额（万元）		146.2	25.1
	卖出股数（万股）	2940	36.8	4.9
	卖出金额（万元）		564.9	92.9
2012	买入股数（万股）	1625	16.5	4
	买入金额（万元）		156.3	38.9
	卖出股数（万股）	2813	43.9	7
	卖出金额（万元）		564.5	103.9
2013	买入股数（万股）	1264	22.8	3.2
	买入金额（万元）		200.3	27.4
	卖出股数（万股）	5654	65.2	7.4
	卖出金额（万元）		931.9	111.3
2014	买入股数（万股）	1249	40.8	4
	买入金额（万元）		489.8	40.8
	卖出股数（万股）	6357	85.3	8.3
	卖出金额（万元）		1140.8	127.8

续表

年份	买入或卖出	样本量（个）	均值	中位数
2015	买入股数（万股）	5644	23.4	2.9
	买入金额（万元）		367.1	44.3
	卖出股数（万股）	5474	101.6	7
	卖出金额（万元）		2115.9	169.5
2016	买入股数（万股）	2365	54.5	5
	买入金额（万元）		828.3	63.8
	卖出股数（万股）	4668	121.8	10
	卖出金额（万元）		1984.7	209.2

（3）内部人交易的职务统计。从表 5.4 可以看出，公司内部人交易的主力是董事和高管，其中董事买入本公司股票 8732 个，卖出 19185 个，且不论从均值还是中位数来看，董事的买入股数和买入金额大致相当于卖出股数和卖出金额的 1/3，表明除了独立董事以外，由股东选举出的董事仍然表现出了较强的卖出行为；高管买入本公司股票 7491 个，卖出 17321 个，买入股数的均值和中位数也大致相当于卖出股数的一半，但是从交易金额来看，买入均值和中位数仍然是卖出的一半，表明高管的内部人交易仍然以卖出为主。值得注意的是，在所有样本的职务分布中，很多公司的董事兼任高管（见表 5.5），单纯性质的高管对应样本数量为 13761 个，董事兼任高管的样本数量为 11051 个，基于信息层级理论，董事兼任高管情形下可能会由于信息层级更高而与单纯性质的高管在内部人交易过程中产生区别。

表 5.4　内部人交易职务统计

样本统计	职务	董事		监事		高管	
		买入	卖出	买入	卖出	买入	卖出
样本量（个）		8732	19185	1826	6529	7491	17321
交易股数（万股）	均值	37.75	110.21	10.89	21.1	54.04	15.76
	中位数	5	12	1	2.48	5	3
	最小值	0.1	0.1	0.1	0.1	0.1	1
	最大值	5738.6	18000	903.9	3096	16880	2172.75

续表

样本统计	职务	董事		监事		高管	
		买入	卖出	买入	卖出	买入	卖出
交易金额（万元）	均值	527.42	1746.85	127.10	362.63	294.76	936.05
	中位数	67.11	216	13.89	52.21	30.13	96.02
	最小值	2	2	2	2	2	2
	最大值	104235	181562.3	11994.67	72200	45689.6	181562.3

表 5.5　样本公司的职务样本量分布　　　　　　　单位：个

董事兼任高管	董事	独立董事	高管	监事	其他	合计
11051	16535	331	13761	8340	788	50806

　　表 5.5 的"高管"包括董事兼任高管和单纯性质的高管，在表 5.6 中，如果将仅担任董事和仅担任高管这两种情形的内部人交易再进行比较可以看出，仅担任高管的买入卖出股数比率和买入卖出金额比率均大致为 1/2，而仅担任董事的买入卖出股数比率和买入卖出金额比率均大致为 1/3，表明高管不兼任其他职务时，买入本公司股票的积极性更高。在后面的实证分析部分，也应当对董事、监事、高级管理人员予以细分，以更加准确地检验内部人交易及其超额收益与内部控制质量和融资约束之间的关系。

表 5.6　仅担任董事和仅担任高管的内部人交易比较

样本统计	职务	仅任董事		仅任高管	
		买入	卖出	买入	卖出
样本量（个）		5288	11247	4241	9520
交易股数（万股）	均值	39.27	116.53	8.61	13.93
	中位数	5	12.43	1.5	3
	最小值	0.1	0.1	0.1	0.1
	最大值	5738.60	18000	2172.75	2172.75

续表

样本统计	职务	仅任董事		仅任高管	
		买入	卖出	买入	卖出
交易金额（万元）	均值	548.61	1771.40	121.58	275.89
	中位数	62.47	218.40	27.90	57.95
	最小值	2	2	2	2
	最大值	104235	128340	34525	37560

（4）内部人交易实施者统计分析。表 5.4 至表 5.6 分析了公司内部人基于不同职务交易时的不同特征，但是在实际交易过程中，进行股票操作的并不一定就是董事、监事、高级管理人员自己，董事、监事、高级管理人员的直系亲属也可能会利用董事、监事、高级管理人员的信息优势进行股票操作，这在很多既有文献中也被定性为内部人交易，同时也被要求在交易日后的一定期间内予以详细披露。表 5.7 列示了内部人交易的操作者与董事、监事、高级管理人员的关系。在表 5.7 中，绝大部分的内部人交易是由董事、监事、高级管理人员本人予以实施的，买入和卖出样本量分别为 11544 个和 28510 个，两者占所有内部人交易样本量的 80%，同时受控法人的法人代表在该上市公司担任董事、监事、高级管理人员，作为上市公司的控股股东无论是买入还是卖出的股数和金额均值、中位数均远远大于其他内部交易实施人，受控法人与内部控制质量、融资约束是否存在进一步的关系还有待于进一步的实证检验。

表 5.7　内部人交易实施者与董事、监事、高级管理人员的关系

实施者与董事、监事、高级管理人员关系	买入或卖出	样本量（个）	均值	中位数	最小值	最大值
本人	买入股数（万股）	11544	22.79	3	0.10	5738.60
	买入金额（万元）		327.49	34.29	2	104235
	卖出股数（万股）	28510	54.53	5.36	0.10	16880
	卖出金额（万元）		908.73	98.47	2	181562.30
父母	买入股数（万股）	221	55.43	0.80	0.10	2790
	买入金额（万元）		1032.73	13	2	86434.20
	卖出股数（万股）	779	97.58	8.70	0.10	3607
	卖出金额（万元）		1844.63	159.89	2	45178

续表

实施者与董事、监事、高级管理人员关系	买入或卖出	样本量（个）	均值	中位数	最小值	最大值
配偶	买入股数（万股）	1082	14.55	1	0.10	1400
	买入金额（万元）		164.16	11.29	2	18057.87
	卖出股数（万股）	1753	62.27	1.80	0.10	18000
	卖出金额（万元）		957.71	26.05	2	128340
受控法人	买入股数（万股）	864	68.65	26.44	0.10	3096
	买入金额（万元）		761.29	321.68	2	24922.80
	卖出股数（万股）	2395	203.67	40.91	0.10	9600
	卖出金额（万元）		2813.23	684.14	2	92677.20
兄弟姐妹	买入股数（万股）	828	9.71	0.50	0.10	942.70
	买入金额（万元）		194.25	7.55	2	12497.74
	卖出股数（万股）	2010	59.14	3	0.10	7320
	卖出金额（万元）		1047.60	57.32	2	78084
子女	买入股数（万股）	328	84.45	2	0.10	2902
	买入金额（万元）		1064.71	20.15	2	45689.60
	卖出股数（万股）	466	99.13	5	0.10	2908
	卖出金额（万元）		1474.81	70.11	2	44579.64

（5）内部人交易所属板块分析。表5.8列示了内部人交易所属板块的统计结果。上海主板和深圳主板的内部人交易样本量买入和卖出的差距并不大，深圳主板的买入样本量甚至超过了卖出样本量，从上海主板和深圳主板的样本均值和中位数看，买入样本和卖出样本相差也不大。内部人交易主要集中于深圳中小板和深圳创业板，这两个板块的买入样本量和卖出样本量之间的差距远远大于主板市场，买入股数和买入金额的均值、中位数与卖出股数和卖出金额的均值、中位数之间的差距也超过了主板市场，尤其是卖出股数和卖出金额的均值与中位数更是为主板市场的2倍以上，表明中小板和创业板市场的公司内部人更倾向于进行内部人交易，有更强烈的减持动机。

表 5.8 内部人交易板块统计

板块	买入或卖出	样本量（个）	均值	中位数	最小值	最大值
上海主板	买入股数（万股）	4083	15.92	2	0.10	5738.60
	买入金额（万元）		204	22.54	2	44685.51
	卖出股数（万股）	4609	24.04	4	0.10	4500
	卖出金额（万元）		316.79	59.25	2	33705
深圳主板	买入股数（万股）	3094	23.46	1.82	0.10	2790
	买入金额（万元）		246.22	16.67	2	86434.20
	卖出股数（万股）	2698	81.16	2	0.10	18000
	卖出金额（万元）		860.58	25	2	128340
深圳中小板	买入股数（万股）	5232	34.11	4.28	0.10	3765
	买入金额（万元）		496.18	59.70	2	45689.60
	卖出股数（万股）	19118	75	6.73	0.10	16880
	卖出金额（万元）		11159	118.54	2	181562.30
深圳创业板	买入股数（万股）	2473	28.37	4.11	0.10	5628.24
	买入金额（万元）		470.93	79.92	2	104235
	卖出股数（万股）	9545	67.77	7	0.10	6000
	卖出金额（万元）		1373.11	147.27	2	130016.30

（6）内部人交易的超额收益。本书将内部人交易的超额收益划分为短期超额收益和长期超额收益，以更好地观察内部人交易的动机。从短期超额收益来看，一般而言，由于我国禁止公司内部人进行 6 个月内买卖的短线交易，因此公司内部人在买入股票时应当已经建立了中长期的预期，即在买入本公司股票前，应当基于公司中长期价值进行交易，而非借助内幕信息。但是在进行卖出交易时，公司内部人一般不会考虑 6 个月的期间限制对自己的影响，因为公司内部人往往是在股价相对高点卖出，在此之前，由于短线交易限制，公司内部人至少已经持有了本公司股票 6 个月的时间，为了使自己获得的超额收益最大化，公司内部人会利用自己的信息优势选择最佳时机卖出，因此可以推知，公司内部人基于对本公司中长期价值的判断买入本公司股票，即使短期内存在超额收益也由于短线交易限制而无法变现，卖出交易却能够以避免后期价格下跌

的形式即"避免损失"来获得现实的超额收益，公司内部人交易的卖出超额收益应当显著地高于买入超额收益。

从长期超额收益的角度分析，由于公司内部人是基于对公司中长期价值判断买入公司股票，因此其能够获得的超额收益应当更多地体现于中长期以后，与之相比，从公司内部人卖出本公司股票后的中长期期间来看，由于内部人已减少持有或不再持有本公司股票达到相当长的时间，资本市场对公司内部人卖出股票的反应也趋于平淡，因此公司内部人中长期的卖出超额收益应当显著低于公司内部人中长期的买入超额收益。根据上述分析，结合前文的统计分析结果可以推知，公司内部人交易的卖出频率远高于买入频率，说明公司内部人除了变现动机和重置自身资产结构等因素外，也更倾向于通过卖出以实现更高的超额收益，这种高卖出频率更多的是追求短期超额收益，而买入行为更多的是追求长期超额收益。

图 5.1 至图 5.4 分别是从买入和卖出、短时间窗口和长时间窗口的角度对内部人交易平均超额收益进行的分析。图 5.1 列示了内部人交易买入的短期超额收益在不同时点的折线。从图 5.1 可以看出，与前文的分析相对应，在内部人交易前的 20 个交易日至内部人交易后的 20 个交易日，公司内部人买入的超额收益呈现明显的先下降后上升的"V"形形态。在内部人交易前的 20 个交易日，超额收益不断下降，从交易前 10 个交易日开始，甚至有加速下降的趋势，公司内部人选择在超额收益最低的时点买入本公司股票，由于我国证监会相关政策规定"上市公司董事、监事和高级管理人员所持本公司股份发生变动的，应当自该事实发生之日起 2 个交易日内，向上市公司报告并由上市公司在证券交易所网站进行公告"。考虑到公告存在的滞后效应，公司内部人交易从自身交易到对外披露可能需要 3~5 个交易日，图 5.1 中内部人交易后的 5 个交易日内，获取的超额收益快速上升体现了上述分析过程，此后至交易后 20 个交易日期间，内部人仍然获取了相对平稳的超额收益。从短时间窗口看，公司内部人能够获取超额收益，只是这种超额收益由于 6 个月的交易限制而很可能无法兑现，这种超额收益可能更多的是由于为外部市场投资者跟进投资导致的。

图 5.2 列示了内部人交易卖出的短期超额收益在不同时点的折线，从图 5.2 可以看出，公司内部人交易的卖出操作在短时间窗口内呈现了明显的先上升后下降的倒"V"形形态，在内部人交易的前 20 个交易日内，内部人交易超额收益不断上升，尤其从交易前 5 个交易日至内部人交易日当天，超额收益呈

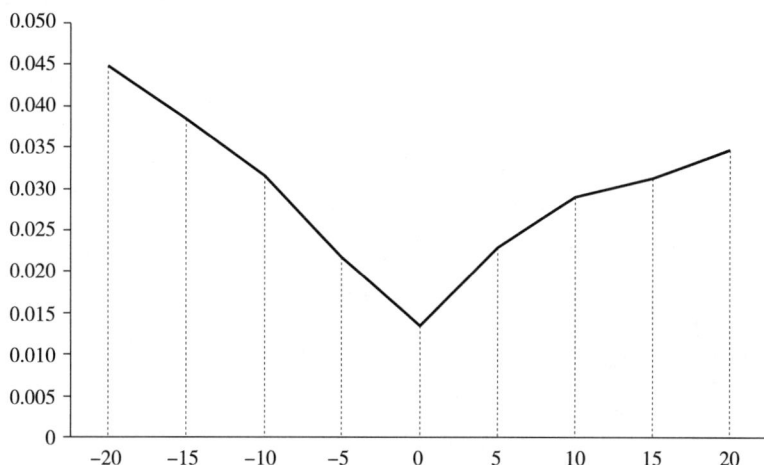

图 5.1　内部人交易买入短时间窗口的超额收益

现加速上扬的趋势，这很可能是公司内部人利用其信息优势，同时也可能利用外部资本市场整体利好，或有意向外部资本市场传递积极信号，从而为其卖出本公司股票做好充分准备。在公司内部人卖出本公司股票的当天，获得的超额收益达到了顶点，表明公司内部人恰当地选择了卖出的时点。从内部人交易后的 20 个交易日来看，超额收益不断下降，与之相应的是股票价格的快速下跌，由于信号传递效应，外部资本市场投资者知悉了公司内部人卖出股票，而卖出股票带给市场的负面效应往往大于带给市场的正面效应，如公司缺乏投资前景或公司陷入资金困境。这在很大程度上使外部投资者形成悲观情绪并跟进抛售股票，从而加剧了股价下跌。从另一个方面考虑，可以将公司内部人交易后的超额收益下降，反向理解为公司内部人由于卖出了股票而避免的股价下跌损失，这种避免的损失也就是公司内部人卖出股票的隐性收益。

图 5.3 列示了内部人交易买入的长期超额收益在不同时点的折线，从图 5.3 可以看出，整体上公司内部人交易买入股票在长时间窗口内的超额收益仍然呈现了先下降后上升的"V"形趋势。与图 5.1 和图 5.2 分析短时间窗口的时间节点不同，长时间窗口选择了 20 个交易日即一个月作为时间节点的划分标准。在内部人交易的前 20 个交易日，公司内部人可能利用外部市场利空消息或有意向资本市场传递不利信息，使股价快速下跌，在内部人做出买入股票行为的日期前后，超额收益处于最低点，而当公司内部人买入股票后，超额收

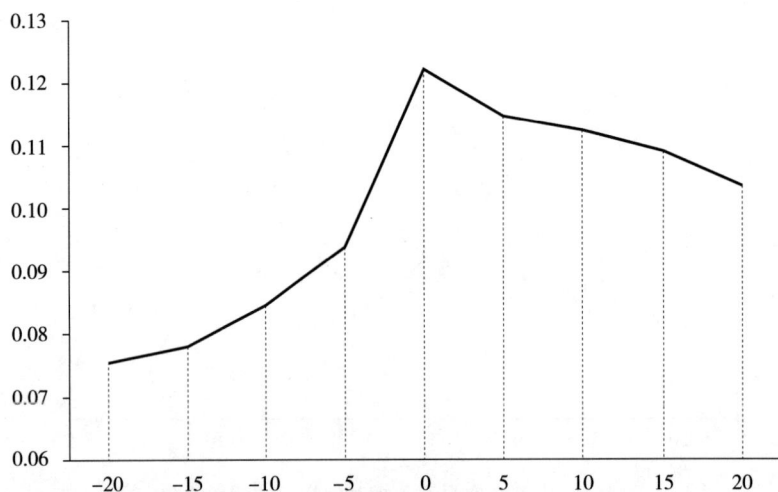

图 5.2　内部人交易卖出短时间窗口的超额收益

益就处于逐步上升的趋势，表明公司内部人从长期来看仍然具备较为精准的择时买入能力，而这种择时能力很可能建立在公司内部人所拥有的信息优势之上。

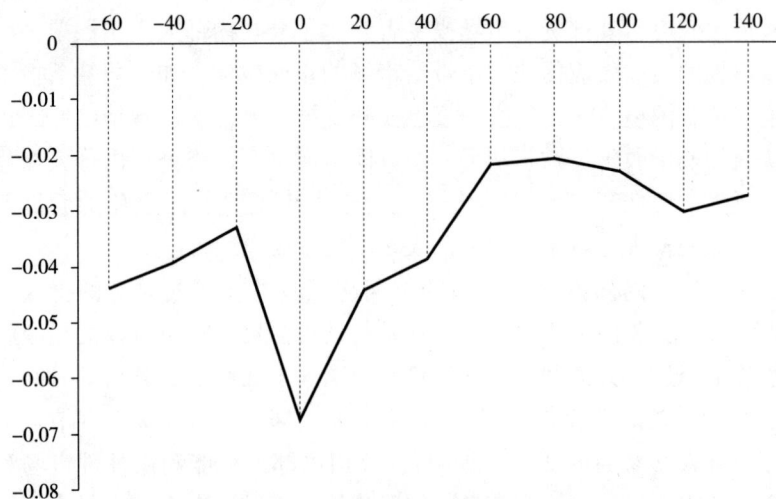

图 5.3　内部人交易买入长时间窗口的超额收益

图 5.4 列示了内部人交易卖出的长期超额收益在不同时点的折线，从图 5.4 可以看出，公司内部人交易的卖出行为所对应的超额收益在长期内仍然呈现倒 "V" 形形态。从公司内部人交易前 20 个交易日起，超额收益开始迅速上升，此时的外部资本市场所对应的股票价格也在不断走高，与前文分析同理，这很可能是公司内部人利用利好消息为卖出股票积极做准备。在内部人交易日前后，超额收益达到最高点，此时的公司内部人通过卖出股票获得了最高的超额收益。此后，内部人交易超额收益逐步下降，也意味着公司内部人通过卖出股票避免了损失，这种损失也即 "隐性收益"。

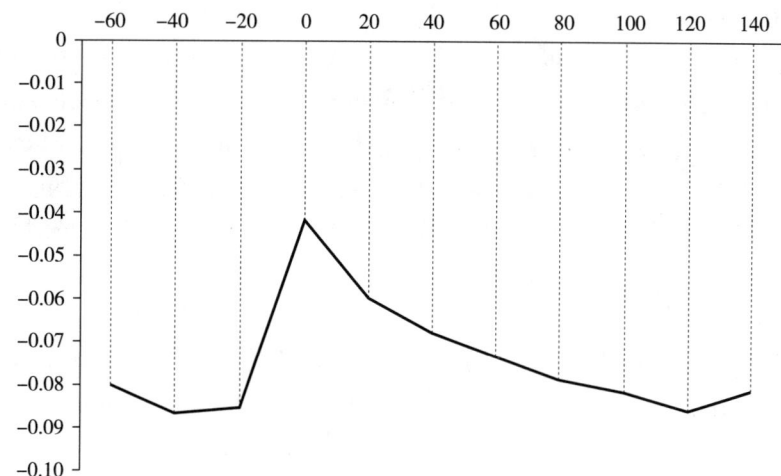

图 5.4　内部人交易卖出长时间窗口的超额收益

从以上分析可以发现，公司内部人无论是做出买入还是卖出本公司股票的决策，无论是短时间窗口还是长时间窗口，与外部投资者获取一般投资收益相比，公司内部人都具备 "惊人" 的择时能力，能够在最 "恰当" 的时机买入和卖出股票，使自身获得最大化的超额收益，这一方面与曾庆生（2008）、朱茶芬等（2011）的结论基本一致；另一方面从描述性统计的角度，也说明了公司内部人能够如此 "精准" 地获得高超额收益绝非偶然，很可能是基于信息不对称理论，运用了其信息优势，从而在信息不对称的情境下获得超过外部投资者一般收益的超额收益。

（7）不同产权性质的公司内部人交易超额收益。总体而言，我国上市公司以所有权性质可以划分为国有和非国有上市公司，但是由于现在我国上市公司股权结构已经多元化，尤其是所谓的 "国有上市公司" 并不再由国家持有

100%的股份，因此为方便阐述，本书将"国有上市公司"界定为上市公司实际控制人为国务院及其各部委（包含国资委）和省市人民政府及其附属机构（包含地方国资委）以及各类国家事业单位，将除此之外的各类上市公司归类为"非国有上市公司"。不同所有权性质的公司，其公司治理机制存在巨大差异，所有者和经营管理者之间也必然存在差异化的信息不对称和委托代理关系。国有上市公司的股份主要由各级政府代表人民持有，经营管理者尤其是董事长等高层级的经营管理者一般都由各级政府指派，他们除了是公司的经营管理者，往往也在政府机关担任行政职务，在面对自身效用函数时，考虑的核心目标往往是政治升迁，公司经营业绩作为政治升迁的重要工具而非唯一工具。如对代表政府担任公司的董事长而言，除了考虑公司实现的经营业绩之外，可能会将实现税收上缴、稳定就业、维持企业平稳发展置于同等重要的地位。推而广之，国有上市公司代表各级政府履行股东职能的董事、监事和高级管理层，买入和卖出本公司股票的机会可能并不多。此外，国有上市公司的董事、监事和高级管理层个人持有本公司股票的来源主要是自身买入和公司实施的股权激励，而我国国有上市公司的股权激励事实上一直没有全面推开，反而出台了各种各样的政策，在授予条件、授予价格、授予数量、解锁和行权条件即业绩考核指标制定、激励对象等方面提出了非常苛刻的要求。由于各级政府都谨防"国有资产流失"的风险，一般对方案的审核、备案都非常谨慎。这些都导致了国有上市公司的内部人持有的本公司股份不多，从而使进行内部人交易的次数也不多。

表5.9是按照所有权性质的不同对内部人交易样本进行的统计，从表5.9可以发现，国有上市公司无论是从买入和卖出样本的频次，还是从买入和卖出样本的股数、金额所对应的均值、中位数，均远小于非国有上市公司样本，表明国有上市公司的内部人交易由其个人效用目标"多元化"和自身身份限制，以个人身份买入和卖出所持本公司股票的积极性远低于非国有企业。

表5.9 不同所有权背景的内部人交易统计

板块	买入或卖出	样本量（个）	均值	中位数	最小值	最大值
国有上市公司	买入股数（万股）	859	7.74	1.40	0.10	903.90
	买入金额（万元）		67.42	14.96	2	9490.96
	卖出股数（万股）	786	49.54	2.50	0.10	4000
	卖出金额（万元）		1342.58	47.53	2	72200

续表

板块	买入或卖出	样本量（个）	均值	中位数	最小值	最大值
非国有上市公司	买入股数（万股）	14028	27.05	3	0.10	5738.60
	买入金额（万元）		377.28	35.08	2	104235
	卖出股数（万股）	35178	67.42	5.93	0.10	18000
	卖出金额（万元）		1079.89	103.65	2	181562.30

但是从委托代理关系的角度出发，则能得出另外的结论。由于国有上市公司长期以来对董事、监事和高级管理层实施薪酬管制，大部分国有上市公司的董事、监事和高级管理层薪酬与公司业绩的敏感度较低，从而使国有上市公司的董事、监事和高级管理层有较为强烈的动机追求正常工作之外的异常在职消费，如要求更奢侈的办公条件、更多的个人报销权限等以增加其"隐性薪酬"，尽管与非国有上市公司相比，国有上市公司的内部人交易较少，但这并不代表国有上市公司的内部人进行买卖本公司股票的动机差。由于我国国有企业长期以来事实上的"所有者缺位"现象，包括公司内部人在内的内部人控制问题突出，国有上市公司的董事、监事和高级管理层相较于非国有上市公司受到的外部监管更少，更可能利用其职权通过资金占用、关联交易等手段攫取个人私利。在内部人交易中，与非国有上市公司相比，国有上市公司的董事、监事和高级管理层对于公司的生产经营行为有更大的掌控权，有更强烈的动机利用其更为优越的信息优势进行"择时交易"获得更高的超额收益。

图 5.5 显示了国有上市公司和非国有上市公司内部人买入的短时间窗口超额收益，通过对比可以发现，国有上市公司的超额收益在整个短时间窗口内都为正值，即使在公司内部人买入当天的最低点，超额收益率也平均高达 2.6%，在交易后的 20 天内，最高能够获得平均 4.4% 的超额收益。与之相比，非国有上市公司的内部人买入超额收益最高都没有超过 1%，即使以内部人买入当天的最低点−2.3% 为基础，至交易后 20 天的期间超额收益也没有超过 4%，表明国有上市公司的内部人在短时间窗口内能够获得更高的超额收益。

图 5.6 显示了国有上市公司和非国有上市公司内部人买入的长时间窗口超额收益，可以发现国有上市公司长时间窗口的买入超额收益略高于非国有上市公司，两者的差距小于短时间窗口的差距，可能的原因是在长期内，国有上市

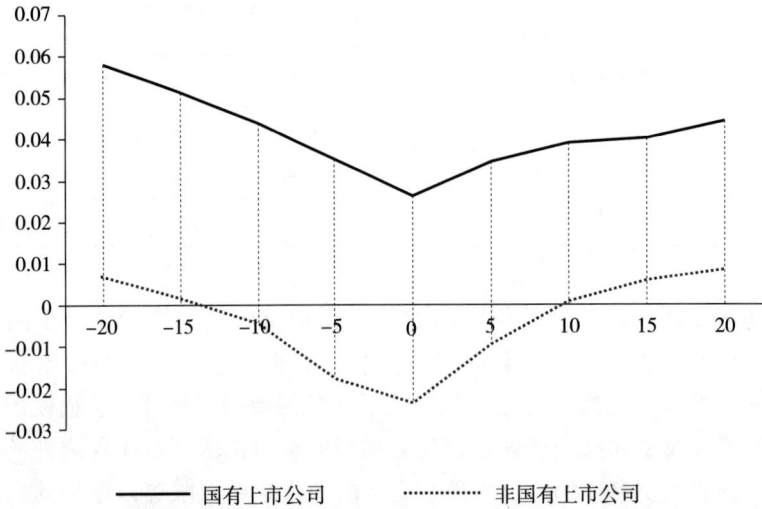

图 5.5　国有与非国有上市公司内部人交易买入的短时间窗口超额收益

公司的内部人更多的信息优势由于制度和监管、市场反应等因素逐渐消解，与非国有上市公司逐步趋于一致。

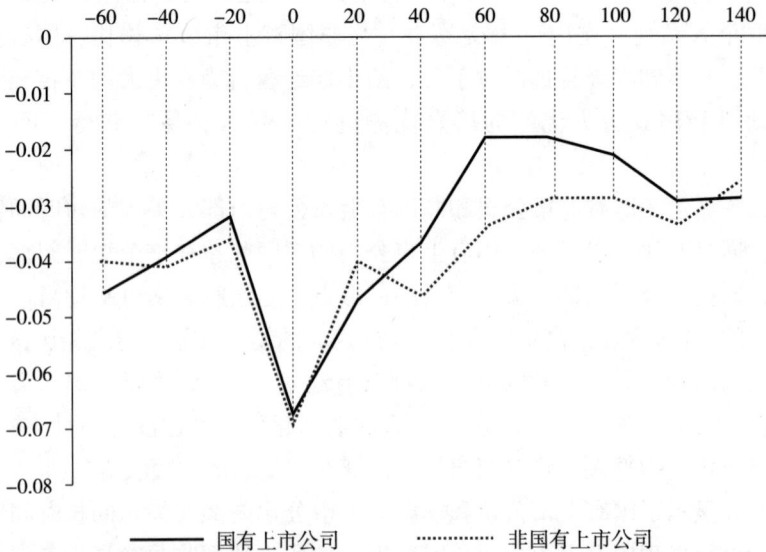

图 5.6　国有与非国有上市公司内部人交易买入的长时间窗口超额收益

　　图 5.7 显示了国有和非国有上市公司内部人交易卖出的短时间窗口超额收益，从两者的比较可以看出，与买入相反，国有上市公司内部人卖出的短时间窗口收益小于非国有上市公司，图 5.7 显示，国有上市公司内部人卖出当天的最大超额收益虽然已经高达 11.14%，远高于内部人买入所获得的超额收益，但是非国有上市公司内部人卖出短时间窗口的最低超额收益为 13.33%，卖出当日的最大超额收益高达 18.76%，表明在内部人卖出交易过程中，非国有公司的董事、监事和高级管理层具有更强烈的卖出和变现动机，也从另一个方面说明，国有上市公司的董事、监事和高级管理层在卖出本公司股票时可能面临更多的限制，与前文对内部人买入的分析对应，由于国有上市公司的董事、监事、高级管理人员相较于非国有上市公司的董事、监事和高级管理层所获得的股权激励少得多，因此非国有上市公司的内部人即董事、监事和高级管理层在条件具备时，有更强烈的卖出动机以实现股权激励，从而更有可能运用其"择时"能力，获得更高的超额收益。图 5.8 的国有与非国有上市公司长时间窗口超额收益比较的分析结论类似，不再赘述。总之，基于信息不对称和委托代理关系，国有上市公司的内部人由于其身份和目标效用函数的特殊性，出于政治晋升、企业稳定、实现利润等综合目标的考虑，会更多地买入本公司股票，从而实现更高的超额收益，非国有上市公司的内部人由于股权激励实现等原因，更倾向于在卖出过程中获得更高的超额收益。

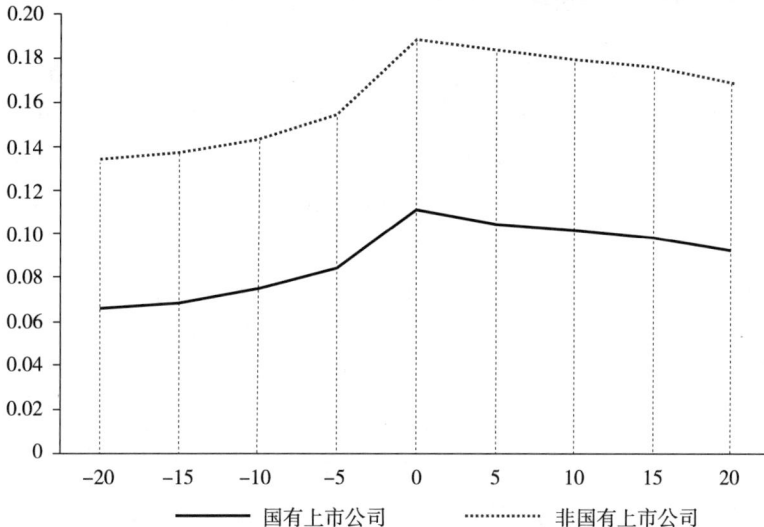

图 5.7　国有与非国有上市公司内部人交易卖出的短时间窗口超额收益

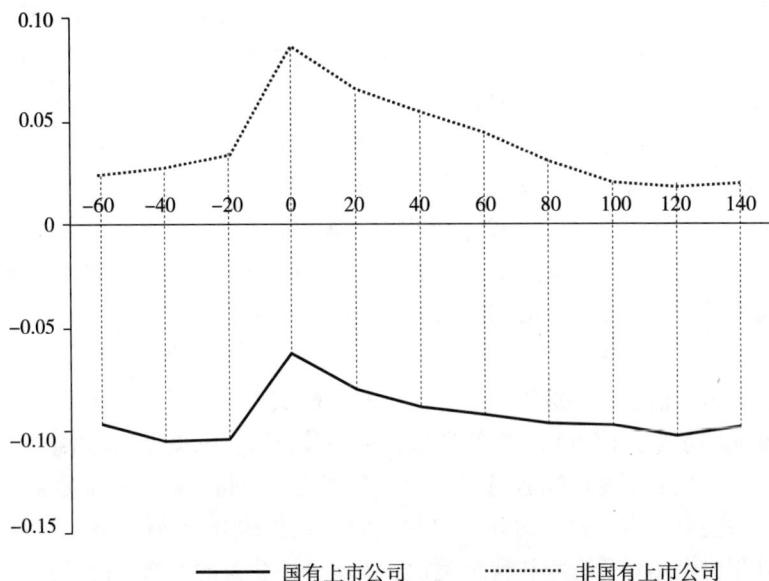

图 5.8　国有与非国有上市公司内部人交易卖出的长时间窗口超额收益

5.4.2　其他主要变量的描述性统计

表 5.10 列示了考虑财务报告质量和信息不对称及其他控制变量样本数据的情形下，结合前文对包括内部人交易在内各主要变量的界定，进而得出的综合描述性统计结果。在表 5.10 中，信息不对称程度 ILL 的均值为 0.016，既有文献可能由于数据样本选取期间、计量单位和使用目的不同，ILL 指标的均值差异很大（祝运海，2011；徐晟，2013；李莉等，2014；熊家财和苏冬蔚，2014；章卫东等，2017），既有文献对 ILL 的描述性统计分析也几乎没有简单从该指标的大小来判断其流动性，而是和其他指标结合分析，因此，本书更侧重于从是否发生内部人交易的角度，分析对信息不对称程度的影响，即通过均值 T 检验和回归分析进行对比检验分析。ILL 最小值为 0，最大值为 0.304，表明不同样本的信息不对称程度差异较大；真实盈余管理程度 Rda 的均值为 0.165，最小值为 0.002，最大值为 1.079，表明上市公司通过销售操控、生产成本操控和酌量性费用操控等手段实现真实盈余管理存在较大差别；应计盈余管理 Da 的均值为 0.013，最小值为 -0.101，最大值为 0.47，同样表明公司样

本间的操纵性应计差异较大。从是否发生内部人交易 Ins_dum 和内部人交易数量 Ins_num 的描述性统计看，43.5% 的样本公司发生过内部人交易，且内部人交易次数均值为 8.536 次，从最少的 1 次到年交易 129 次，表明不但内部人交易在我国上市公司普遍存在，而且交易次数差异悬殊。具体至买入和卖出方向，内部人卖出无论是从次数，还是从卖出数量占流通股比例，均远大于内部人买入样本。内部人交易量占流动股比例均值为 1.4%，表明公司内部人虽然从数量上非常少，但是交易量整体较多。前五大股东持股比例均值为 50.2%，表明我国股权集中度仍然较高。董事长兼任总经理 Dual 均值为 0.279，表明两职兼任现象在我国仍然比较普遍。

表 5.10　主要变量描述性统计

变量名	观察值	均值	标准差	中位数	最小值	最大值
ILL	14106	0.016	0.012	0.013	0	0.304
Rda	14106	0.165	0.185	0.108	0.002	1.079
Da	14106	0.013	0.054	0.002	−0.101	0.470
Ins_dum	14106	0.435	0.496	0	0	1
Ins_num	6131	8.536	9.290	6	1	129
Insider_buy	2464	4.869	6.210	2	1	73
Insider_sold	3667	6.555	8.431	4	1	129
Ins_rario	6131	0.014	0.029	0.001	2.06e−06	0.157
Buyrario	2464	0.002	0.006	0.0001	1.10e−06	0.043
Soldrario	3667	0.016	0.031	0.001	1.97e−06	0.165
Size	14106	22.100	1.259	21.950	19.270	25.760
Sh5	14106	50.200	15.400	50.200	17.580	86.180
Lev	14105	0.474	0.215	0.475	0.059	0.995
Roe	14105	0.064	0.146	0.069	−0.770	0.433
Growth	14106	0.207	0.618	0.101	−0.624	4.501
Dual	14106	0.279	0.291	0	0	1
Con	14106	0.443	0.497	0	0	1
Turnover	14106	613.200	409	511	66.580	1989

表 5.11 列示了是否发生内部人交易的样本均值 T 检验分析结果。可以看出，从信息不对称程度 ILL 看，没有发生内部人交易的样本均值显著小于发生内部人交易的样本均值，表明发生内部人交易的样本有着更高的信息不对称程度。从真实盈余管理角度比较，没有发生内部人交易样本均值显著低于发生内部人交易的样本，而从应计盈余管理角度比较，没有发生内部人交易样本均值显著高于发生内部人交易的样本，表明发生内部人交易的样本公司可能存在更多的真实盈余管理活动，但不同类别的盈余管理活动在内部人交易影响信息不对称过程中发挥的作用还有待于后文的实证检验。此外，发生内部人交易的样本公司在资产总额、股权集中度、资产负债率方面均显著低于没有发生内部人交易的样本公司，而在净资产收益率、销售增长率、换手率方面均显著高于没有发生内部人交易的样本公司。同时，没有发生内部人交易的样本公司中59.6%实际控制人性质为国有，而发生内部人交易的样本公司仅有 24.4%实际控制人为国有，前者均值在 1%水平上显著高于后者，表明非国有企业存在更多的内部人交易。

表 5.11　是否发生内部人交易的样本均值 T 检验结果

变量名	无内部人交易样本	均值	有内部人交易样本	均值	T 值
ILL	7975	0.016	6131	0.017	−4.71***
Rda	7975	0.164	6131	0.167	−1.16*
Da	7975	0.014	6131	0.012	2.47**
Size	7975	22.160	6131	22.020	6.21***
Sh5	7975	50.650	6131	49.62	3.91***
Lev	7974	0.519	6131	0.416	29.00***
Roe	7974	0.051	6131	0.082	−12.45***
Growth	7975	0.197	6131	0.220	−2.23**
Con	7975	0.596	6131	0.244	44.55***
Turnover	7975	536.5	6131	713	−25.99***

注：***、**、*分别表示在 1%、5%、10%水平上显著。

表 5.12 和表 5.13 以实际控制人性质为划分标准，分别从全样本和内部人交易数量及内部人交易占流通股比例两个角度，进行了样本均值 T 检验。可以

看出，表 5.12 的所有样本中，非国有企业的信息不对称程度显著高于国有企业样本，且在非国企样本中，发生内部人交易的平均比例为 59%，在 1% 水平上显著高于国企样本的 23.9%，再次说明非国有企业更容易发生内部人交易。此外，非国企样本的真实盈余管理程度和应计盈余管理程度均在 1% 水平上显著高于国企样本，说明非国有企业存在更多的盈余管理活动；非国企样本的资产规模、股权集中度和资产负债率在 1% 水平上显著低于国企样本，净资产收益率、销售收入增长率和换手率在 1% 水平上显著高于国企样本，说明我国国有企业的规模更大、大股东控股和负债更多，但在盈利能力和股票交易活跃度方面仍然落后于非国有企业。表 5.13 在发生内部人交易的样本中，除了信息不对称程度、盈余管理程度与表 5.12 的分析结果一致，非国企样本的内部人交易数量和比例，包括买入比例、卖出数量和比例均在 1% 水平上显著高于国企样本，但非国企样本内部人交易的买入数量却在 1% 水平上显著低于国企样本，初步说明国有企业的内部人可能出于维护市场稳定等政策原因存在更多的买入行为，同时由于国企样本更为庞大的流通股数量，从相对比例来讲，国企样本的内部人买入占流通股比例就显得微不足道。这也为后面从交易数量和交易比例两个角度对比分析对信息不对称程度的影响提供了必要性。

表 5.12　国企和非国企全样本均值 T 检验结果

变量名	非国企样本	均值	国企样本	均值	T 值
ILL	7857	0.017	6249	0.014	15.06***
Ins_dum	7857	0.590	6249	0.239	44.55***
Rda	7857	0.177	6249	0.150	8.86***
Da	7857	0.020	6249	0.005	16.45***
Size	7857	21.770	6249	22.520	−36.74***
Sh5	7857	49.020	6249	51.680	−10.23***
Lev	7857	0.420	6248	0.543	−35.27***
Roe	7857	0.072	6248	0.055	6.49***
Growth	7857	0.242	6249	0.163	7.55***
Turnover	7857	679.6	6249	529.7	21.98***

注：***、**、*分别表示在 1%、5%、10% 水平上显著。

表 5.13　国企和非国企的内部人交易样本均值 T 检验结果

变量名	非国企样本	均值	国企样本	均值	T 值
ILL	4635	0.017	1496	0.014	9.98***
Rda	4635	0.171	1496	0.154	3.17***
Da	4635	0.015	1496	0.002	10.54***
Ins_num	4635	9.168	1496	6.579	9.44***
Buynum	1799	4.650	665	5.462	−2.88***
Soldnum	2836	7.230	831	4.250	9.06***
Ins_rario	4635	0.019	1496	0.003	14.21***
Buyrario	1799	0.004	665	0.001	5.79***
Soldrario	2836	0.021	831	0.004	11.92***

注：***、**、* 分别表示在 1%、5%、10% 水平上显著。

5.4.3　主要变量的相关性分析

表 5.14 列示了主要变量之间的 Pearson 和 Spearman 相关性分析结果。可以看出，信息不对称程度 ILL 与应计盈余管理程度 Da、真实盈余管理程度 Rda 均在 1%水平上显著正相关，初步显示财务报告质量越低，信息不对称程度越高；信息不对称程度 ILL 与是否发生内部人交易 Ins_dum、内部人交易量 Ins_num 和内部人交易量占个股流通股比例 Insider_ratio 均在 1%或 10%水平上显著正相关，初步显示内部人交易提升了信息不对称程度。此外，各主要变量之间的相关系数均未超过 0.4，且根据各解释变量计算的方差膨胀因子 VIF 值均未超过 3，初步说明各变量之间不存在严重的多重共线性问题，具备后文进一步回归分析的基础。

5.4.4　多元回归分析结果

表 5.15 列示了全样本状态下，是否发生内部人交易对信息不对称程度的影响，并进一步考察了全样本中财务报告质量及是否发生内部人交易虚拟变量

表 5.14　主要变量的相关性分析

	ILL	Rda	Da	Ins_dum	Ins_num	Ins_rario	Buynum	Buyrario	Soldnum	Soldrario
ILL	1.00	0.09***	0.33***	0.05***	0.02*	0.14***	-0.09***	0.10***	0.08***	0.15***
Rda	0.08***	1.00	0.17***	0.02**	0.04**	0.00	0.01	-0.00	0.05**	-0.01
Da	0.31***	0.24***	1.00	0.06***	0.02	0.18***	-0.09***	0.07***	0.10***	0.21***
Ins_dum	0.04***	-0.01	-0.02*	1.00						
Ins_num	0.04***	0.04**	-0.01		1.00					
Ins_rario	0.08***	-0.01	0.05***			1.00				
Buynum	-0.10***	-0.03	-0.09***				1.00			
Buyrario	0.04*	-0.00	0.01					1.00		
Soldnum	0.10***	0.06***	0.07***						1.00	
Soldrario	0.07***	-0.01	0.07***							1.00

注：左下方为 Pearson 相关系数，右上方为 Spearman 相关系数；***、**、*分别表示在 1%、5%、10% 水平上显著。

交乘项对信息不对称程度的调节作用。表 5.15 第（1）列、第（3）列和第（5）列内部人交易虚拟变量 Ins_dum 的系数均为正，且在 10%水平上显著，表明发生内部人交易的样本公司中，可能公司内部人更多地利用了其信息优势，在交易本公司股票时，向市场传递的信息使外部投资者做出的投资决策进一步提升了信息不对称程度，假设 1a 得到验证，竞争性假设 1b 未通过。第（2）列和第（3）列真实盈余管理程度 Rda 的系数均为正，且分别在 5%和 1%水平上显著。同时，第（4）列和第（5）列应计盈余管理程度 Da 的系数均为正，且均在 10%水平上显著，表明应计和真实盈余管理程度越高，公司存在更严重的操纵性应计和酌量性费用、生产操控及销售操控，以盈余质量为衡量标准的财务报告质量越低，外部投资者能够获得的信息透明度越低，相应的信息不对称程度越高，通过应计盈余管理和真实盈余管理的系数及其显著性对比还可以发现，应计盈余管理比真实盈余管理导致了更明显的信息不对称，这可能是由于财务报告质量主要还是由会计信息质量体现。而应计盈余管理就是通过对会计政策的主观选择和运用，进而影响财务报告质量，最终影响信息不对称程度。第（3）列和第（5）列还分别列示了真实盈余管理程度 Rda 和应计盈余管理程度 Da 与内部人交易虚拟变量 Ins_dum 的交乘项 Rda_Insdum、Da_Insdum 对信息不对称程度的回归结果，两个交乘项系数均为正，且分别在 5%和 10%水平上显著，表明存在内部人交易的公司，低质量的公司财务报告进一步加剧了信息不对称，公司财务报告质量在内部人交易提升信息不对称程度的过程中发挥了正向调节作用。此外，净资产收益率 Roe、资产负债率 Lev、董事长兼任总经理 Dual、销售增长率 Growth 和股权集中度 Sh5 的系数为正，且均在 1% ~ 10%水平上显著，表明包括净资产收益率和销售增长率在内的盈利能力的提升可能伴随着包括盈余管理在内的一系列行为和活动；资产负债率上升会传递给外部投资者消极信息，这种消极信息会进一步给更多的非理性投资者带来消极影响，从而做出非理性投资决策；董事长和总经理两职兼任现象越多，越可能基于其权力基础隐藏信息；股权集中度越高，大股东越可能为了自身利益对外披露隐藏后的信息，这些都可能会提升信息不对称程度。公司规模 Size、换手率 Turnover、实际控制人性质 Con 的系数为负，且分别在 1% ~ 10%水平上显著，表明公司资产总额越大，流通股越多，同时换手率越高，股票交易越活跃，流动性越高；实际控制人为国有，会基于其产权性质和市场地位、监管要求而向市场传递更为透明的信息，这些都降低了信息不对称程度。

表 5.15　有无内部人交易的多元回归分析结果

变量名	（1）ILL	（2）ILL	（3）ILL	（4）ILL	（5）ILL
Ins_dum	0.001*** (5.79)		0.001*** (4.72)		0.001*** (4.69)
Rda		0.000** (1.98)	0.000* (1.85)		
Rda_Insdum			0.001** (2.00)		
Da				0.028*** (12.58)	0.024*** (10.00)
Da_Insdum					0.020*** (6.09)
Roe	0.005*** (8.86)	0.006*** (9.33)	0.006*** (9.89)	0.005*** (8.42)	0.005*** (7.80)
Size	-0.005*** (-56.75)	-0.005*** (-56.32)	-0.004*** (-52.08)	-0.004*** (-43.12)	-0.004*** (-43.31)
Lev	0.005*** (10.84)	0.005*** (10.14)	0.004*** (7.46)	0.004*** (8.72)	0.004*** (9.61)
Turnover	-0.000*** (-20.22)	-0.000*** (-19.68)	-0.000*** (-23.04)	-0.000*** (-19.33)	-0.000*** (-20.16)
Dual	0.001*** (4.19)	0.001*** (4.64)	0.001*** (4.37)	0.001*** (4.53)	0.001*** (3.99)
Growth	0.002*** (15.71)	0.002*** (14.83)	0.002*** (16.81)	0.001*** (3.09)	0.000** (2.49)
Con	-0.001* (-1.91)	-0.001** (-2.42)	-0.001** (-2.25)	-0.001*** (-2.78)	-0.001** (-2.33)
Sh5	0.000*** (33.65)	0.000*** (33.41)	0.000*** (16.64)	0.000*** (32.76)	0.000*** (32.57)
Ind	控制	控制	控制	控制	控制

变量名	(1) ILL	(2) ILL	(3) ILL	(4) ILL	(5) ILL
Year	控制	控制	控制	控制	控制
_cons	0.119 *** (60.25)	0.118 *** (59.84)	0.121 *** (59.37)	0.106 *** (47.94)	0.106 *** (48.19)
N	13930	13930	13930	13930	13930
r2_a	0.381	0.380	0.345	0.387	0.390
F	149.098	148.272	123.015	152.579	149.511

注：括号内为 T 值，*、**、*** 分别表示在 1%、5%、10% 水平上显著。

表 5.16 列示了在发生内部人交易的样本中，交易数量和盈余管理程度对信息不对称程度的影响，并添加了两者的交乘项，考察财务报告质量在内部人交易数量影响信息不对称程度过程中是否发挥了调节作用。可以看出，与表 5.15 的全样本不同，表 5.16 选取了发生内部人交易的样本作为考察对象。第 (1) 列、第 (3) 列和第 (5) 列内部人交易数量 Ins_num 的系数为正，且在 1% 水平上显著，表明发生内部人交易的样本公司中，公司内部人买卖本公司股票数量越多，意味着公司内部人可能掌握了更多的优势信息，外部投资者接收到交易信息后会基于内部人更多的交易量而做出更为消极的判断，并要求更大的买卖价差和股票回报，以此作为"用脚投票"的替代和补偿，由此引发股票交易减少，股票流动性下降，信息不对称程度进一步提升。第 (2) 列和第 (3) 列真实盈余管理程度 Rda 的系数为正，但不显著，作为对照，第 (4) 列和第 (5) 列应计盈余管理程度 Da 的系数同样为正，但在 10% 水平上显著，说明在内部人交易样本中，主要是应计盈余管理活动提升了信息不对称程度。进一步地，第 (3) 列和第 (5) 列分别考察了内部人交易数量与真实盈余管理程度、应计盈余管理程度的交乘项 Rda_Insnum、Da_Insnum 对信息不对称的影响，两者的交乘项系数虽然为正，但均不显著，表明仅从内部人交易数量对信息不对称的影响而言，盈余管理并没有发挥调节作用，可能的原因是内部人交易数量作为绝对数而非相对比例，各个样本公司之间以及同一样本公司不同年度之间的差异很大，以绝对数的内部人交易量结合盈余管理对信息不对称的影响不易确定。

表 5.16　内部人交易数量的回归分析结果

变量名	(1) ILL	(2) ILL	(3) ILL	(4) ILL	(5) ILL
Ins_num	0.000* (1.72)		0.000* (1.48)		0.000* (1.52)
Rda		0.001 (1.00)	0.001 (0.84)		
Rda_Insnum			0.000 (1.60)		
Da				0.031*** (5.50)	0.031*** (5.43)
Da_Insnum					0.000 (0.63)
Roe	0.006*** (5.82)	0.006*** (5.75)	0.006*** (5.68)	0.006*** (5.09)	0.006*** (5.02)
Size	-0.005*** (-34.29)	-0.005*** (-34.08)	-0.005*** (-34.10)	-0.005*** (-29.65)	-0.005*** (-29.65)
Lev	0.004*** (4.99)	0.004*** (4.79)	0.004*** (4.86)	0.004*** (4.47)	0.004*** (4.60)
Turnover	-0.000*** (-13.14)	-0.000*** (-13.04)	-0.000*** (-13.00)	-0.000*** (-13.28)	-0.000*** (-13.36)
Dual	0.000 (1.64)	0.000* (1.67)	0.000 (1.56)	0.000* (1.65)	0.000 (1.56)
Growth	0.003*** (9.42)	0.003*** (9.00)	0.003*** (9.14)	0.001*** (2.99)	0.001*** (3.10)
Con	0.000 (0.16)	0.000 (0.09)	0.000 (0.15)	-0.000 (-0.27)	-0.000 (-0.22)
Sh5	0.000*** (20.23)	0.000*** (20.18)	0.000*** (20.17)	0.000*** (19.92)	0.000*** (19.87)
Ind	控制	控制	控制	控制	控制

续表

变量名	(1) ILL	(2) ILL	(3) ILL	(4) ILL	(5) ILL
Year	控制	控制	控制	控制	控制
_cons	0.128*** (36.37)	0.128*** (36.17)	0.128*** (36.17)	0.117*** (32.85)	0.117*** (32.84)
N	6085	6085	6085	6085	6085
r2_a	0.402	0.402	0.403	0.408	0.408
F	62.293	62.467	60.469	64.733	62.595

注：括号内为 T 值，*、**、***分别表示在1%、5%、10%水平上显著。

表 5.17 列示了内部人交易样本中，内部人交易占流通股比例对信息不对称程度的回归结果。第（1）列、第（3）列和第（5）列内部人交易占流通股比例 Ins_ratio 的系数为正，且在5%和10%水平上显著，表明内部人交易占流通股比例越高，公司内部人交易对流通股交易的影响越大，公司内部人越有动机获取优势信息并向市场传递处理后的信息以获取超额收益，从而导致较高的信息不对称程度。第（2）列和第（3）列的真实盈余管理程度 Rda 及其与内部人交易占流通股比例交乘项 Rda_Insrario 的系数为正，但不显著，与表5.16的回归分析结果类似，表明真实盈余管理没有在内部人交易样本中发挥显著的调节作用；与之相比，第（4）列和第（5）列的应计盈余管理程度 Da 及其与内部人交易占流通股比例交乘项 Da_Insrario 的系数为正，且在10%水平上显著，表明内部人交易过程中，充分利用了应计盈余管理活动，通过其对会计政策的自由裁量和运用，向市场传递内部人交易信息和财务会计信息，从而进一步提高了信息不对称程度。

表 5.17 内部人交易占流通股比例的回归分析结果

变量名	(1) ILL	(2) ILL	(3) ILL	(4) ILL	(5) ILL
Ins_rario	0.010** (2.48)		0.010** (2.48)		0.011*** (3.32)

续表

变量名	（1） ILL	（2） ILL	（3） ILL	（4） ILL	（5） ILL
Rda		0.001 （1.00）	0.001 （0.95）		
Rda_Insrario			−0.002 （−0.11）		
Da				0.031*** （5.50）	0.033*** （5.91）
Da_Insrario					0.428*** （4.15）
Roe	0.007*** （6.01）	0.006*** （5.75）	0.007*** （5.86）	0.006*** （5.09）	0.006*** （5.09）
Size	−0.005*** （−34.09）	−0.005*** （−34.08）	−0.005*** （−33.88）	−0.005*** （−29.65）	−0.004*** （−29.48）
Lev	0.004*** （5.00）	0.004*** （4.79）	0.004*** （4.93）	0.004*** （4.47）	0.004*** （4.66）
Turnover	−0.000*** （−13.36）	−0.000*** （−13.04）	−0.000*** （−13.28）	−0.000*** （−13.28）	−0.000*** （−13.99）
Dual	0.000 （1.61）	0.000* （1.67）	0.000 （1.59）	0.000* （1.65）	0.000 （1.53）
Growth	0.003*** （9.39）	0.003*** （9.00）	0.003*** （9.01）	0.001*** （2.99）	0.001*** （3.04）
Con	0.000 （0.22）	0.000 （0.09）	0.000 （0.23）	−0.000 （−0.27）	−0.000 （−0.22）
Sh5	0.000*** （20.00）	0.000*** （20.18）	0.000*** （19.95）	0.000*** （19.92）	0.000*** （19.46）
Ind	控制	控制	控制	控制	控制

续表

变量名	(1) ILL	(2) ILL	(3) ILL	(4) ILL	(5) ILL
Year	控制	控制	控制	控制	控制
_cons	0.128*** (36.28)	0.128*** (36.17)	0.128*** (36.25)	0.117*** (32.85)	0.117*** (33.13)
N	6085	6085	6085	6085	6085
r2_a	0.403	0.402	0.403	0.408	0.411
F	62.397	62.467	60.526	64.733	63.170

注：括号内为 T 值，*、**、*** 分别表示在 1%、5%、10% 水平上显著。

表 5.18 进一步将内部人交易区分为买入和卖出两个方向，分别考察两种情形下对信息不对称的影响。第（1）列、第（3）列和第（5）列内部人买入交易占流通股比例 Ins_buyratio 的系数为正，仅在第（5）列添加和应计盈余管理交乘项 Da_Buyrario 后在 5% 水平上显著，表明内部人买入交易可能由于买入比例低而无法单独对信息不对称构成影响，而是结合应计盈余管理共同提升信息不对称程度。第（2）列、第（4）列和第（6）列内部人卖出交易占流通股比例 Soldratio 的系数为正，且在 1% 水平上显著，表明内部人交易中对信息不对称起关键作用的应当是卖出行为而非买入行为。内部人卖出占流通股比例 Soldratio 与应计盈余管理 Da 交乘项 Da_Soldrario 系数为正，且在 5% 水平上显著，同样表明应计盈余管理在内部人卖出提升信息不对称程度过程中发挥了调节作用。

表 5.18　区分买入和卖出的内部人交易回归分析结果

变量名	(1) ILL	(2) ILL	(3) ILL	(4) ILL	(5) ILL	(6) ILL
Buyrario	0.019 (0.77)		0.019 (0.74)		0.051** (2.51)	
Soldrario		0.009* (1.92)		0.009* (1.92)		0.008* (1.80)

续表

变量名	（1）ILL	（2）ILL	（3）ILL	（4）ILL	（5）ILL	（6）ILL
Rda			0.001 (1.19)	0.000 (0.32)		
Rda_Buyrario			0.000 (0.00)			
Rda_Soldrario				0.007 (0.37)		
Da					0.038*** (4.33)	0.028*** (3.84)
Da_Buyrario					2.388*** (2.64)	
Da_Soldrario						0.287** (2.34)
Roe	0.006*** (3.18)	0.007*** (4.90)	0.005*** (3.04)	0.007*** (4.81)	0.005*** (2.80)	0.006*** (4.22)
Size	−0.005*** (−22.87)	−0.005*** (−25.39)	−0.005*** (−22.57)	−0.005*** (−25.31)	−0.004*** (−19.14)	−0.005*** (−22.40)
Lev	0.004*** (2.94)	0.004*** (4.06)	0.004*** (2.84)	0.004*** (4.01)	0.003*** (2.61)	0.004*** (3.82)
Turnover	−0.000*** (−7.68)	−0.000*** (−10.89)	−0.000*** (−7.60)	−0.000*** (−10.84)	−0.000*** (−8.06)	−0.000*** (−11.15)
Dual	0.000 (1.21)	0.000 (1.37)	0.000 (1.15)	0.000 (1.37)	0.000 (1.02)	0.000 (1.32)
Growth	0.003*** (5.91)	0.003*** (7.36)	0.002*** (5.34)	0.003*** (7.29)	0.001 (1.20)	0.002*** (3.18)
Con	0.000 (0.37)	0.000 (0.18)	0.000 (0.35)	0.000 (0.18)	−0.000 (−0.12)	0.000 (0.00)

续表

变量名	（1）ILL	（2）ILL	（3）ILL	（4）ILL	（5）ILL	（6）ILL
Sh5	0.000 *** （12.06）	0.000 *** （15.99）	0.000 *** （11.99）	0.000 *** （15.95）	0.000 *** （11.88）	0.000 *** （15.57）
Ind	控制	控制	控制	控制	控制	控制
Year	控制	控制	控制	控制	控制	控制
_cons	0.126 *** （24.99）	0.131 *** （26.85）	0.126 *** （24.81）	0.131 *** （26.88）	0.115 *** （22.07）	0.121 *** （24.94）
N	2445	3640	2445	3640	2445	3640
r2_a	0.403	0.400	0.403	0.399	0.414	0.404
F	33.292	37.091	35.635	35.880	34.216	37.922

注：括号内为 T 值，*、**、*** 分别表示在 1%、5%、10% 水平上显著。

5.5　稳健性检验

为了使本章结论更具稳健性，本书进行了如下工作：

（1）借鉴 Amihud（2002）、Pastor 和 Stambaugh（2003）、邓柏峻等（2016）的观点，计算非流动性指标的各变量之间可能存在内生性，因此在控制变量中进一步添加非流动性指标的滞后项 ILL_1，用以控制非流动性指标作为被解释变量可能产生的自相关效应。

（2）替换部分控制变量。如将可持续增长率替代销售收入增长率；将前十大股东持股比例 Sh10 替代前五大股东持股比例 Sh5；将股票总市值 MV 替代资产总额 Size。

表 5.19 和表 5.20 列示了滞后一阶非流动性指标作为控制变量，并替换部分原控制变量的回归结果。可以看出，在控制了以上变量的前提下，表 5.19 中内部人交易虚拟变量系数为正，显著性水平与前文回归结果相比有所下降，但仍在 10% 水平上显著；真实盈余管理、应计盈余管理及其与内部人交易虚拟

变量的交乘项系数均为正，且分别在 1%或 10%水平显著，与前文多元回归分析结果基本一致，说明以内部人交易虚拟变量为主要解释变量的解释结论是稳健的。表 5.20 中内部人交易占流通股比例的系数为正，且分别在 1%或 5%水平上显著；真实盈余管理程度虽然系数为正，但与内部人交易占流通股比例交乘项的系数并不显著，仍然说明在内部人交易样本中，真实盈余管理并没有发挥显著的调节作用。应计盈余管理及其与内部人交易虚拟变量的交乘项系数均为正，且均在 1%水平上显著，与前文多元回归分析结果基本一致，说明前文的结论是稳健的。

表 5.19　有无内部人交易回归的稳健性检验——滞后一阶 ILL 和替换部分控制变量

变量名	(1) ILL	(2) ILL	(3) ILL	(4) ILL	(5) ILL
Ins_dum	0.000 * (1.74)		0.000 * (1.79)		0.000 * (1.80)
Rda		0.001 *** (4.30)	0.001 *** (4.54)		
Rda_dum			0.001 * (1.38)		
Da				0.055 *** (34.09)	0.051 *** (27.18)
Da_dum					0.016 *** (4.60)
Roe	0.000 (0.42)	0.000 (0.54)	0.000 (0.57)	0.001 ** (2.44)	0.002 *** (2.78)
MV	−0.000 *** (−20.22)	−0.000 *** (−20.27)	−0.000 *** (−20.21)	−0.000 *** (−19.22)	−0.000 *** (−19.28)
Lev	0.003 *** (7.50)	0.004 *** (7.84)	0.003 *** (7.61)	0.003 *** (7.43)	0.003 *** (6.91)
ILL_1	0.040 *** (15.37)	0.038 *** (14.71)	0.039 *** (14.35)	0.028 *** (11.32)	0.027 *** (10.86)

续表

变量名	(1) ILL	(2) ILL	(3) ILL	(4) ILL	(5) ILL
Turnover	-0.000*** (-7.29)	-0.000*** (-7.22)	-0.000*** (-7.34)	-0.000*** (-10.62)	-0.000*** (-11.09)
Dual	0.001*** (7.05)	0.001*** (7.10)	0.001*** (6.99)	0.001*** (6.30)	0.001*** (6.04)
Growth	0.000** (2.35)	0.000** (2.34)	0.000** (2.33)	0.000 (1.50)	0.000 (1.53)
Con	-0.002*** (-5.07)	-0.002*** (-5.16)	-0.002*** (-5.03)	-0.001*** (-4.14)	-0.001*** (-3.94)
Sh10	0.000*** (30.11)	0.000*** (29.96)	0.000*** (29.92)	0.000*** (29.50)	0.000*** (29.17)
Ind	控制	控制	控制	控制	控制
Year	控制	控制	控制	控制	控制
_cons	0.017*** (17.62)	0.017*** (17.64)	0.017*** (17.74)	0.018*** (19.74)	0.018*** (19.94)
N	13897	13897	13897	13897	13897
r2_a	0.277	0.278	0.278	0.333	0.334
F	91.140	91.545	88.608	118.464	115.282

注：括号内为 T 值，＊、＊＊、＊＊＊分别表示在1%、5%、10%水平上显著。

表 5.20 内部人交易占流通股比例回归的稳健性检验——滞后一阶 ILL 和替换部分控制变量

变量名	(1) ILL	(2) ILL	(3) ILL	(4) ILL	(5) ILL
Ins_rario	0.011** (2.48)		0.011*** (2.59)		0.012*** (3.62)
Rda		0.002** (2.05)	0.002** (2.12)		

续表

变量名	（1）ILL	（2）ILL	（3）ILL	（4）ILL	（5）ILL
Rda_Insrario			−0.011 （−0.46）		
Da				0.065*** （13.84）	0.068*** （14.75）
Da_Insrario					0.494*** （4.40）
Roe	0.002 （1.35）	0.001 （0.84）	0.001 （0.98）	−0.001 （−0.62）	−0.001 （−0.53）
MV	−0.000*** （−10.77）	−0.000*** （−11.24）	−0.000*** （−11.34）	−0.000*** （−11.34）	−0.000*** （−11.34）
Lev	0.006*** （7.97）	0.006*** （8.46）	0.006*** （8.21）	0.005*** （7.22）	0.005*** （6.90）
ILL_1	0.019* （1.60）	0.016* （1.34）	0.016* （1.32）	0.012* （1.33）	0.012* （1.37）
Turnover	−0.000*** （−3.12）	−0.000*** （−2.64）	−0.000*** （−3.13）	−0.000*** （−5.87）	−0.000*** （−6.78）
Dual	0.001*** （3.54）	0.001*** （3.59）	0.001*** （3.49）	0.001*** （3.30）	0.001*** （3.16）
Growth	0.000 （0.79）	0.000 （0.82）	0.000 （0.82）	−0.000 （−0.28）	−0.000 （−0.26）
Con	−0.002*** （−3.07）	−0.002*** （−3.19）	−0.002*** （−3.01）	−0.002** （−2.58）	−0.002** （−2.49）
Sh10	0.000*** （22.01）	0.000*** （22.21）	0.000*** （21.97）	0.000*** （21.47）	0.000*** （20.94）
Ind	控制	控制	控制	控制	控制
Year	控制	控制	控制	控制	控制

续表

变量名	（1） ILL	（2） ILL	（3） ILL	（4） ILL	（5） ILL
_cons	0.014 *** （9.28）	0.014 *** （9.30）	0.015 *** （9.71）	0.017 *** （11.64）	0.018 *** （12.36）
N	6077	6077	6077	6077	6077
r2_a	0.305	0.305	0.306	0.355	0.359
F	90.250	93.375	91.236	98.593	96.272

注：括号内为 T 值，*、**、*** 分别表示在 1%、5%、10% 水平上显著。

（3）替换被解释变量。由于知情交易者与非知情交易者之间存在事前信息不对称，使交易双方的信息结构不均衡，导致股票收益波动率上升，从而加剧了交易双方的信息不对称。借鉴 Lang 和 R Lundholm（1993）、黄寿昌和杨雄胜（2010）、孙伟和周瑶（2012）、张程睿（2016）的方法，采用财务报告披露日后 90 个交易日的股票收益率标准差，构建股票收益波动率以衡量信息不对称程度。股票收益波动率越高，代表信息不对称程度越高。

表 5.21 列示了将股票收益波动率替代非流动性指标作为被解释变量后，内部人交易和盈余管理程度及其交乘项的回归结果。与非流动性指标作为被解释变量的回归结果相比，表 5.21 中内部人交易虚拟变量、真实盈余管理和应计盈余管理系数均为正，且分别在 1%~10% 水平上显著。进一步地，真实盈余管理与内部人交易虚拟变量交乘项、应计盈余管理与内部人交易虚拟变量交乘项系数仍然为正，且分别在 5% 和 1% 水平上显著，仍然表明发生内部人交易的样本公司，结合盈余管理尤其是应计盈余管理，导致了更高的信息不对称程度，盈余管理在内部人交易影响信息不对称过程中发挥了调节作用。

表 5.21　有无内部人交易回归的稳健性检验——以股票收益波动率为被解释变量

变量名	（1） Vola	（2） Vola	（3） Vola	（4） Vola	（5） Vola
Ins_dum	0.000 * （0.79）		0.000 * （0.26）		0.000 * （0.46）

续表

变量名	（1） Vola	（2） Vola	（3） Vola	（4） Vola	（5） Vola
Rda		0.001* （1.95）	0.001** （2.09）		
Rda_dum			−0.001 （−0.68）		
Da				0.012* （1.67）	0.015* （1.95）
Da_dum					0.012* （1.91）
Roe	0.009*** （4.54）	0.009*** （4.48）	0.009*** （4.57）	0.009*** （4.66）	0.009*** （4.65）
Size	−0.002*** （−8.56）	−0.002*** （−8.53）	−0.002*** （−8.41）	−0.003*** （−8.30）	−0.002*** （−8.24）
Lev	0.006*** （4.40）	0.006*** （4.39）	0.006*** （4.23）	0.007*** （4.62）	0.007*** （4.60）
Turnover	−0.000*** （−6.45）	−0.000*** （−6.51）	−0.000*** （−6.36）	−0.000*** （−6.40）	−0.000*** （−6.33）
Dual	0.000 （0.44）	0.000 （0.39）	0.000 （0.43）	0.000 （0.45）	0.000 （0.46）
Growth	0.003*** （7.13）	0.003*** （6.49）	0.003*** （6.68）	0.004*** （6.37）	0.004*** （6.26）
Con	−0.000 （−0.05）	−0.000 （−0.04）	−0.000 （−0.08）	0.000 （0.01）	−0.000 （−0.02）
Sh5	0.000* （1.91）	0.000* （1.85）	0.000* （1.86）	0.000** （2.02）	0.000* （1.95）
Ind	控制	控制	控制	控制	控制

续表

变量名	(1) Vola	(2) Vola	(3) Vola	(4) Vola	(5) Vola
Year	控制	控制	控制	控制	控制
_cons	0.075*** (11.82)	0.074*** (11.76)	0.074*** (11.78)	0.080*** (11.31)	0.080*** (11.28)
N	13942	13942	13942	13942	13942
r2_a	0.170	0.170	0.170	0.170	0.170
F	50.292	50.371	48.663	50.350	48.690

注: 括号内为 T 值, *、**、*** 分别表示在 1%、5%、10% 水平上显著。

　　表 5.22 列示了以股票收益波动率为被解释变量、内部人交易占流通股比例为主要解释变量的回归结果。内部人交易占流通股比例系数为正, 在 5% 水平显著; 真实盈余管理及与内部人交易占流通股比例交互项系数虽然为正但不显著; 应计盈余管理及与内部人交易占流通股比例交互项系数为正, 且在 1% 水平上显著, 与前文相比, 除个别变量显著性水平有所下降外, 结论基本一致。

表 5.22　内部人交易占流通股比例回归的稳健性检验——以股票收益波动率为被解释变量

变量名	(1) Vola	(2) Vola	(3) Vola	(4) Vola	(5) Vola
Ins_rario	0.005** (2.52)		0.005** (2.29)		0.006** (2.43)
Rda		0.000 (0.04)	0.000 (0.01)		
Rda_Insrario			0.016 (0.60)		
Da				0.025* (1.97)	0.027* (1.90)

续表

变量名	（1）Vola	（2）Vola	（3）Vola	（4）Vola	（5）Vola
Da_Insrario					0.242* （1.96）
Roe	0.005 （1.58）	0.005* （1.72）	0.005* （1.76）	0.004* （1.66）	0.004* （1.68）
Size	−0.002*** （−7.19）	−0.002*** （−6.77）	−0.002*** （−6.72）	−0.002*** （−3.26）	−0.002*** （−3.26）
Lev	0.001 （0.74）	0.001 （0.83）	0.001 （0.81）	0.002 （1.11）	0.001 （1.05）
Turnover	−0.000*** （−6.65）	−0.000*** （−6.27）	−0.000*** （−6.39）	−0.000*** （−6.67）	−0.000*** （−7.14）
Dual	−0.000 （−0.06）	−0.000 （−0.09）	−0.000 （−0.06）	−0.000 （−0.07）	−0.000 （−0.03）
Growth	0.005* （1.82）	0.005* （1.75）	0.005* （1.75）	0.006 （1.61）	0.006 （1.61）
Con	0.001 （1.43）	0.001 （1.50）	0.001 （1.45）	0.001 （1.52）	0.001 （1.48）
Sh5	0.000*** （2.94）	0.000*** （3.00）	0.000*** （3.05）	0.000*** （3.60）	0.000*** （3.72）
Ind	控制	控制	控制	控制	控制
Year	控制	控制	控制	控制	控制
_cons	0.064*** （6.82）	0.064*** （6.56）	0.064*** （6.69）	0.073*** （4.04）	0.073*** （4.09）
N	6091	6091	6091	6091	6091
r2_a	0.459	0.459	0.459	0.460	0.460
F	449.753	450.266	434.397	447.856	430.671

注：括号内为 T 值，*、**、***分别表示在 1%、5%、10%水平上显著。

5.6 本章小结

理论分析层面，本章重点分析了内部人交易行为做出后对信息不对称的进一步影响。首先，对于内部人交易而言，根据既有文献和研究成果，在内部人做出交易本公司股票的决策之前，基本都利用了自身掌握的优势信息，这种优势信息一般不为外部投资者所了解，因此内外部信息不均衡构成了事前信息不对称。内部人做出交易行为后，外部投资者通过交易信息的披露获知并做出投资决策，理性的外部投资者基于对事前信息不对称的认识，会要求更大的买卖价差和更低的报价，进而导致股票交易成本上升和股票流动性下降，并进一步加剧了信息不对称程度。其次，外部投资者借助上市公司披露的财务报告对公司做出整体判断并做出投资决策，而公司在对外披露财务报告时倾向于披露好消息而隐藏坏消息，并伴随有目的的盈余管理活动，这些盈余管理活动无疑影响了财务报告的质量，造成了财务报告信息披露过程中的信息不对称，外部投资者根据财务报告做出投资的过程中也逐步认识到了这种事前的信息不对称，进而要求更高的投资回报或"用脚投票"撤出该公司，这又进一步提高了股票交易成本，降低了股票交易的流动性，从而加剧了信息不对称程度。最后，公司盈余质量越低，公司内部人越能够通过买入和卖出股票获得更高的超额收益，即在购买股票前倾向于进行负向盈余管理和向外界传递坏消息，而在卖出股票前则倾向于进行正向盈余管理和发布好消息，进而获得超额收益。随着真实盈余管理活动的日益增多，公司内部人也可能利用真实盈余管理有目的地调节利润从而达到低买高卖和高卖低买的目的。换言之，公司内部人在交易过程前，往往会结合盈余管理活动，这一过程加剧了公司内部人和外部投资者之间的信息不对称。

实证检验方面，以2009~2016年中国非金融上市公司数据为样本，分别以是否发生内部人交易、内部人交易数量、内部人交易占流通股比例等代表内部人交易，分别根据修正的Jones（1991）模型计算的应计盈余管理数据和Roy-chowdhury（2006）模型计算的真实盈余管理数据作为财务报告质量的替代变量，以Amihud（2002）的计量模型计算的股票非流动性指标作为信息不对称的替代变量。结果显示，以盈余质量为衡量标准的财务报告质量越低，外部投资者能够获得的信息透明度越低，相应的信息不对称程度越高，通过应计盈余管理和真实盈余管理的系数及其显著性对比还可以发现，应计盈余管理比真实盈余管理导致了更明显的信息不对称。内部人交易各构成变量整体而言都显著提升了信息不对称程度，与内部人买入相比，内部人卖出行为更加显著地加剧了信息不对称。从内部人交易构成变量和盈余管理交乘项对信息不对称的影响来看，应计盈余管理或真实盈余管理在内部人交易加剧信息不对称过程中发挥了调节效应。从定量角度出发，只有应计盈余管理与内部人交易占流通股比例，且只有应计盈余管理与内部人卖出占流通股比例的交乘项系数为正且显著，最终结果表明，整体上内部人交易尤其是卖出交易更多的是通过应计盈余管理活动影响财务报告质量，从而加剧了信息不对称程度。

第6章 内部人交易、内部控制质量与融资约束

6.1 引 言

各国证券监管机构对于公司内部人交易本公司股票的行为经历了从明确禁止到有条件地放开这一过程。如 2005 年以前，我国《证券法》明确禁止内部人交易。2006 年修订前的《公司法》也规定"公司董事、监事、经理所持有的本公司股票在任职期间内不得转让"。2007 年 4 月，证监会专门颁布了《上市公司董事、监事和高级管理人员所持本公司股份及其变动管理规则》。2016 年 1 月和 2017 年 5 月，证监会更是专门针对内部人股份减持而先后出台了前后替代性文件《上市公司股东、董事、监事、高级管理人员减持股份的若干规定》，从交易时间、交易方式和交易披露等方面对上市公司的内部人交易做出了具体的规定。尽管如此，绝大部分中外学者对于内部人交易的理论研究都得出了同一结论，即公司内部人利用其信息优势，仍然获得了超额收益。

由于资本市场的不完善，且由于公司内部人和外部投资者的信息不对称，使公司内部和外部的融资成本不一致，且外部融资成本往往高于内部融资成本，从而导致了融资约束。公司内部人通过内部人交易获得了超额收益，对于公司外部投资者而言，这种超额收益本身也会以信息传递的形式逐步传递到股票市场，会使外部投资者尤其是潜在投资者意识到公司内部人利用其信息优势获利，从而对外部投资者做出相应判断并做出行动，进而必然对资金和股票流动带来影响，影响公司的资金融通和运用。因此，从资本配置效率而言，内部人交易本身的信息不对称对资本配置的"入口"即融资渠道产生了影响，进而影响了资本配置效率。

　　我国在 2008 年和 2010 年分别发布了《企业内部控制基本规范》和《企业内部控制配套指引》,对于内部控制制度和体系的构建提出了具体要求。既有研究认为,高质量的内部控制能够缓解信息不对称,提高财务报告信息披露质量,并能够降低委托代理成本,也有部分文献研究了内部控制质量对融资约束的影响。但是,公司董事、监事、高级管理人员作为内部控制制度的设计和执行主体,以及作为内部人交易主体,两者的同一性使内部控制质量在内部人交易作用机制中发挥的作用还有比较大的讨论和研究空间,从目前的研究成果看,对此问题进行系统研究的还比较少。本书可能的贡献表现在以下方面。首先,拓展了内部控制质量和内部人交易的研究范围,尤其当两者实施主体为同一主体的情况下,对公司或外部资本市场带来何种影响,成为本书的主要突破点;其次,关于内部人交易和融资约束关系的研究成果,基本见于国外文献,而基于我国国情分析两者关系的研究还很少,本书希望通过理论分析和实证检验,找到两者间的内在联系,从而为我国资本市场的健康发展提供现实支撑。

6.2　理论分析与研究假设

　　内部人交易能够提高市场信息效率 (Grossman & Stiglitz, 1980),知情交易者的比例越高、私人信息精确程度越高,则市场的效率越高、市场的有效性也越强;另外,内部人由于天然拥有公司的内幕信息,因此在公司治理水平低及缺乏监管的条件下,内部人利用信息优势非法获利而严重伤害到市场上其他投资者的利益。从既有研究来看,公司内部人之所以能够通过股票交易获得超额收益,主要是基于信息不对称和委托代理成本。如前所述,公司内部人利用其对公司享有的信息优势获得了超额收益,同时作为内部人的董事、监事、高级管理人员,也是第一类代理成本和第二类代理成本的"主角"。

　　同样基于信息不对称和委托代理理论,交易双方对信息的掌握程度存在差异,掌握信息较多的一方往往具有信息优势,这导致了信息传递不充分,从而引发市场效率低下。资金供求过程中的资金需求者与资金供给者也会由于相互缺乏充分了解而存在信息不对称,从而导致资金供给者由于对风险的担忧而要求更高的利率,引致了贷款规模下降和较高的融资成本 (Jaffee & Russell, 1976)。此外,当一个国家或地区的银行系统不能满足贷款需求,这种受限的贷款规模便会引发贷款的配给问题（Stiglitz & Weiss，1981），进一步地，公司外部投资者与公司经营管理者之间由于对公司生产经营情况的信息不对称，会使公司外部融资成本高于其内部融资成本，这种差距越大，意味着公司面临的融资约束越严重（Myers & Majluf，1984；Kaplan & Zingales，1997）。此外，由于公司股东与经营管理者之间存在委托代理关系，经营管理者可能会出于自身利益从外部筹集资金用于个人隐性消费或过度投资以构建"商业帝国"。

就公司内部人交易与投资者利益的关系而言，可以从两个方面展开理论分析。首先，就公司与外部潜在投资者的关系而言，外部投资者主要是基于对公司财务报告信息的逐步收集和分析而做出对公司的投资决策，而公司财务报告信息的披露本身就可能由于公司内部人和外部潜在投资者的不同解读而产生偏误，相对来讲，公司内部人对公司生产经营无疑掌握了更多信息。因此，即使排除公司内部人利用"内幕信息"进行的违法交易，公司内部人也会基于自身对公司价值的预期判断做出买入或卖出股票的决策，公司内部人交易越频繁，交易金额和数量越大，获得的超额收益越多，那么外部投资者就会得出以下结论：公司内部人利用了其对自身公司的信息优势并获得了超过市场平均收益的超额收益，这样对于市场进而对于自身是非常不公平的，这种行为会损害市场效率和自身利益；进一步地，外部投资者也会做出"逆向选择"，即采取"用脚投票"的方式减少甚至放弃向公司提供债权性资金或股权性资金，从而导致公司面临融资约束。其次，如本书"概念界定"部分所述，本书将公司内部人界定为董事、监事、高级管理人员，因此当公司内部人利用信息优势并获得超额收益时，相对于大股东和董事、监事、高级管理人员之外的中小股东和既有债权人，同样会基于以往对内部人交易的分析而做出减少投资的决策，因此导致公司面临融资约束。因此，无论是外部潜在投资者还是既有投资者，都会认为公司内部人交易本公司股票的行为损害了自身利益，都会做出减少或放弃向公司投资的决策，这样股票流动性和投资者信心遭受减损，股票流动性和市场效率的下降会使股权融资成本进一步上升，使公司面临投资机会时更加依赖内部资金来源，进而使内源资金成本和外源资金成本的差距进一步拉大，导致公司面临更加严重的融资约束，从资金"入口"角度降低了资本配置效率。

内部人交易对公司融资约束的影响，由于存在不同的交易时间窗口，其引起的市场反应有所不同，即传递给市场的信息有所不同，此外，内部人交易具体区分为买入交易和卖出交易，因此在分析内部人交易对融资约束影响的过程中，应当从短时间窗口和长时间窗口、内部人交易的买入和卖出交易取得超额收益这几个方面，具体分析内部人交易对融资约束的影响。具体而言，上市公司内部人基于其掌握的私有信息，认识到私有信息对自己有利时，会在其认为适当的时机做出买入或卖出持有本公司股票的决策，在公司内部人做出买入决策并实施后，外部资本市场会在短期和长期内根据内部人买入决策做出不同的反应。在短期，具体表现为内部人买入本公司股票的短时间窗口内，内部人买入交易向市场传递了积极信号，即公司内部人看好公司未来发展前景并积极购买本公司股票以待升值，此时公司内部人在短时间窗口内通过其获取的超额收益进一步向市场传递了积极信号，即公司内部人能够通过内部人交易在短期内获得超额收益，因此外部投资者跟风买入，这就会使公司股价在短期内具有良好表现，由于外部投资者资金在短期内不断涌入，公司面临的融资约束程度自然得到了缓解，因此从短期而言，内部人买入交易获得的超额收益刺激了外部投资者跟风购买公司股票，缓解了公司面临的融资约束，由此本书提出假设 1a：

假设 1a：短时间窗口内，内部人买入获取的超额收益越多，公司面临的融资约束程度越低。

从长时间窗口考察内部人交易超额收益对公司融资约束的影响则可能得出不同的结论。由于我国禁止 6 个月内的短线交易，当公司内部人做出买入决策并通过公开披露将信息传递至市场后，短期内会引起外部投资者跟风买入，因此会导致外部资金涌入公司，而且这些资金会由于跟风买入带来的股价上涨而不断增加，由此公司面临的融资约束程度较低。然而，随着时间窗口的不断拉长，公司内部人由于短线交易的禁止并没有实际获得超额收益，即这种超额收益更多的是一种"纸面财富"。结合前文理论所述，公司内部人买入本公司股票，一方面是基于对公司长期价值的判断，另一方面也可能是为了进行资产组合的调整而故意为之，希望自身的买入行为引发市场关注，从而实现在更高的价格卖出早期持有的股票。不论是基于哪种考虑，公司内部人买入交易的根本目的很可能只有一个，即实现长期超额收益，不论是为了在短线交易窗口期满后实现，还是为了实现之前一直持有股票的超额收益。因此，从长期窗口来看，公司内部人更希望经过"事先安排"，借助自身信息不对称的优势地位，最终在长期内通过买入交易实现其超额收益；此外，基于委托代理理论，公司股东与董事、监事、高级管理人员等公司内部人形成委托代理关系，公司股东尤其是大股东在激励理论的影响下，向董事、监事、高级管理人员等公司内部人发放股票期权，借此希望董事、监事、高级管理人员能够为公司付出更多努力并带来更多利润，这些股票期权的实现无一例外需要较长的期限和满足利润指标等特定条件，尽管董事、监事、高级管理人员等公司内部人自主买卖公司股票的行为与接受或实现股票期权并没有特定联系，但如前所述，受制于我国禁止 6 个月期短线交易的普遍性规定，董事、监事、高级管理人员在接受股票期权时，本身就经过了理性决策过程，即只有认可公司未来发展前景并对自己在期权实现前的工作有信心的前提下，才会接受股票期权并继续为任职公司服务。基于以上分析，董事、监事、高级管理人员不论是"自掏腰包"购买公司股票，还是为了实现自身股票期权，都需要经过较长的等待期，但最终目的都是为实现长期超额收益。从外部投资者角度来讲，短时间窗口内跟随公司内部人买入股票的最重要原因之一，是认为公司内部人买入股票这一事件很可能包含公司内部人知悉而外部投资者不了解的信息，外部投资者这种仍然基于信息不对称做出的买入行为实质上是一种跟风买入，随着事件窗口的拉长，外部投资者的跟风买入行为逐渐减少，相较于短时间窗口，长时间窗口内的公司内部人比外部投资者掌握了更多更具体的信息，如公司内部人在公司制定的各种战略规划及实施细节上，要比外部投资者明显居于更高的层次。另外，在我国当前股市，个人投资者与非机构投资者的交易远比一般法人和机构投资者活跃，在本书 2009~2016 年的样本期间内，"换手率高、炒作性强、暴涨暴跌"的特征仍然显著，仅一个"炒作"事件就能让股票价格暴涨暴跌的新闻在 A 股市场绝非罕见。与外部投资者相比，公司内部人会由于对公司前景的认可、公司战略的相对稳定性等优势信息持有股票，直至其认为合适的时机再行卖出，这种长时间窗口的信息不对称进一步加剧了外部投资者对其信息劣势的担忧，从而向下修正其对公司前景的预期，导致股票流动性下降，公司从资本市场筹集资金的难度上升，从而面临更加严重的融资约束。综合以上分析，本书提出假设 1b：

假设 1b：长时间窗口内，内部人买入获取的超额收益越多，公司面临融资约束的程度越高。

与公司内部人买入交易相比，对卖出交易的分析相对简单。无论是短时间窗口还是长时间窗口，公司内部人卖出股票的信息披露一般都会给外部投资者造成消极影响。具体而言，在公司内部人基于其信息优势卖出公司股票时，经由随后公开市场的信息披露，外部投资者仍然基于信息不对称，将公司内部人卖出本公司股票的行为判断为公司内部人对公司前景的悲观预期，于是外部投资者跟风卖出，导致公司股价下跌，股票流动性下降，短期内导致公司面临较高的融资约束，长期内这种效应进一步体现为公司内部人和外部投资者的两种行为，公司内部人基于其信息优势，在其认为合适的时机卖出股票，获得超额收益，随后获取的超额收益不断下降，直到未来某一时点再次买入；另外，公司内部人卖出股票时，外部投资者并没有获得超额收益，可能会由于公司股价的萎靡而持续悲观，并不断向下修正对公司生产经营和投资项目的盈利预期，同时认识到公司内部人利用了其信息优势获得超额收益，结合对公司预期的下降，这种超额收益越来越高，最终导致外部投资者越选择"用脚投票"的方式逐步远离公司，从而导致了公司面临融资约束。由此，本书提出假设2：

假设2：在短时间窗口和长时间窗口，公司内部人卖出的超额收益越高，公司面临的融资约束越高。

高质量的内部控制能够有效地降低信息不对称程度和委托代理成本，提高财务报告信息披露的质量和透明度，提升对生产经营活动的把控程度，加强对管理层的制约与监督，有效降低内外部风险，从而能够缓解内部人交易对融资约束的负面影响。整体而言，内部控制建设的核心目标就是保证财务报告的质量并向外部传递可靠和及时的信息，因此内部控制质量越高，越能对公司财务报告的质量施加更加积极的影响，对外披露的财务报告信息就更加可靠与及时，越有利于外部投资者根据财务报告的信息做出投资决策，同时，信息传递的及时和透明提高了股票流动性和市场效率，使外部投资者愿意以更低的成本向企业提供所需资金，从而使公司内源融资成本和外源融资成本的差距缩小，公司面临的融资约束得到缓解，从这个角度来讲，高质量的内部控制通过影响财务报告信息的质量和披露从而缓解了公司面临的融资约束，进而从"入口"角度提升了资本配置效率。

内部控制质量与内部人交易存在共同点，即从实施主体而言，内部控制制度和体系是由董事会聘任的管理层设计和执行并保证其有效性，监事会对公司内部控制的运行予以监督，对内部控制评价报告予以审核并发表意见；内部人交易的实施主体就是公司董事、监事、高级管理人员，在设计和执行内部控制制度和体系时，公司董事、监事、高级管理人员要考虑公司整体利益，而在进行内部人交易时的自利动机又导致了两者实施主体的同一性与矛盾性，因此两者实施主体的一致性和目标动机以及手段的根本差别都决定了在影响融资约束的过程中，内部控制质量与内部人交易可能发挥替代效应，即在前文理论分析和假设提出的基础上，当内部控制质量越高，同时内部人交易超额收益越高时，两者的结合对融资约束的影响可能在一定程度上相互抵消甚至替代，由此提出如下竞争性假设 3a 和假设 3b：

假设 3a：内部控制质量在内部人交易影响公司融资约束的过程中发挥了调节作用。

假设 3b：内部控制质量在内部人交易影响公司融资约束的过程中发挥了替代作用。

6.3　数据来源与研究设计

6.3.1　各主要变量的界定和度量

（1）被解释变量。借鉴 Kaplan 和 Zingales（1997）的观点，融资约束是由于信息不对称和代理成本等市场不完备因素的存在，使公司内源融资成本与外源融资成本之间出现差额，这种差额即被视作融资约束，差额越大，表明融资约束程度越高；差额越小，表明融资约束程度越低。既有文献主要有两大类衡量融资约束程度的方法，第一大类是采取单一指标对融资约束进行评价，如公司获得银行贷款越容易，则融资约束程度一般较低（Cull & Xu，2005；Ayyagari et al.，2011）；公司规模越大，则融资约束程度一般越低；现金分红越少，则融资约束程度往往越高；非国有公司往往面临更高的融资约束程度（Myers & Majluf，1984；Opler et al.，1999；Hadlock & Pierce，2010；屈文洲等，2011；甄红线和王谨乐，2016；全怡等，2016；周开国等，2017）。第二大类方法则将上述单一指标进行组合，构建专门衡量融资约束的指标。经过较长时间的发展，逐步形成了三种关于融资约束的衡量指标：一是 Fazzari 等（1988）提出的投资—现金流敏感系数，表示企业面临的融资约束程度越高，其对外投资所需要的内部现金流就越多，即两者间的敏感系数越大，随着学者研究的深入，对于投资—现金流敏感性的质疑不断增加，其主要基于两个方面：其一，未来投资对现金流敏感的核心因素可能并不是融资约束，如委托代理问题引发的管理层超额在职消费也可能会导致投资对现金流敏感（Vogt，1994）；其二，经营现金流除了包含财务信息，也包含投资信息，即使不存在融资约束，投资与现金流之间也可能很敏感（Hubbard，1998）。二是 Almeida 等（2004）提出的现金—现金流敏感系数，指公司为保证未来投资所需资金，在面临融资约束程度较严重时，会保留更多的现金，使公司的现金—现金流敏感性较高。现金—现金流敏感性在我国融资约束研究中得到了较多的运用，我国资本市场中面临融资约束的公司呈现了更高的现金—现金流敏感系数（连玉君等，2008；王彦超，2009；于蔚等，2012；姚耀军和董钢锋，2015）。三是 Kaplan 和 Zingales（1997）提出的 KZ 指数，将与融资约束相关的若干变量采用有序逻辑回归（Ordered Logistic）方法构建而成。总体而言，与国外发达资本市场相比，我国现金股利支付率较低，同时制造业所占比重较大，因此运用 KZ 指数衡量融资约束程度成为当前许多研究文献中使用的指标（邓可斌和曾海舰，2014；鞠晓生等，2013；李科和徐龙炳，2011；李君平和徐龙炳，2015）。此外，还有 SA 指数、WW 指数等，其中 SA 指数由 Hadlock 和 Pierce（2010）借助企业规模和上市年限这两个外生变量进行构建而成，一定程度上解决了前述指标的内生性问题，能够从长期体现融资约束的特征。因此，本书使用 KZ 指数作为衡量融资约束的程度，同时借助 SA 指数进行稳健性检验。

在构建 KZ 指数时，借鉴 Baker 等（2003）、杨兴全等（2014）、李君平和徐龙炳（2015）、花冯涛（2018）的构建方法，将经营性现金流量/期初资产总额（Ocf/Asset）、现金持有量/期初资产总额（Cash/Asset）、资产负债率（Lev）和现金股利/期初资产总额（Div/Asset）四因子纳入指数构建过程。具体而言，按照年度和行业将上述四个变量标准化后，根据中位数进行分类，若经营性现金流量/期初资产总额小于其中位数，取 $KZ_1=1$，表明可能存在融资约束，否则取 $KZ_1=0$；若现金持有量/期初资产总额小于其中位数，取 $KZ_2=1$，表明可能存在融资约束，否则取 $KZ_2=0$；若资产负债率大于其中位数，取 $KZ_3=1$，表明可能存在融资约束，否则取 $KZ_3=0$；若现金股利/期初资产总额小于其中位数，取 $KZ_4=1$，表明可能存在融资约束，否则取 $KZ_4=0$。然后取 $KZ=KZ_1+KZ_2+KZ_3+KZ_4$，运用有序逻辑回归（Ordered Logit）模型，以 KZ 为因变量，以前述四个变量为解释变量进行回归，逻辑回归方程为：

$$KZ=\beta_1\times Ocf/Asset_{t-1}+\beta_2\times Cash/Asset_{t-1}+\beta_3\times Lev+\beta_4\times Div/Asset_{t-1} \quad (6.1)$$

回归结果如表 6.1 所示。

表 6.1 有序逻辑回归（Ordered Logit）结果

变量名	系数	标准差	Z 值	显著性水平
Ocf/Asset	-14.47	0.205	-70.60	0.000
Cash/Asset	-7.62	0.123	-61.93	0.000
Lev	5.74	0.074	77.09	0.000
Div/Asset	-7.67	0.131	-58.60	0.000
样本量	22520	Pseudo R^2	0.3716	

从表 6.1 可以看出，四个变量与 KZ 均显著相关，其中 Ocf/Asset、Cash/Asset 和 Div/Asset 与 KZ 显著负相关，说明经营性现金流量、现金持有量和支付的现金股利越少，公司越可能存在严重的融资约束，Lev 与 KZ 显著正相关，说明资产负债率越高，公司越可能存在更高的融资约束程度。

根据表 6.1 逻辑回归结果，得出各解释变量的回归系数，再次代入式（6.1），得到最终的 KZ 指数：

$$KZ = -14.47 \times Ocf/Asset_{t-1} - 7.62 \times Cash/Asset_{t-1} + \quad (6.2)$$
$$5.74 \times Lev - 7.67 \times Div/Asset_{t-1}$$

进一步地，根据式（6.2）计算每个公司的 KZ 指数，KZ 指数越大，表明样本公司的融资约束水平越高。

（2）解释变量。

1）内部人交易及其超额收益。本书将内部人交易界定为公司董事、监事和高级管理人员通过二级市场买卖其持有的本公司的股票。第 5 章中，本书分别从内部人交易构成和内部人交易数量、内部人交易占流通股比例的角度分析了与信息不对称的关系，本章更细致地从短期窗口和长期窗口、内部人买入和卖出方向考察对融资约束的影响，因此，考虑到本书篇幅和数据针对性，本章从内部人交易超额收益的角度衡量内部人交易，以更加明确地考察内部人交易对融资约束的影响。基于此，本章将内部人交易超额收益界定为公司内部人通过内部人交易获得的、高于交易股票平均市场收益的超额收益。截至目前，对公司内部人交易超额收益的度量主要是运用事件研究法予以确定，运用该方法首先需要确定事件日和该事件日前后若干天的窗口期。借鉴曾庆生（2008）、朱茶芬等（2011）采用事件研究法对公司内部人超额收益的计算过程，以公司内部人进行股票交易的日期为事件日，将事件日前后分为 [-20, 20] 的短时间窗口期，即内部人交易事件日前后 20 个交易日，以及 ［-60，120］ 的长时间窗口期，即内部人交易事件日之前 60 个交易日和之后 120 个交易日，将前述两个期间段的累积超额收益作为解释变量，借以分析内部人交易短期超额收益和长期超额收益对公司面临融资约束的影响。根据事件研究法的运用原理，为了检验短时间窗口期和长时间窗口期是否存在超额收益，需要先运用时间窗口期之外的估计期收益与时间窗口期的收益进行对比，借用估计期的收益数据作为参照，得到时间窗口期的预期收益，然后将时间窗口期的预期收益减去时间窗口期的实际收益，两者之差即该事件的异常收益，就本书研究而言，如果异常收益为正，则表明内部人交易取得了正的超额收益；如果异常收益为负，则表明内部人交易取得了负的超额收益。

　　为了计算短时间窗口期 ［-20，20］ 的异常收益，确定估计期为 ［-150，-21］，即事件日前的 150 个交易日至事件日前的 20 个交易日。首先根据标准市场模型计算时间窗口期的预期收益率。

$$R_{it} = \alpha_i + \beta_i R_{mt} + \varepsilon_{it} \tag{6.3}$$

　　式 （6.3） 中，R_{it} 为 i 公司估计期内第 t 天的收益率，R_{mt} 为估计期内第 t 天的市场收益率，本书具体采用沪深股市收益率表示。通过对式 （6.3） 进行 OLS 多元线性回归，可以得到截距项 α 和回归系数 β。借用 α 和 β 的数据，代入时间窗口期的回归模型 （6.4）：

$$E\,(R_{it}) = \overline{\alpha_i} + \overline{\beta_i} R_{mt} \tag{6.4}$$

　　式 （6.4） 中，$E\,(R_{it})$ 为时间窗口期内 i 公司第 t 天的预期收益率，R_{mt} 为时间窗口期内第 t 天的市场收益率。接着可以得到时间窗口期 i 公司的异常收益率：

$$AR_{it} = R_{it} - E\,(R_{it}) \tag{6.5}$$

　　式 （6.5） 中，AR_{it} 为时间窗口期 i 公司的异常收益率，R_{it} 为时间窗口期内 i 公司第 t 天的实际收益率。进一步地，可以得到该公司股票时间窗口期的平均异常收益率和累积异常收益率即累积超额收益，以及所有样本股票时间窗口期的平均异常收益率和累积超额收益。

$$\overline{AR_{it}}[t_1，t_2] = \frac{1}{t_2 - t_1} \sum_{t_1}^{t_2} AR_{it} \tag{6.6}$$

$$CAR_{it}[t_1，t_2] = \sum_{t_1}^{t_2} \overline{AR_{it}} \tag{6.7}$$

$$\overline{AR_{it}} = \frac{1}{N} \sum_{i=1}^{N} AR_{it} \tag{6.8}$$

$$CAR[t_1, t_2] = \sum_{t_1}^{t_2} \overline{AR_t} \tag{6.9}$$

计算超额收益在长时间窗口内影响内部人交易长期超额收益的因素不同于计算短期超额收益 CAR 的方法。具体来讲，借鉴朱茶芬等（2011）的观点，时间窗口期界定为内部人交易前 60 个交易日即 3 个月、交易后 120 个交易日即半年，是由于公司内部人在交易前 3 个月进行筹划和准备的时间长度已经足够，再往前观察更早的期间可能无法区分公司内部人的交易计划和其他投资者的交易计划，从而无法相对准确地得出公司内部人交易的超额收益；而将时间窗口后期终点界定为交易后 6 个月，是由于我国将公司内部人短线交易的时间节点界定为内部人买入后 6 个月内卖出或卖出后 6 个月内买入，因此，在前文剔除了短线交易数据的基础上，能够更清晰地观察内部人交易日后 6 个月内非短线交易获得的超额收益。此外，Seyhun（1998）也认为，内部人交易后带给股市的反应主要集中于 6 个月内，超过 6 个月后的市场反应趋于平淡。最后，由于计算超额收益需要前期估计期数据的配合，过长的时间会由于缺失前期数据而导致相关超额收益无法估算，导致实证结果失真。

根据前文的理论分析，在短时间窗口内，由于内部人交易容易引起外部投资者跟风交易，为减少短时间窗口模仿交易给超额收益带来的干扰，进而从长期视角考察内部人交易超额收益、内部控制质量对融资约束的影响，本书借鉴朱茶芬等（2011）、Skaife 等（2013）、曾庆生和张耀中（2012）的方法，将内部人交易的时间窗口拉长为交易日前 3 个月至交易日后 6 个月，并计算长时间窗口期 [-60, 120] 的异常收益，同时确定估计期为 [-240, -61]，即事件日前的 240 个交易日至事件日前的 60 个交易日。

在计算长时间窗口的内部人交易超额收益时，由于内部人交易次数远多于短时间窗口、外部投资者跟风交易减少、市场环境和外部投资者对公司的态度均不同于短时间窗口，因此本书借鉴 Skaife 等（2013）、曾庆生和张耀中（2012）、陈作华（2015）、树成琳（2016）、李琳和张敦力（2017）的方法，借助下式计算公司内部人在交易日后 6 个月的长期超额收益：

$$Profit_{it} = \frac{\sum_{j=1}^{n} (Bhar_{itj} \times Value\_buy_{itj} - Bhar_{itj} \times Value\_sold_{itj})}{MV_{it-1}} \tag{6.10}$$

$$\text{Profit}_{it\_}\text{buy}_{it} = \frac{\sum\limits_{j=1}^{n} \text{Bhar}_{itj} \times \text{Value}\_\text{buy}_{itj}}{\text{MV}_{it-1}} \qquad (6.11)$$

$$\text{Profit}_{it\_}\text{sold}_{itj} = \frac{\sum\limits_{j=1}^{n} \text{Bhar}_{itj} \times \text{Value}\_\text{sold}_{itj}}{\text{MV}_{it-1}} \qquad (6.12)$$

式（6.10）中，Profit_{it}表示内部人交易长时间窗口即交易日后 6 个月后的累积超额收益；$\text{Value}\_\text{buy}_{itj}$表示公司内部人买入本公司股票的总金额，以买入成交价乘以买入成交数量得出；$\text{Value}\_\text{sold}_{itj}$表示公司内部人卖出本公司股票的总金额，同样以卖出成交价乘以卖出成交数量得出；MV_{it-1}表示公司期初流通股股票市值。式（6.11）和式（6.12）中的$\text{Profit}_{it\_}\text{buy}_{it}$和$\text{Profit}_{it\_}\text{sold}_{itj}$分别表示内部人交易买入和卖出的长期超额收益，由于买入和卖出方向不同，将卖出长期超额收益计算结果取负值即式（6.12）；Bhar_{itj}表示每个公司每次通过内部人交易后 6 个月持有并获得的所有异常超额收益之和，每个公司的异常超额收益计算如下：

$$\text{Bhar}_{it} = \prod_{t=1}^{n}(1 + R_{it}) - \prod_{t=1}^{n}(1 + R_{mt}) \qquad (6.13)$$

式（6.13）中，R_{it}和R_{mt}分别为个股日实际收益率和市场日平均收益率，n 为窗口期天数。

2）内部控制质量及其度量。从国内外理论与实务界对内部控制构成的研究成果来看，内部控制具体由内部控制环境、风险评估、信息与沟通、控制活动和控制监督五要素组成。相对应地，内部控制质量也就是内部控制五要素在公司运转过程中的表现优劣状况。为了使本书能够从实证数据角度验证内部控制质量对内部人交易超额收益与资本配置效率的影响，需要将内部控制质量予以量化。截至目前，对内部控制质量的衡量方法主要有以下几种：其一，公司是否披露内部控制缺陷或内部控制鉴证报告，如果公司自愿披露其内部控制缺陷或内部控制鉴证报告，则可以认为内部控制质量较高（方红星和金玉娜，2011；邓德强等，2014；肖华和张国清，2013）；其二，公司是否披露经过审计的内部控制信息（吴益兵等，2009），若公司披露了经过独立审计的内部控制信息，则可以认为内部控制质量较高；其三，根据我国《企业内部控制基本规范》相关要求和内部控制构成要素及其特征，设计内部控制质量评价指数作为内部控制质量的替代变量，如厦门大学内部控制指数课题组编制的中国上市公司内部控制指数，以及深圳迪博公司编制的迪博（DIB）上市公司内部控制指数。前两类内部控制质量的衡量标准建立在上市公司自愿披露内部控制缺陷或内部控制评价报告自愿被审计和披露的前提之上，但截至2016年底，我国共有2864家上市公司编制并披露了内部控制评价报告，占所有披露财务报告上市公司数量的92%，并有2253家上市公司披露了由会计师事务所出具的内部控制审计报告，将内部控制缺陷是否披露和内部控制评价报告是否披露或是否鉴证作为代表变量已逐渐失去其时效性。

本书借鉴深圳迪博内部控制数据库的衡量标准，若上市公司在内部控制环境、风险评价、控制活动等五要素范围内均能够达到《企业内部控制基本规范》和《企业内部控制应用指引》的相关要求，同时有效披露内部控制评价报告和内部控制审计报告，就披露的内部控制缺陷及时整改，并聘请声誉较高的会计师事务所为其出具内部控制审计报告，则可以说该公司内部控制质量较高；反之则较低。根据对上市公司内部控制构成部分进行加权平均打分，得到量化的内部控制质量，评分区间为0~1000，分值越高，表明内部控制目标越能得到贯彻落实，内部控制运行越具备合理性和实效性，表明内部控制质量越高。

（3）控制变量。本书选取个股总市值、董事、监事、高级管理人员薪酬、机构投资者持股比例、股权集中度、实际控制人性质、两职分离、营业收入增长率作为控制变量，并同时控制行业和年度。

相关变量释义如表6.2所示。

表6.2 变量定义及解释

变量名	变量说明
KZ	现金及现金等价物与资产总额之比
Dib	内部控制质量的替代变量，借鉴迪博公司发布的中国上市公司内部控制指数，并对其取自然对数
Car_buy	内部人买入短期超额收益，运用事件研究法获得，如式（6.3）至式（6.9）所示
Car_sold	内部人卖出短期超额收益，运用事件研究法获得，如式（6.3）至式（6.9）所示
Pro_buy	内部人买入长期超额收益，运用事件研究法获得，如式（6.10）至式（6.13）所示
Pro_sold	内部人卖出长期超额收益，运用事件研究法获得，如式（6.10）至式（6.13）所示
MV	个股总市值

续表

变量名	变量说明
Salary	董事、监事、高级管理人员薪酬的自然对数
Shjg	机构投资者上年末持股数量占总股本的比例
Sh5	股权集中度，用前五大股东持股比例表示
Con	实际控制人为非国有控股取 1，否则取 0
Dual	董事长兼任总经理取 1，否则取 0
Growth	年营业收入增长率
Ind	2012 年证监会行业分类
Year	2009～2016 年

6.3.2　数据来源及模型设计

本章内部控制质量数据来源于迪博（DIB）内部控制指数，鉴于我国《企业内部控制基本规范》和《企业内部控制应用指引》分别于 2008 年和 2010 年颁布，考虑到政策的时滞效应和其他数据的可得性，本章选取 2009～2016 年的内部控制指数。

内部人交易数据来源于上海证券交易所"披露"专栏——"监管信息公开"中的"董事、监事、高级管理人员持有本公司股份变动情况"，及深圳证券交易所"信息披露"专栏——"监管信息公开"中的"董事、监事、高级管理人员及相关人员股份变动"，同时对 CSMAR 国泰安数据库中的"董事、监事、高级管理人员及相关人员持股变动情况文件"进行抽样交叉核对，考虑到小额内部人交易可能不足以对外部资本市场和融资约束带来影响，剔除交易股数小于 1000 股或交易金额小于 20000 元的内部人交易数据，由于本书界定内部人交易为公司内部人通过二级市场买卖本公司股票，因此不考虑内部人交易数据中的"分红送转""股权激励""增发新股对老股东配售"等非交易因素，仅保留上海证券交易所的"二级市场买卖"和深圳证券交易所的"大宗交易""竞价交易"相关的内部人交易数据，由于包括我国在内的很多国家都禁止上市公司董事、监事、高级管理人员的短线交易，即在短期内买入又卖出或在短期内卖出又买入，根据我国相关规定，剔除 6 个月内先买入后卖出或 6 个月内先卖出后买入的内部人交易数据，并剔除相关财务数据和控制变量为空的数据。

为计算多元回归过程所需的持有现金、经营活动现金流量、资产负债率、支付的现金股利、资产总额、公司股市市值、机构投资者持股比例、前五大股东持股比例、产权性质、两职分离、销售收入增长率和行业数据来源于国泰安 CSMAR 数据库，董事、监事、高级管理人员薪酬和股权集中度（前五大股东持股比例）数据来源于色诺芬 CCER 数据库。

为验证假设 1a，构建模型：

$$KZ = \alpha_0 + \alpha_1 Car\_buy + \alpha_2 MV + \alpha_3 Salary + \alpha_4 Shjg + \alpha_5 Sh5 + \alpha_6 Con + \alpha_7 Dual + \alpha_8 Growth + \sum Ind + \sum Year + \varepsilon \tag{6.14}$$

为验证假设 1b，构建模型：

$$KZ = \alpha_0 + \alpha_1 Puy\_buy + \alpha_2 MV + \alpha_3 Salary + \alpha_4 Shjg + \alpha_5 Sh5 + \alpha_6 Con + \alpha_7 Dual + \alpha_8 Growth + \sum Ind + \sum Year + \varepsilon \tag{6.15}$$

为验证假设 2，构建模型：

$$KZ = \alpha_0 + \alpha_1 Car\_sold/Pro\_sold + \alpha_2 MV + \alpha_3 Salary + \alpha_4 Shjg + \alpha_5 Sh5 + \alpha_6 Con + \alpha_7 Dual + \alpha_8 Growth + \sum Ind + \sum Year + \varepsilon \tag{6.16}$$

模型（6.14）和模型（6.15）中，若 α_1 为正值，表明内部人交易的买入交易加剧了样本公司面临的融资约束程度；若 α_1 为负值，表明内部人交易的买入交易降低了公司面临的融资约束程度。

模型（6.16）中，若 α_1 为正值，表明内部人交易的卖出交易加剧了样本公司面临的融资约束程度；若 α_1 为负值，表明内部人交易的卖出交易降低了公司面临的融资约束程度。

就模型（6.14）、模型（6.15）和模型（6.16）而言，内部人买入和卖出超额收益在短期和长期内导致的市场反应不同，因此其系数符号应该会有差异，但是其他控制变量的符号在两个模型中应当基本相同。MV 以公司上年末市场价值表示，代表了公司市场规模大小。一般而言，公司市值越高，意味着公司规模越大，凭借其较大的体量，能够比小规模的公司更容易获得外部投资者的青睐，因此 MV 即公司股票市值前的符号预期为负；Salary 表示董事、监事、高级管理人员的平均薪酬，一般而言，董事、监事、高级管理人员获得的薪酬越高，为了获取私利而从事内部人交易的动机应该越低，凭借其层级优势和信息获取更多的超额收益的交易行为应当越少，因此预期 Salary 前的系数符号为负；机构投资者凭借其专业知识和资金实力，能够通过持股对包括公司内部人在内的公司高管和大股东进行监督，客观上能够减少信息不对称，进而降低公司面临的额融资约束程度，既有文献也表明（张纯和吕伟，2007；甄红线和王谨乐，2015；王新红等，2018），机构投资者持股能够缓解公司面临的融资约束，因此预期机构投资者持股比例前的系数符号为负。产权性质为国有的上市公司，由于其本身具备政策优势和国有背景，比民营公司等非国有上市公司能够更容易地获得各种融资，因此国有上市公司面临的融资约束程度更低，因此 Con 前的符号预期为正，即非国有上市公司可能面临更高的融资约束程度。

为验证假设 3a 和假设 3b，构建模型：

$$KZ = \alpha_0 + \alpha_1 Dib + \alpha_2 Car(Profit) + \alpha_3 Dib \times Car(Profit) + \alpha_4 MV + \alpha_5 Salary +$$

$$\alpha_6 Shjg + \alpha_7 Sh5 + \alpha_8 Con + \alpha_9 Dual + \alpha_{10} Growth + \sum Ind + \sum Year + \varepsilon$$

$$(6.17)$$

模型（6.17）中，若 α_1 显著为负值，表明内部控制质量越高，公司面临的融资约束程度越低；进一步地，结合本书理论分析并借鉴郑志刚和吕秀华（2009）、姜付秀和黄继承（2011）、陈建林（2015）的观点，若 α_2 显著为正值，同时 α_3 显著为正值，说明内部控制质量和内部人交易超额收益在影响融资约束的过程中发挥了替代作用；若 α_2 显著为正值同时 α_3 显著为负值，说明内部控制质量在内部人交易超额收益影响融资约束的过程中发挥了调节作用。其他控制变量对融资约束的影响有待进一步检验。

6.4　实证结果与分析

6.4.1　主要变量的描述性统计

（1）短时间窗口主要变量的描述性统计。表 6.3 列示了相关变量描述性统计结果。可以看出，就短时间窗口样本而言，代表融资约束程度的 KZ 指标均值为 -0.862，且最小值为 -13.98，最大值为 7.849，说明不同公司融资约束程度存在较大差异。为更清晰地对内部控制质量进行描述性统计，将迪博内部控制指数按照原始数据 Dib_orig 进行描述，可以发现样本中的迪博内部控制指数均值为 673.9，按照迪博内部控制指数 0~1000 的得分区间，样本中内部控制质量在"及格线"以上，但是整体而言仍然处于不高的质量水平。按照 20 日累积超额收益划分内部人买入样本和内部人卖出样本，可以发现买入样本共有 7779 个，均值为 0.036，卖出样本共有 20959 个，均值为 0.114，结合买入和卖出样本短期超额收益的中位数，内部人买入交易的短期超额收益普遍低于卖出交易的超额收益，但买入样本和卖出样本的短期超额收益最小值和最大值差异巨大，表明个别公司内部人通过内部人交易获取了巨大收益，但也有公司内部人蒙受了巨大损失。从公司产权性质看，实际控制人为非国有的占到了所有样本的 53.1%，表明越来越多的上市公司已经不再是单纯的国有上市公司。机构投资者的持股比例均值为 0.066，中位数为 0.05，表明机构投资者在我国上市公司中的持股比例仍然不高。前五大股东持股比例均值达到 52.1%，表明我国上市公司股权集中度较高。销售收入增长率均值为 27.3%，说明我国上市公司就销售情况而言，增长情况较为理想。

表 6.3　短时间窗口相关变量的描述性统计结果

变量名	观察值	均值	标准差	中位数	最小值	最大值
KZ	28738	-0.862	2.914	-0.544	-13.980	7.849
Dib_orig	28738	673.900	72.760	681.700	40.040	979
Dib	28738	6.506	0.122	6.525	3.690	6.886
Car_buy	7779	0.036	0.401	0.0233	-2.060	2.592
Car_sold	20959	0.114	0.433	0.0868	-2.186	2.907
MV	28738	15.460	0.912	15.350	12.830	19.200
Con	28738	0.531	0.625	1	0	1
Salary	28738	15.230	0.743	15.180	6.222	18.220
Shjg	28738	0.066	0.065	0.050	0	0.875
Sh5	28738	0.521	0.139	0.528	0.109	0.951
Dual	28738	0.297	0.411	0	0	1
Growth	28738	0.273	3.769	0.149	-0.902	3.630

（2）长时间窗口主要变量的描述性统计。表6.4列示了相关变量描述性统计结果。可以看出，就长时间窗口样本而言，代表融资约束程度的 KZ 指标均值为-0.888，中位数为-0.565，均值和中位数均略低于短时间窗口。长时间窗口样本中的迪博内部控制质量均值为675.6，略高于短时间窗口样本。按照130日累积超额收益划分内部人买入样本和内部人卖出样本，买入样本共有7426个，均值为0.101，卖出样本共有19439个，均值为0.156，从均值来看，长时间窗口的内部人买入和卖出超额收益均大于短时间窗口样本。其他变量的描述性统计结果与短时间窗口分析结果类似，此处不再赘述。

表 6.4　长时间窗口相关变量的描述性统计结果

变量名	观察值	均值	标准差	中位数	最小值	最大值
KZ	26865	-0.888	2.943	-0.565	-13.980	7.849
Dib_orig	26865	675.600	72.940	683.400	40.040	979
Dib	26865	6.509	0.122	6.527	3.690	6.886
Profit_buy	7426	0.101	0.424	0.012	-0.594	2.869
Profit_sold	19439	0.156	1.888	0.071	-7.168	11.790
MV	26865	15.410	0.905	15.300	12.830	19.200
Salary	26865	15.230	0.750	15.170	6.222	18.220
Shjg	26865	0.0668	0.0652	0.051	0	0.875
Sh5	26865	0.523	0.139	0.530	0.117	0.951
Con	26865	0.827	0.621	1	0	1
Dual	26865	0.332	0.471	0	0	1
Growth	26865	0.275	3.896	0.150	-0.902	3.630

（3）短时间窗口买入、卖出样本均值 T 检验。表6.5以内部人买入、卖出为划分标准，列示了短时间窗口主要变量的 T 检验分析结果。可以看出，短时间窗口买入样本的融资约束均值高于卖出样本的融资约束程度，而买入样本的内部控制质量显著低于卖出样本的内部控制质量，买入样本的累积超额收益低于卖出样本的累积超额收益，且其差异是显著的，这为后文进一步分析内部人交易、内部控制质量对融资约束的影响程度提供了检验基础，即内部人交易卖

出样本的低融资约束可能是由于卖出样本具备更高的内部控制质量。或者说，高内部控制质量制约了卖出样本超额收益对融资约束的负面影响。此外，控制变量中买入样本的总市值、董事、监事、高级管理人员薪酬、股权集中度和销售收入增长率均值均高于卖出样本，且其差异是显著的，说明买入样本存在更高的总市值、更高的董事、监事、高级管理人员薪酬、更高的股权集中度和更高的销售增长率，此外，买入样本的非国有企业比重低于卖出样本，且其差异是显著的。以上控制变量与被解释变量、解释变量之间的关系还需要后面的相关性分析及实证检验进行进一步验证。

表 6.5　短时间窗口买入、卖出样本均值 T 检验

变量名	买入样本	均值	卖出样本	均值	T 值
KZ	7779	-0.421	20959	-1.025	15.690***
Dib	7779	6.504	20959	6.507	-2.447**
Car	7779	0.036	20959	0.114	-13.900***
MV	7779	15.71	20959	15.360	29.100***
Con	7779	0.744	20959	0.863	-24.030***
Salary	7779	15.330	20959	15.200	13.160***
Shjg	7779	0.066	20959	0.066	-0.457
Sh5	7779	0.525	20959	0.520	2.565**
Growth	7779	0.383	20959	0.232	3.012***

注：***、**、*分别表示在 1%、5%、10% 水平上显著。

（4）长时间窗口买入、卖出样本均值 T 检验。表 6.6 以内部人买入、卖出为划分标准，列示了长时间窗口主要变量的 T 检验分析结果。从表 6.6 可以看出，与短时间窗口相比，长时间窗口买入样本的融资约束均值高于卖出样本的融资约束程度，而买入样本的内部控制质量显著低于卖出样本的内部控制质量，买入样本的长期累积超额收益低于卖出样本的累积超额收益，且其差异同样显著。同理，内部人交易卖出样本的低融资约束可能是由于卖出样本具备更高的内部控制质量，或者说高内部控制质量制约了卖出样本超额收益对融资约束的负面影响。此外，控制变量中买入样本的机构投资者持股比例显著低于卖出样本的持股比例，可能说明机构投资者在长期窗口内发挥了初步作用。

控制变量中的总市值、董事、监事、高级管理人员薪酬、股权集中度和销售收入增长率均值、实际控制人性质的样本均值 T 检验结果与短时间窗口类似，不再赘述。以上控制变量与被解释变量、解释变量之间的关系还需要后面的相关性分析及实证检验进行进一步验证。

表 6.6　长时间窗口买入、卖出样本均值 T 检验

变量名	买入样本	均值	卖出样本	均值	T 值
KZ	7426	−0.437	19439	−1.060	15.570***
Dib	7426	6.505	19439	6.510	−3.300***
Profit	7426	0.101	19439	0.156	−2.480**
MV	7426	15.670	19439	15.310	30.210***
Con	7426	0.257	19439	0.142	−22.490***
Salary	7426	15.320	19439	15.190	13.110***
Shjg	7426	0.065	19439	0.067	−2.005**
Sh5	7426	0.528	19439	0.521	3.541**
Growth	7426	0.390	19439	0.232	2.969***

注：***、**、*分别表示在 1%、5%、10% 水平上显著。

6.4.2　主要变量的相关性分析

（1）短时间窗口主要变量的相关性分析。表 6.7 列示了短时间窗口内部人买入交易、内部控制质量和融资约束及其他变量间的相关性分析结果，可以看出，融资约束指数 KZ 与内部控制质量、内部人买入短期超额收益均呈显著负相关关系，初步表明内部控制质量能够缓解融资约束，内部人短时间窗口的买入交易也缓解了融资约束，与理论分析和提出的假设基本符合。此外，公司总市值、董事、监事、高级管理人员薪酬、前五大股东持股比例均与融资约束程度呈显著负相关关系，初步表明公司总市值越大，融资约束程度越轻；董事、监事、高级管理人员薪酬越高，越有动机与压力为公司减轻融资约束而付出更多的努力与精力，对于内部人交易的影响而言，持有公司股票的董事、监事、高级管理人员通过交易本公司股票而获取超额收益的动机应当有所下降，从而进一步减轻内部人交易对融资约束的影响；以前五大股东持股比例代表的股权

— 137 —

集中度越高，初步表明公司内部人交易对市场影响越小，从而降低对融资约束程度的影响。同时，实际控制人为非国有的上市公司，其融资约束程度越高，表明以民营企业为代表的非国有上市公司仍然面临融资约束难题；销售收入增长率越高，融资约束程度越高，初步表明由于销售增长需要更多的资金配合，因此有可能导致融资约束。此外，表 6.7 中各变量间的相关系数均未超过 0.4，且 VIF 检验值（方差膨胀因子）均小于 2，表明各变量间不存在严重的多重共线性，使本书具备了后续分析的稳健性基础。

表 6.7　短时间窗口买入变量相关系数

变量名	KZ	Dib	Car_buy	MV	Con	Salary	Shjg	Sh5	Growth
KZ	1.00	−0.20***	−0.07***	0.01*	0.05***	−0.00	−0.08***	−0.14***	−0.04***
Dib	−0.20***	1.00	−0.05***	0.14***	0.11***	0.17***	0.23***	0.14***	0.30***
Car_buy	−0.07***	−0.04***	1.00	0.04***	−0.02*	−0.03*	0.00	−0.02	0.01
MV	−0.03***	0.17***	0.03*	1.00	0.18***	0.39***	0.10***	0.05***	0.10***
Con	0.03***	0.11***	−0.03**	0.21***	1.00	0.20***	0.09***	−0.03***	−0.09***
Salary	−0.02***	0.14***	−0.01	0.36***	0.16***	1.00	0.10***	−0.04***	0.07***
Shjg	−0.06***	0.16***	−0.02	0.05***	0.15***	0.07***	1.00	−0.12***	0.16***
Sh5	−0.14***	0.12***	−0.00	0.08***	−0.03***	−0.01	−0.08***	1.00	0.07***
Growth	0.02***	0.02***	−0.01	−0.00	−0.01*	−0.01	0.02***	0.01*	1.00

注：左下方为 Pearson 相关系数，右上方为 Spearman 相关系数；***、**、* 分别表示在 1%、5%、10%水平上显著。

　　表 6.8 列示了短时间窗口内部人卖出交易、内部控制质量和融资约束及其他变量间的相关性分析结果，可以看出，融资约束指数 KZ 与内部控制质量 Dib 呈显著负相关关系，初步表明在内部人卖出本公司股票的情形下，内部控制质量越高，越能够显著降低融资约束程度，而短时间窗口内部人卖出股票获取的超额收益越多，越加剧了公司融资约束程度，初步表明公司内部人可能通过卖出股票向市场传递了负面信息，导致市场投资者"用脚投票"，从而远离该公司，造成公司融资约束。其他变量与融资约束之间的关系与表 6.7 的分析过程类似，在此不再赘述。同理，表 6.8 中各变量间的相关系数也都未超过 0.4，且 VIF 检验值（方差膨胀因子）均小于 2，初步说明各变量间不存在严重的多重共线性。

表 6.8 短时间窗口卖出变量相关系数

变量名	KZ	Dib	Car_sold	MV	Con	Salary	Shjg	Sh5	Growth
KZ	1.00	−0.20***	0.03***	0.01*	0.05***	−0.00	−0.08***	−0.14***	−0.04***
Dib	−0.20***	1.00	−0.06***	0.14***	0.11***	0.17***	0.23***	0.14***	0.30***
Car_sold	0.02*	−0.04***	1.00	−0.10***	−0.06***	−0.08***	−0.15***	0.13***	−0.08***
MV	−0.03***	0.17***	−0.11***	1.00	0.18***	0.39***	0.10***	0.05***	0.10***
Con	0.03***	0.11***	−0.06***	0.21***	1.00	0.20***	0.09***	−0.03***	−0.09***
Salary	−0.02***	0.14***	−0.03***	0.36***	0.16***	1.00	0.10***	−0.04***	0.07***
Shjg	−0.06***	0.16***	−0.12***	0.05***	0.15***	0.07***	1.00	−0.12***	0.16***
Sh5	−0.14***	0.12***	0.12***	0.08***	−0.03***	−0.01	−0.08***	1.00	0.07***
Growth	0.02***	0.02***	−0.05***	−0.00	−0.01*	−0.01	0.02***	0.01*	1.00

注：左下方为 Pearson 相关系数，右上方为 Spearman 相关系数；***、**、*分别表示在 1%、5%、10%水平上显著。

（2）长时间窗口主要变量的相关性分析。表 6.9 列示了长时间窗口内部人买入交易、内部控制质量和融资约束及其他变量间的相关性分析结果。可以看出，与短时间窗口类似，融资约束指数 KZ 与内部控制质量呈显著负相关关系，与内部人买入长期超额收益呈显著正相关关系，初步表明内部控制质量能够缓解融资约束，内部人长时间窗口的买入交易加重了融资约束程度，与理论分析和提出的假设基本符合。此外，公司总市值、董事、监事和高级管理层薪酬、前五大股东持股比例、机构投资者持股比例、两职兼任均与融资约束程度呈显著负相关关系；实际控制人性质、销售增长率与融资约束程度呈显著正相关关系。此外，表 6.9 中各变量间的相关系数均未超过 0.4，且 VIF 检验值（方差膨胀因子）均小于 3，表明各变量间不存在严重的多重共线性，使本书具备了后续分析的稳健性基础。

表 6.10 列示了长时间窗口内部人卖出交易、内部控制质量和融资约束及其他变量间的相关性分析结果，可以看出，与短时间窗口类似，融资约束指数 KZ 与内部控制质量呈显著负相关关系，与内部人卖出长期超额收益呈显著正相关关系，初步说明内部控制质量能够缓解融资约束，内部人长时间窗口的卖出交易加重了融资约束程度，与理论分析和提出的假设基本符合。此外，公司总市值、董事、监事和高级管理层薪酬、前五大股东持股比例、机构投资者持

表 6.9　长时间窗口买入变量相关系数

变量名	KZ	Dib	Prodfit_buy	MV	Con	Salary	Shjg	Sh5	Dual	Growth
KZ	1.00	-0.19***	0.01*	0.01	0.05***	0.00	-0.09***	-0.13***	-0.05***	-0.04***
Dib	-0.20***	1.00	-0.08***	0.17***	0.10***	0.17***	0.24***	0.13***	-0.03***	0.30***
Prodfit_buy	0.01*	-0.06***	1.00	-0.25***	-0.13***	-0.14***	-0.01	0.04***	0.07***	0.10***
MV	-0.04***	0.19***	-0.19***	1.00	0.19***	0.40***	0.12***	0.07***	-0.08***	0.10***
Con	0.03***	0.11***	-0.12***	0.22***	1.00	0.20***	0.08***	-0.03***	-0.19***	-0.09***
Salary	-0.03***	0.16***	-0.12***	0.39***	0.19***	1.00	0.11***	-0.03***	-0.14***	0.07***
Shjg	-0.07***	0.16***	-0.01	0.06***	0.15***	0.10***	1.00	-0.12***	-0.00	0.17***
Sh5	-0.14***	0.12***	0.02	0.09***	-0.03***	-0.02	-0.08***	1.00	0.02**	0.08***
Dual	-0.04***	-0.04***	0.05***	-0.08***	-0.19***	-0.12***	-0.02**	0.02**	1.00	0.05***
Growth	0.02***	0.02***	0.01	-0.00	-0.01*	-0.01	0.02***	0.01*	0.02**	1.00

注：左下方为 Pearson 相关系数，右上方为 Spearman 相关系数；***、**、*分别表示在 1%、5%、10% 水平上显著。

表 6.10 长时间窗口卖出变量相关系数

变量名	KZ	Dib	Profit_sold	MV	Con	Salary	Shjg	Sh5	Dual	Growth
KZ	1.00	-0.19***	0.07***	0.01	0.05***	0.00	-0.09***	-0.13***	-0.05***	-0.04***
Dib	-0.20***	1.00	-0.05***	0.17***	0.10***	0.17***	0.24***	0.13***	-0.03***	0.30***
Profit_sold	0.02**	-0.00	1.00	0.16***	0.04***	0.04***	-0.10***	-0.06***	-0.02**	-0.09***
MV	-0.04***	0.19***	0.10***	1.00	0.19***	0.50***	0.12***	0.07***	-0.08***	0.10***
Con	0.03***	0.11***	0.03***	0.22***	1.00	0.20***	0.08***	-0.03***	-0.19***	-0.09***
Salary	-0.03***	0.16***	0.05***	0.52***	0.19***	1.00	0.11***	-0.03***	-0.14***	0.07***
Shjg	-0.07***	0.16***	-0.03***	0.06***	0.15***	0.10***	1.00	-0.12***	-0.00	0.17***
Sh5	-0.14***	0.12***	-0.02**	0.09***	-0.03***	-0.02	-0.08***	1.00	0.02**	0.08***
Dual	-0.04***	-0.04***	-0.02**	-0.08***	-0.19***	-0.12***	-0.02**	0.02**	1.00	0.05***
Growth	0.02***	0.02***	-0.04***	-0.00	-0.01*	-0.01	0.02***	0.01	0.02**	1.00

注: 左下方为 Pearson 相关系数, 右上方为 Spearman 相关系数; ***、**、* 分别表示在 1%、5%、10%水平上显著。

股比例、两职兼任均与融资约束程度呈显著负相关关系；实际控制人性质、销售增长率与融资约束程度呈显著正相关关系。此外，表 6.10 中各变量间的相关系数均未超过 0.4，且 VIF 检验值（方差膨胀因子）均小于 3，表明各变量间不存在严重的多重共线性，使本书具备了后续分析的稳健性基础。

6.4.3　多元回归分析结果

（1）短时间窗口内部人买入交易的多元回归结果。表 6.11 列示了短时间窗口内部人买入样本各变量对融资约束程度的多元回归结果。从第（1）列、第（3）列和第（4）列均可以看出，内部控制质量 Dib 的回归系数为负，且均在 10% 水平上显著，表明高质量的内部控制能够显著降低融资约束程度，具体而言，高质量的内部控制能够提高财务报告信息披露质量和透明度，降低信息不对称程度，传递给外部投资者更加透明的信息，从而使投资者愿意以较低的成本向公司提供资金。换言之，有效的内部控制可以对外传递高质量的信息，而存在内部控制缺陷的公司则会处于高风险中，高风险必然会导致公司融资难度加大，融资成本也会随之增加，而高融资成本正是企业受到融资约束的重要表现形式。因此，内部控制质量的高低直接影响企业融资约束程度，内部控制质量的提高对于缓解融资约束能够起到积极的作用，从而缓解融资约束。高质量内部控制能够提升财务报告披露的信息含量，从而降低信息不对称程度，提升资本配置效率。

第（2）列至第（4）列列示了短时间窗口公司内部人买入交易的超额收益 Car_buy 对融资约束 KZ 的回归结果。可以看出，内部人买入交易的超额收益 Car_buy 系数为负，且均在 10% 水平上显著，说明在短时间窗口内，融资约束程度随着内部人买入交易获得超额收益的提升而得到减缓。表明虽然公司内部人通过买入本公司股票获得了较高的超额收益，但是由于内部人买入交易向市场传递了积极信号，即公司内部人看好公司未来发展前景并积极购买本公司股票以待升值，外部投资者跟风买入，这会使公司股价在短期内往往具有良好表现，由于外部投资者资金在短期内不断涌入，公司面临的融资约束程度得到了缓解。

第（3）列列示了短时间窗口同时考虑内部控制质量 Dib 和买入超额收益 Car_buy 两个变量对融资约束程度 KZ 的影响，如前两段所述，内部控制质量 Dib 和买入超额收益 Car_buy 的系数为负，且均在 10% 水平上显著，说明内部控制质量 Dib 和买入超额收益 Car_buy 均能够显著降低融资约束程度。第（4）列除了列示内部控制质量 Dib 和买入超额收益 Car_buy 之外，进一步添加了两者的交乘项，可以发现，内部控制质量 Dib 和买入超额收益 Car_buy 的交乘项 Dib×Carbuy 系数为正，且在10%水平上显著，说明内部控制质量 Dib 和买入超额收益 Car_buy 在负向影响融资约束程度时，相互之间存在显著的替代关系，这与郑志刚和吕秀华（2009）、姜付秀和黄继承（2011）、陈建林（2015）分析解释变量之间替代关系的思路相似。从本书来看，内部控制质量 Dib 和买入超额收益 Car_buy 存在替代关系存在的原因可能体现在以下方面：公司内部控制质量和短期买入超额收益，都是基于信息传递发挥作用，外部投资者都是基于自身对公司财务报告信息和公司前景对公司投资，无论是高质量的内部控制，还是内部人买入股票并获得短期超额收益，都会使公司外部投资者对公司持正面态度，因此，无论存在高质量的内部控制，还是内部人短期买入并获得超额收益，对外部投资者而言差别不大。相反，当高质量内部控制和内部人买入股票并获得短期超额收益并存时，很可能会由于内部控制通过公司内部制度规范对内部人买入股票的约束机制，以及由于内部控制制度本身很大程度上由包括公司内部人在内的董事、监事、高级管理人员制定和实施，公司内部人虽然基于对未来公司的积极判断而买入股票，反过来却会对内部控制制度的制定和执行带来影响。综上而言，短时间窗口内，公司内部控制质量和内部人买入超额收益存在替代关系。

表 6.11　短时间窗口内部人买入交易、内部控制质量与融资约束回归结果

变量名	(1) KZ	(2) KZ	(3) KZ	(4) KZ
Dib	-1.264*** (-5.62)		-1.274*** (-5.68)	-1.312*** (-5.84)
Car_buy		-0.466*** (-6.24)	-0.469*** (-6.30)	-15.871*** (-4.32)
Dib×Carbuy				2.370*** (4.20)
MV	-0.302*** (-6.86)	-0.331*** (-7.63)	-0.289*** (-6.57)	-0.291*** (-6.62)

续表

变量名	（1） KZ	（2） KZ	（3） KZ	（4） KZ
Salary	−0.000 *** （−4.95）	−0.000 *** （−5.42）	−0.000 *** （−5.12）	−0.000 *** （−5.14）
Shjg	−0.787 * （−1.91）	−1.007 ** （−2.45）	−0.792 * （−1.92）	−0.792 * （−1.92）
Sh5	−0.025 *** （−12.09）	−0.026 *** （−12.61）	−0.025 *** （−12.17）	−0.025 *** （−12.05）
Con	0.426 *** （5.42）	0.413 *** （5.26）	0.423 *** （5.39）	0.414 *** （5.29）
Dual	−0.313 *** （−4.70）	−0.290 *** （−4.36）	−0.301 *** （−4.53）	−0.300 *** （−4.53）
Growth	0.010 ** （2.53）	0.010 ** （2.36）	0.010 ** （2.47）	0.010 ** （2.47）
Ind	控制	控制	控制	控制
Year	控制	控制	控制	控制
_cons	13.117 *** （8.76）	5.451 *** （8.05）	13.008 *** （8.71）	13.269 *** （8.89）
N	7779	7779	7779	7779
r2_a	0.218	0.219	0.222	0.224
F	37.176	37.335	37.399	37.159

注：括号内为 T 值，*、**、***分别表示在 1%、5%、10%水平上显著。

进一步观察其他控制变量对融资约束 KZ 的回归结果，第（1）列至第（4）列股票市值 MV 的回归系数均为负数，且均在 10%水平上显著，表明公司股票市值越大，越能够凭借其规模优势从外部获得所需资金，融资约束程度相对越低；公司内部人薪酬 Salary 回归系数为负，且均在 10%水平上显著，表明公司内部人所获薪酬越高，越能够在激励机制作用下发挥主观能动性，一定程度上反映了公司实力，并向市场传递公司具有良好前景的信息，从而增强外部投资者的投资信息，促使其做出更积极的信贷决策，这与张涛和郭潇（2018）、李艳虹和刘栩（2015）的研究结论一致；机构投资者持股比例 Shjg 回归系数为负，且在 5% 或 1% 水平上显著，表明机构投资者持股比例越高，越能够凭借其较高的专业水平，对公司生产经营和治理水平进行积极参与和监督，同时，机构投资者持股比例越高，同样向市场传递了机构投资者看好公司未来发展的积极信号，从而影响外部投资者的信贷决策，缓解公司面临的融资约束，这与甄红线和王谨乐（2015）的研究结论基本一致；前五大股东持股比例 Sh5 的回归系数为负，且均在 10% 水平上显著，表明公司股权集中度越高，公司面临的融资约束程度越低，可能的原因是股权集中度越高，基于大股东与公司利益的一致，能够通过对公司的控制，从而部分解决委托代理问题，维护公司的稳定和持续经营（Shleifer & Vishny，1997），也使外部投资者做出更积极的信贷决策，从而缓解公司面临的融资约束；公司实际控制人性质 Con 系数为正，且均在 10% 水平上显著，表明公司实际控制人为非国有时，公司面临较为严重的融资约束；董事长和总经理两职分离 Dual 系数为负，且均在 10% 水平上显著，表明董事长和总经理两职分离，能够更有效地行使各自的职权，使公司更加高效地运转，降低信息不对称程度，从而缓解公司面临的融资约束；销售收入增长率 Growth 的回归系数为正，且均在 5% 水平上显著，表明公司销售增长越快，越需要内外部资金的支持，在内部资金积累有限的情况下，公司将更加依赖外部资金，由此加重公司面临的融资约束。

（2）短时间窗口内部人卖出交易的多元回归结果。表 6.12 列示了短时间窗口内部人卖出样本各变量对融资约束程度的多元回归结果。第（1）列、第（3）列和第（4）列中内部控制质量 Dib 回归系数为负，且均在 10% 水平上显著，作用原理与短时间窗口内部人买入交易的分析过程一致，此处不再赘述；第（2）列至第（4）列中，短时间窗口内部人卖出获得的超额收益 Car_ sold 回归系数均为正，且均在 10% 水平上显著，表明短时间窗口内，内部人借助信息不对称的信息优势方地位，在自己认为恰当的时机卖出持有的本公司股票，卖出行为通过向市场公开交易信息传递到市场和外部投资者，虽然对于公司内部人而言，卖出本公司股票可能是出于对公司前景的消极判断，也有可能是出于调整自身资产组合，或者实现前期股票期权等原因，但外部投资者会依据内部人卖出的信息做出自己的判断，整体而言，外部投资者会由于公司内部人的卖出行为而对公司持消极态度，进而跟风做出卖出股票决策，由此导致短期内资金撤离公司，这种跟风卖出行为会使公司股价下跌，进一步引发其他投资者

内部人交易**与**资本配置效率关系研究

的卖出行为，这种股票下跌是否会引发股价崩盘不属于本书研究范围，但股价下跌必将给公司股票流动性带来威胁，降低公司外部融资能力，由此使公司面临较为严重的融资约束。

表6.12　短时间窗口内部人卖出交易、内部控制质量与融资约束回归结果

变量名	（1）KZ	（2）KZ	（3）KZ	（4）KZ
Dib	-4.269*** (-24.65)		-4.241*** (-24.48)	-4.400*** (-24.57)
Car_sold		0.212*** (5.05)	0.172*** (4.15)	8.544*** (3.57)
Dib×Carsold				-1.288*** (-3.50)
MV	-0.133*** (-4.97)	-0.234*** (-8.69)	-0.121*** (-4.47)	-0.122*** (-4.51)
Salary	-0.000*** (-3.11)	-0.000*** (-4.80)	-0.000*** (-3.27)	-0.000*** (-3.10)
Shjg	-0.635** (-2.08)	-1.261*** (-4.07)	-0.526* (-1.71)	-0.542* (-1.77)
Sh5	-0.032*** (-23.31)	-0.036*** (-25.68)	-0.033*** (-23.64)	-0.032*** (-23.41)
Con	0.055 (1.00)	0.075 (1.35)	0.044 (0.80)	0.055 (1.00)
Dual	-0.086** (-2.28)	-0.065* (-1.72)	-0.079** (-2.11)	-0.072* (-1.91)
Growth	0.453*** (14.53)	0.377*** (12.00)	0.459*** (14.72)	0.462*** (14.79)
Ind	控制	控制	控制	控制
Year	控制	控制	控制	控制

续表

变量名	（1） KZ	（2） KZ	（3） KZ	（4） KZ
_cons	29.977*** （26.36）	3.645*** （8.66）	29.628*** （26.00）	30.660*** （26.05）
N	20959	20959	20959	20959
r2_a	0.227	0.239	0.241	0.234
F	37.372	36.955	37.129	37.273

注：括号内为 T 值，＊、＊＊、＊＊＊分别表示在 1%、5%、10%水平上显著。

第（4）列在考虑内部控制质量 Dib 和内部人卖出超额收益 Car_sold 的基础上，进一步添加了两者的交乘项，实证检验内部控制质量在卖出超额收益 Car_sold 正向影响融资约束程度 KZ 的过程中是否发挥了调节作用，可以发现，内部控制质量 Dib 和内部人卖出超额收益 Car_sold 的交乘项 Dib×Carsold 系数为-1.288，且在 10%水平上显著，表明高质量的内部控制通过降低信息不对称程度和委托代理成本，提高财务报告信息披露的质量和透明度，提升对生产经营活动的把控程度，加强对管理层的制约与监督，有效降低内外部风险，从而能够缓解内部人交易对融资约束的负面影响。其他控制变量的实证检验结果除实际控制人性质系数不显著，其他与内部人买入交易类似，此处不再赘述。

（3）长时间窗口内部人买入交易的多元回归结果。表 6.13 列示了长时间窗口内部人买入样本各变量对融资约束程度的多元回归结果。第（1）列、第（3）列和第（4）列中内部控制质量 Dib 回归系数为负，且均在 10%水平上显著，作用原理与短时间窗口的分析过程一致，此处不再赘述；第（2）至第（4）列中，长时间窗口内部人买入获得的超额收益 Profit_buy 回归系数均为正，且均在 10%水平上显著，表明长时间窗口内，公司内部人希望经过事先安排，借助自身信息不对称的优势地位，最终在长期内通过买入交易实现其超额收益；与短时间窗口相比，长时间窗口内的公司内部人比外部投资者掌握了更多更具体的信息，如公司内部人在公司制定的各种战略规划及实施细节上，要比外部投资者明显居于更高的层次，公司内部人与外部投资者由于对公司前景的认可、公司战略的稳定性等信息不对称因素，加剧了外部投资者对其信息劣势的担忧，从而向下修正其对公司前景的预期，导致股票流动性下降，公司从资本市场筹集资金的难度上升，从而使公司面临的融资约束加重。

第（4）列在考虑内部控制质量 Dib 和内部人买入超额收益 Profit_buy 的基础上，进一步添加了两者的交乘项，实证检验内部控制质量在买入超额收益 Profit_buy 正向影响融资约束程度 KZ 的过程中是否发挥了调节作用，可以发现，内部控制质量 Dib 和内部人买入超额收益 Profit_buy 的交乘项 Dib×Profitbuy 系数为−0.040，且在 1% 水平上显著，表明在长时间窗口内，尽管公司内部人通过其信息优势，买入本公司股票并获得超额收益，给融资约束带来了消极影响，即加重了融资约束程度，但是公司高质量的内部控制通过降低信息不对称程度和委托代理成本，提高财务报告信息披露的质量和透明度，对融资约束的缓解作用大于了内部人买入超额收益对融资约束的加重作用，从而使得公司高质量内部控制在内部人买入交易超额收益正向影响融资约束的过程中，起到了负向调节作用，抑制了内部人交易超额收益给融资约束带来的消极影响。

表 6.13　长时间窗口内部人买入交易、内部控制质量与融资约束回归结果

变量名	(1) KZ	(2) KZ	(3) KZ	(4) KZ
Dib	−1.103*** (−4.81)		−1.091*** (−4.75)	−1.077*** (−4.70)
Profit_buy		0.054*** (2.85)	0.052*** (2.77)	0.292*** (5.57)
Dib×Profitbuy				−0.040*** (−4.90)
MV	−0.322*** (−7.10)	−0.349*** (−7.78)	−0.313*** (−6.89)	−0.323*** (−7.10)
Salary	−0.182*** (−3.62)	−0.197*** (−3.92)	−0.183*** (−3.63)	−0.184*** (−3.67)
Shjg	−0.836** (−1.96)	−1.035** (−2.44)	−0.850** (−2.00)	−0.853** (−2.01)

续表

变量名	（1） KZ	（2） KZ	（3） KZ	（4） KZ
Sh5	−0.024*** （−11.41）	−0.025*** （−11.86）	−0.024*** （−11.47）	−0.024*** （−11.37）
Con	0.469*** （5.78）	0.470*** （5.78）	0.475*** （5.85）	0.475*** （5.86）
Dual	−0.300*** （−4.34）	−0.289*** （−4.18）	−0.298*** （−4.31）	−0.298*** （−4.32）
Growth	0.010** （2.44）	0.010** （2.33）	0.010** （2.43）	0.010** （2.44）
Ind	控制	控制	控制	控制
Year	控制	控制	控制	控制
_cons	14.909*** （9.77）	8.428*** （10.90）	14.691*** （9.62）	14.755*** （9.68）
N	7426	7426	7426	7426
r2_a	0.225	0.223	0.225	0.228
F	36.860	36.538	36.415	36.327

注：括号内为 T 值，*、**、***分别表示在 1%、5%、10%水平上显著。

（4）长时间窗口内部人卖出交易的多元回归结果。表 6.14 列示了长时间窗口内部人卖出样本各变量对融资约束程度的多元回归结果。第（1）列、第（3）列和第（4）列中内部控制质量 Dib 回归系数为负，且均在 10%水平上显著，作用原理与短时间窗口内部人卖出交易的分析过程一致，此处不再赘述；第（2）列至第（4）列中，长时间窗口内部人卖出获得的超额收益 Profit_sold 回归系数均为正，且分别在 1%、5%和 10%水平上显著，表明长时间窗口内，内部人借助信息不对称的信息优势，获得了超额收益，且这种由于卖出行为带来的长期超额收益影响了外部投资者对公司的态度，即外部投资者会由于公司内部人的早期卖出行为而对公司抱持续消极态度，最终采取"用脚投票"的方式远离公司，使公司面临较为严重的融资约束。

表 6.14　长时间窗口内部人卖出交易、内部控制质量与融资约束回归结果

变量名	(1) KZ	(2) KZ	(3) KZ	(4) KZ
Dib	−4.205*** (−22.81)		−4.208*** (−22.83)	−4.165*** (−22.68)
Profit_sold		0.008* (1.91)	0.009** (2.11)	0.273*** (12.52)
Dib×Profitsold				−0.041*** (−12.34)
MV	−0.106*** (−3.70)	−0.220*** (−7.72)	−0.103*** (−3.60)	−0.112*** (−3.92)
Salary	−0.167*** (−5.43)	−0.218*** (−7.02)	−0.166*** (−5.40)	−0.160*** (−5.23)
Shjg	−0.584* (−1.86)	−1.362*** (−4.31)	−0.601* (−1.92)	−0.580* (−1.86)
Sh5	−0.032*** (−22.27)	−0.035*** (−24.08)	−0.032*** (−22.31)	−0.031*** (−22.08)
Con	0.038 (0.67)	0.065 (1.14)	0.037 (0.65)	0.040 (0.72)
Dual	−0.097** (−2.47)	−0.093** (−2.33)	−0.098** (−2.48)	−0.099** (−2.52)
Growth	0.447*** (14.06)	0.368*** (11.49)	0.445*** (13.99)	0.452*** (14.25)
Ind	控制	控制	控制	控制
Year	控制	控制	控制	控制
_cons	13.739*** (26.58)	9.431*** (13.98)	12.452*** (26.56)	13.157*** (26.42)
N	19439	19439	19439	19439
r2_a	0.286	0.267	0.286	0.291
F	132.715	120.742	130.601	131.959

注：括号内为 T 值，*、**、***分别表示在 1%、5%、10%水平上显著。

第（4）列在考虑内部控制质量 Dib 和内部人卖出超额收益 Profit_sold 的基础上，进一步添加了两者的交乘项，实证检验内部控制质量在卖出超额收益 Profit_sold 正向影响融资约束程度 KZ 的过程中是否发挥了调节作用。可以发现，长时间窗口内，内部控制质量 Dib 和内部人卖出超额收益 Profit_sold 的交乘项 Dib×Profitsold 系数为-0.041，且在 10%水平上显著，表明与短时间窗口类似，高质量的内部控制通过降低信息不对称程度和委托代理成本，很可能有效约束了公司内部人的卖出行为，并通过提高财务报告信息披露的质量和透明度，缓解了内部人交易对融资约束的负面影响。其他控制变量的实证检验结果除实际控制人性质系数不显著，其他与内部人长期窗口买入交易类似，此处不再赘述。

6.5　稳健性检验

为了使本章研究结论更加稳健，本书进行了如下工作：

（1）在借助 KZ 指数衡量融资约束程度的基础上，考虑到 KZ 指数的构成变量之间可能存在内生性问题，而 Hadlock 和 Pierce（2010）构建的 SA 指数由企业规模和上市年限这两个外生变量组成，一定程度上解决了 KZ 指标的内生性问题，能够从长期体现融资约束的特征。因此，本书借助 SA 指数替代 KZ 指数作为被解释变量进行稳健性检验。

（2）将主要解释变量和控制变量滞后一期，以期进一步降低内生性对研究结果的不利影响。

（3）替换部分控制变量，如将股票市值替换为资产总额 Size，将前五大股东持股比例替换为前十大股东持股比例 Sh10，将销售收入增长率替换为可持续增长率 Sgr。

具体而言，SA 指数的构成如下：

$$SA = -0.737 \times Size + 0.043 \times Size^2 - 0.04 \times Age \tag{6.18}$$

式（6.18）中，Age 代表公司上市年限。根据上述模型得出的 SA 取绝对值，代表公司面临的融资约束程度，取绝对值后的 SA 值越高，代表公司融资约束程度越高；反之越低。

表 6.15 和表 6.16 分别列示了以 SA 指数衡量融资约束时短时间窗口买入

和卖出样本的样本回归结果，可以看出，在表 6.15 中，短时间窗口内，内部控制质量和买入样本超额收益均与以 SA 指数衡量的融资约束程度呈显著负相关，且第（4）列添加内部控制质量和买入样本超额收益交乘项后，交乘项 Dib×Carbuy 的系数为正，且在 10%水平上显著，说明以 SA 指数衡量融资约束程度时，内部控制质量和买入样本超额收益仍然呈现了替代效应。在表 6.16 中，内部控制质量均与 SA 指数在 10%水平上呈显著负相关关系，短时间窗口内部人卖出超额收益与 SA 指数在 10%水平上呈显著正相关关系，且第（4）列中内部控制质量与内部人卖出超额收益的交乘项系数 Dib×Carsold 为负，且在 5%水平上显著，说明内部控制质量仍然显著缓解了融资约束程度，而内部人卖出超额收益则加重了融资约束程度，通过内部控制质量的发挥，则能够抑制内部人卖出超额收益对融资约束程度的消极作用。

表 6.15 短时间窗口买入样本的 OLS 回归结果——以 SA 指数衡量融资约束

变量名	（1）SA	（2）SA	（3）SA	（4）SA
Dib	−0.082*** (−4.87)		−0.083*** (−4.91)	−0.086*** (−5.08)
Car_buy		−0.018*** (−3.26)	−0.019*** (−3.31)	−0.019*** (−3.46)
Dib×Carbuy				0.138*** (3.25)
MV	−0.007** (−2.02)	−0.004 (−1.33)	−0.007** (−2.15)	−0.007** (−2.11)
Salary	−0.000*** (−7.30)	−0.000*** (−7.69)	−0.000*** (−7.43)	−0.000*** (−7.45)
Shjg	−0.411*** (−13.29)	−0.397*** (−12.88)	−0.410*** (−13.29)	−0.411*** (−13.31)
Sh5	−0.463*** (−29.79)	−0.469*** (−30.24)	−0.463*** (−29.82)	−0.464*** (−29.86)

续表

变量名	（1）SA	（2）SA	（3）SA	（4）SA
Con	0.179 ***	0.178 ***	0.179 ***	0.179 ***
	（30.35）	（30.14）	（30.28）	（30.34）
Dual	−0.032 ***	−0.031 ***	−0.032 ***	−0.032 ***
	（−6.39）	（−6.22）	（−6.36）	（−6.40）
Growth	0.002 ***	0.002 ***	0.002 ***	0.002 ***
	（5.59）	（5.46）	（5.56）	（5.56）
Ind	控制	控制	控制	控制
Year	控制	控制	控制	控制
_cons	4.103 ***	3.610 ***	4.101 ***	4.123 ***
	（36.54）	（71.01）	（36.55）	（36.70）
N	7780	7780	7780	7780
r2_a	0.443	0.442	0.444	0.444
F	104.094	103.700	102.700	101.339

注：括号内为 T 值，＊、＊＊、＊＊＊分别表示在 1%、5%、10%水平上显著。

表 6.16　短时间窗口卖出样本的 OLS 回归结果——以 SA 指数衡量融资约束

变量名	（1）SA	（2）SA	（3）SA	（4）SA
Dib	−0.063 ***		−0.060 ***	−0.061 ***
	（−6.02）		（−5.79）	（−5.81）
Car_sold		0.015 ***	0.014 ***	0.016 ***
		（5.97）	（5.74）	（6.38）
Dib×Carsold				−0.045 **
				（−2.01）
MV	−0.053 ***	−0.053 ***	−0.054 ***	−0.054 ***
	（−33.07）	（−33.00）	（−33.53）	（−33.60）

续表

变量名	（1） SA	（2） SA	（3） SA	（4） SA
Salary	−0.000 *** （−3.57）	−0.000 *** （−2.97）	−0.000 *** （−3.34）	−0.000 *** （−3.41）
Shjg	−0.283 *** （−15.42）	−0.282 *** （−15.37）	−0.292 *** （−15.88）	−0.293 *** （−15.90）
Sh5	−0.423 *** （−51.26）	−0.433 *** （−52.35）	−0.428 *** （−51.62）	−0.428 *** （−51.53）
Con	0.099 *** （30.16）	0.099 *** （30.27）	0.100 *** （30.42）	0.100 *** （30.31）
Dual	−0.029 *** （−12.66）	−0.028 *** （−12.34）	−0.028 *** （−12.43）	−0.028 *** （−12.28）
Growth	0.006 *** （3.46）	0.006 *** （3.14）	0.007 *** （3.75）	0.007 *** （3.83）
Ind	控制	控制	控制	控制
Year	控制	控制	控制	控制
_cons	3.072 *** （44.90）	2.673 *** （107.00）	3.043 *** （44.38）	2.647 *** （104.67）
N	20959	20959	20959	20959
r2_a	0.412	0.431	0.424	0.435
F	94.78	101.75	103.72	101.72

注：括号内为 T 值，* 、* * 、* * * 分别表示在 1%、5%、10%水平上显著。

表 6.17 和表 6.18 分别列示了以 SA 指数衡量融资约束时长时间窗口买入和卖出样本的样本回归结果。可以看出，在表 6.17 中，长时间窗口内，内部控制质量系数为负，且在 10%水平上显著，买入样本超额收益与以 SA 指数衡量的融资约束程度呈显著正相关关系，第（4）列添加内部控制质量和买入样本超额收益交乘项后，交乘项 Dib×Profitbuy 的系数为负，且在 5%水平上显著。在表 6.18 中，内部控制质量均与 SA 指数在 10%水平上呈显著负相关关系，内

部人卖出超额收益与 SA 指数在 10% 水平上呈显著正相关关系，第（4）列中内部控制质量与内部人卖出超额收益的交乘项 Dib×Profitsold 系数为负，且在 10% 水平上显著。结合表 6.16，说明内部控制质量仍然显著缓解了融资约束程度，而内部人买入和卖出超额收益则加重了融资约束程度，通过内部控制质量的发挥，能够抑制内部人买入和卖出超额收益对融资约束程度的消极作用。其他控制变量对融资约束程度的回归结果与 KZ 衡量融资约束时类似，此处不再赘述。

表 6.17 长时间窗口买入样本的 OLS 回归结果——以 SA 指数衡量融资约束

变量名	（1） SA	（2） SA	（3） SA	（4） SA
Dib	−0.091 *** （−5.33）		−0.092 *** （−5.36）	−0.088 *** （−5.07）
Profit_buy		0.002 * （1.64）	0.002 * （1.73）	0.092 ** （2.04）
Dib×Profitbuy				−0.015 ** （−2.10）
MV	−0.006 * （−1.87）	−0.010 *** （−2.93）	−0.007 ** （−2.00）	−0.007 ** （−2.06）
Salary	0.005 （1.33）	0.004 （1.01）	0.005 （1.33）	0.005 （1.26）
Shjg	−0.408 *** （−12.82）	−0.393 *** （−12.38）	−0.409 *** （−12.84）	−0.409 *** （−12.87）
Sh5	−0.005 *** （−28.33）	−0.005 *** （−28.74）	−0.005 *** （−28.28）	−0.004 *** （−28.23）
Con	0.178 *** （29.35）	0.177 *** （29.19）	0.178 *** （29.31）	0.178 *** （29.31）
Dual	−0.029 *** （−5.52）	−0.028 *** （−5.40）	−0.029 *** （−5.54）	−0.028 *** （−5.48）
Growth	0.002 *** （5.64）	0.002 *** （5.53）	0.002 *** （5.65）	0.002 *** （5.65）

续表

变量名	(1) SA	(2) SA	(3) SA	(4) SA
Ind	控制	控制	控制	控制
Year	控制	控制	控制	控制
_cons	4.253*** (37.32)	3.736*** (64.61)	4.264*** (37.36)	4.239*** (36.94)
N	7427	7427	7427	7427
r2_a	0.446	0.444	0.447	0.447
F	100.803	100.024	99.227	97.743

注：括号内为 T 值，＊、＊＊、＊＊＊分别表示在 1%、5%、10%水平上显著。

表 6.18　长时间窗口卖出样本的 OLS 回归结果——以 SA 指数衡量融资约束

变量名	(1) SA	(2) SA	(3) SA	(4) SA
Dib	-0.040*** (-3.69)		-0.040*** (-3.71)	-0.040*** (-3.69)
Profit_sold		0.001*** (2.64)	0.001*** (2.68)	0.005*** (6.32)
Dib×Profitsold				-0.001*** (-5.75)
MV	-0.045*** (-26.65)	-0.044*** (-26.49)	-0.045*** (-26.74)	-0.045*** (-26.50)
Salary	-0.020*** (-10.88)	-0.019*** (-10.67)	-0.020*** (-10.92)	-0.020*** (-10.99)
Shjg	-0.253*** (-13.67)	-0.244*** (-13.28)	-0.252*** (-13.60)	-0.253*** (-13.68)
Sh5	-0.004*** (-49.67)	-0.004*** (-50.22)	-0.004*** (-49.72)	-0.004*** (-49.60)

续表

变量名	（1）SA	（2）SA	（3）SA	（4）SA
Con	0.096 *** (28.98)	0.096 *** (28.92)	0.097 *** (29.00)	0.097 *** (29.02)
Dual	−0.031 *** (−13.33)	−0.031 *** (−13.29)	−0.031 *** (−13.31)	−0.031 *** (−13.14)
Growth	0.006 *** (3.43)	0.006 *** (2.95)	0.006 *** (3.33)	0.006 *** (3.34)
Ind	控制	控制	控制	控制
Year	控制	控制	控制	控制
_cons	2.758 *** (39.29)	2.517 *** (91.23)	2.757 *** (39.28)	2.758 *** (39.33)
N	19439	19439	19439	19439
r2_a	0.407	0.407	0.408	0.409
F	227.467	227.277	223.867	221.104

注：括号内为 T 值，* 、** 、*** 分别表示在 1%、5%、10% 水平上显著。

6.6　本章小结

　　理论分析层面，本章主要得出以下结论。本章重点从内部人买卖方向和长短时间窗口分别讨论了内部人交易超额收益对融资约束的影响。①从内部人买入角度分析，在短时间窗口内，基于外部投资者的跟随效益，内部人买入交易向市场传递了积极信号，即公司内部人看好公司未来发展前景并积极购买本公司股票以待升值，此时外部投资者跟风买入，这会使公司股价在短期内具有良好表现，由于外部投资者资金在短期内不断涌入，公司面临的融资约束程度得到了缓解。而从长时间窗口研究，由于公司内部人比外部投资者掌握了更多的优势信息这一根本原因，公司内部人会由于对公司前景的认可、公司战略的相对稳定性等优势信息而买入股票，基于战略持股目的或国家禁止短线交易等因素，公司内部人买入股票后倾向于中长期持有股票，直至其认为合适的时机再行卖出，这种长时间窗口的信息不对称进一步加剧了外部投资者对其信息劣势的担忧，从而向下修正其对公司前景的预期，导致股票流动性下降，公司从资本市场筹集资金的难度上升，这种长时间窗口的内部人买入导致了更加严重的融资约束。②从内部人卖出角度分析，无论是短时间窗口还是长时间窗口，公司内部人卖出股票的信息披露一般都会给外部投资者造成消极影响。在短时间窗口内，外部投资者将公司内部人卖出本公司股票的行为判断为公司内部人对公司前景的悲观预期，于是外部投资者跟风卖出，导致公司股价下跌，股票流动性下降，短期内导致公司面临较高的融资约束；长时间窗口内，公司内部人基于其信息优势，在其认为合适的时机卖出股票，获得超额收益，随后获取的超额收益不断下降，直到未来某一时点再次买入。另外，外部投资者并没有获得超额收益，由于公司股价的萎靡而持续悲观，并不断向下修正对公司生产经营和投资项目的盈利预期，同时认识到公司内部人利用了其信息优势获得超额收益，结合对公司预期的下降，这种超额收益越高，最终导致外部投资者越选择"用脚投票"的方式逐步远离公司，从而导致了公司面临的融资约束加剧。

实证检验方面，本章借助迪博（DIB）内部控制指数，根据 2009~2016 年中国非金融上市公司数据，以内部人交易超额收益、内部控制质量为解释变量，以 KZ 指数作为融资约束的替代变量，对它们之间的关系进行了实证检验。检验结果表明，内部控制质量能够抑制融资约束，而内部人交易超额收益对融资约束的影响则需要根据买入和卖出方向的不同得出不同的结论：①从买入角度而言，短时间窗口内部人获取的超额收益缓解了融资约束，并且内部控制质量和短时间窗口内部人买入超额收益在影响融资约束过程中发挥了替代效应；长时间窗口内部人买入获取的超额收益提升了融资约束程度，与内部控制质量两者的交乘项系数为负，且在 1% 水平显著，表明内部控制质量发挥了调节作用，降低了长期内部人买入行为对融资约束的影响。②从卖出角度而言，短时间窗口和长时间窗口的内部人卖出超额收益均显著正向影响了融资约束程度，且与内部控制质量交乘项系数均为负且显著，表明内部控制质量同样发挥了调节作用。

第7章 内部人交易、内部控制质量与投资效率

7.1 引 言

我国当前正处于供给侧结构性改革和新旧动能转换的关键时期，由政府债务、金融信贷和房地产投机导致的个人债务三者叠加形成的高杠杆，已经威胁到中国经济的健康运行发展，依赖过去快速扩张的投资模式已不再可行；从上市公司到普通企业，由于市场机制并不完善，由此导致的信息不对称以及公司企业内部存在的委托代理关系，使投资决策的做出普遍受到干扰。这些都引发了普遍存在的非效率投资现状，进而损害了资本配置效率和公司价值最大化目标的实现。

我国 2008 年《企业内部控制基本规范》和 2010 年《企业内部控制配套指引》的颁布施行，标志着我国内部控制体系在制度层面获得了保证。尽管实施时间尚短，但内部控制质量对投资效率的影响已经被广泛研究和讨论，既有文献普遍认为内部控制质量能够缓解投资不足和抑制投资过度，提升投资效率。

由于内部人交易在我国乃至全球资本市场普遍存在，世界各国的证券监管机构也普遍对内部人交易进行了严格限制和监督。综观内部人交易的历史，基本上都经过了从严厉禁止到有条件放开的过程。内部人交易既是事前信息不对称的产物，又会导致进一步的事后信息不对称，其普遍性和信息传导作用必将会影响资本配置效率。从资本流入角度看，内部人通过自身掌握的信息优势进行本公司的股票买卖，这种内部人交易行为传递至资本市场，外部投资者会做出相应判断，由于之前的信息不对称，外部投资者往往会以"用脚投票"的方式远离公司，使公司内部人和外部投资者面临进一步的信息不对称，也会给公

司带来更严重的融资约束；从资本流入公司后带来的使用效率尤其是投资环节看，内部人交易是否会影响公司做出的投资决策，对投资效率起到提升还是降低的效应，相关的研究文献还较少。同时，既有文献对融资约束与公司投资效率的关系尚未得出一致结论，如 Hovakimian（2011）认为，企业融资约束程度较高时，公司管理层会迫于资金压力倾向于更审慎地选择投资项目，保证投资决策的有效性，从而提高投资效率，更多学者认为融资约束对投资效率起到负向影响作用，即融资约束程度越高，越容易出现投资不足，投资过度现象越少（张宗益和郑志丹，2012；潘玉香等，2016）；反之，公司持有现金较多的情况下，无融资约束的公司更容易出现投资过度（王彦超，2009）。

从影响资本配置效率的入口和出口两个角度，内部人交易提升了融资约束程度，是否也就降低了投资效率？从既有文献来看，直接研究内部人交易和投资效率的研究成果并不多。这也给本章的理论分析和实证检验提供了研究空间。此外，内部控制作为一种制度设计和体系构建，其运行质量高低对包括融资约束和投资效率在内的公司各方面都能够产生或大或小的影响，那么内部控制质量与内部人交易并存时，对于投资效率的影响到底是进一步促进还是相互抵消，都有待于下文进一步分析和检验。

7.2 理论分析与研究假设

从信息传递的正面效应角度看，通过内部人交易信息的及时传递，公司董事、监事、高级管理人员等内部人员能够将公司对投资项目的判断包含在内部人交易过程中，并传递至资本市场和进入股票价格，提高了股价信息含量。此外，公司董事、监事、高级管理人员等内部人的"帝国构建"行为并非总是不利于公司，如果公司治理机制得当，过度投资行为就会得到遏制，进而提高投资效率。在公司内部人交易过程中，公司内部人与外部投资者并非总是处于对立状态，随着信息披露制度的日益强化和规范，公司内部人在满足自身私利动机的前提下，不得不考虑和平衡外部投资者的利益，在很多情形下甚至迎合投资者，积极披露内部人交易信息，更为重要的是，对于持有公司股份的董事、监事、高级管理人员等内部人而言，通过内部人交易获得超额收益与通过投资活动获得投资收益并不矛盾甚至紧密相关，在两者都能给公司内部人带来正收益的前提下，公司内部人更倾向于将内部人交易行为与合理的投资行为结合在一起，以向市场传递更为正面的信息。尤其是在公司内部人卖出本公司股票的过程中，通过股票减持，客观上使股票流转至外部投资者手中，机构投资者和其他外部股东的加入，减轻了公司对内部人的依赖程度，进而在面临公司投资决策时，有更多的声音出现，有利于抑制公司内部人害怕担责导致的投资不足或激进导致的投资过度，进而提升了公司投资决策的质量和投资效率，如果考虑大股东减持因素的话，虽然可能会由于减持而出现大股东"隧道挖掘"侵害小股东利益的现象，但也正是由于大股东减持降低了其持股比例，从而也有可能减少对中小股东利益的进一步侵害。结合前面章节对内部人交易的描述性统计结果，无论是交易次数、交易股数（金额）占流通股（金额）比例，还是取得的超额收益，我国内部人交易的卖出行为都远远超过买入行为，因此，公司董事、监事、高级管理人员等内部人为了实现更高的超额收益，应当更加合理地布局投资，做出更加符合公司实际的投资决策，提升公司投资效率，促使公司投资决策符合公司价值最大化目标。由此形成假设 1a：

假设 1a：公司内部人交易提升了公司投资效率。

由于公司董事、监事、高级管理人员等内部人作为公司各种决策的制定者和执行者，掌握了公司生产运营的大部分信息，这种对信息的掌握包括了对拟投资项目的分析和了解。首先，公司内部人在面临投资决策时必然考虑到投资所需资金，现有和筹集到的资金直接影响了未来的投资效率，根据融资优序理论，公司董事、监事、高级管理人员会优先选择内部自有资金，但自有资金往往无法满足投资需要，因此公司董事、监事、高级管理人员等内部人面临着外部负债融资或股权融资的选择。其次，外部投资者对公司投资项目选择了解相对较少，这种与公司内部人之间的信息不对称导致外部投资者在向公司投资时，要求更高的风险溢价，以期达到弥补未来不确定性损失的目的，这种风险溢价又直接导致了公司外部融资成本高于公司内部资金成本，进而形成了公司的融资约束并导致公司面临投资决策时由于缺乏足够资金而投资不足。由此分析，公司内部人在买入本公司股票前，往往会向市场传递投资不足等信息，降低外部投资者对公司发展信心，压低股票价格。因此，公司内部人买入行为往往伴随着投资不足，从而有可能降低投资效率。

从公司内部人卖出股票的角度分析，在股东和管理层之间形成的委托代理关系中，管理层为了自身利益最大化，往往倾向于过度投资，通过"帝国构建"彰显自身的工作努力。从内部人交易角度而言，公司董事、监事、高级管理人员等内部人通过扩大投资，向市场不断传递公司发展的正面形象，进而推高股票价格，从而为卖出自身持有股票做好充足准备。因此，公司内部人卖出交易往往伴随着投资过度，从而降低了投资效率，综合公司内部人买入行为对投资效率的分析，公司内部人基于自利动机，倾向于在内部人交易过程中，结合非效率投资，侵害外部投资者利益（蔡吉甫，2012），从而形成与假设1a对应的竞争性假设1b：

假设1b：在公司面临融资约束情形下，公司内部人交易进一步降低了投资效率。

内部控制质量对投资效率有显著的正向促进作用，即内部控制质量越高，越有利于投资效率的提升（李万福等，2011；刘焱，2014；张超和刘星，2015；周中胜等，2016；廖义刚和邓贤琨，2016；罗斌元，2017；许立志，2017；李伟和李艳鹤，2017）。公司通过建立完善的内部控制制度和内部控制体系，能够有效降低由于财务报告制作和披露引发的信息不对称程度，增加股票流动性，外部投资者能够对公司生产经营和盈利前景有更好的了解，也有利于根据财务报告信息做出投资决策。同时，由于信息传递的及时和透明提高了股票流动性和市场效率，使外部投资者愿意以更低的成本向企业提供所需资金，从而使公司内源融资成本和外源融资成本的差距缩小，公司面临的融资约束得到缓解。因此，高质量的内部控制通过影响财务报告信息的质量和披露从而缓解了公司面临的融资约束，能够抑制由于公司面临融资约束而导致的投资不足。此外，高质量的内部控制能够通过一系列制度安排，合理规划公司内部大股东和小股东之间、股东和管理层之间的责、权、利，引导公司各利益相关方为公司利益最大化而非个人利益最大化而努力，从而减少诸如管理层为实现自身私利而引发的"帝国构建"冲动，有效抑制投资过度。由此形成假设2：

假设2：内部控制质量越高，投资效率越高。

进一步考虑内部控制质量和内部人交易的存在对投资效率的影响。内部控制质量越高，意味着财务报告的可靠性越高，经营效率和效果能够得到有效提升，从内部控制环境、风险评估、信息与沟通、控制活动与监督几个方面，能够合理兼顾公司利益相关者的利益，最终促进公司利益最大化；而内部人交易绝大多数情况下都是通过买入或卖出行为，从而实现公司内部人自身利益最大化。内部控制质量与内部人交易也存在共同点，内部控制制度和体系是由董事会聘任的管理层设计和执行并保证其有效性，监事会对公司内部控制的运行予以监督，对内部控制评价报告予以审核并发表意见；内部人交易的实施主体就是公司董事、监事、高级管理人员，在设计和执行内部控制制度和体系时，公司董事、监事、高级管理人员要考虑公司整体利益，而在进行内部人交易时的自利动机又导致了两者实施主体的同一性与矛盾性，因此两者实施主体的一致性和目标动机以及手段的根本差别都决定了在影响投资效率的过程中，内部控制质量与内部人交易应当发挥调节效应或替代效应，即在前文理论分析和假设提出的基础上，内部控制质量应当能够提升投资效率，公司内部人交易对投资效率的影响存在竞争性分析和假设，当内部控制质量越高，同时内部人交易越频繁或超额收益越高时，两者的结合对投资效率的影响可能在一定程度上相互促进或相互抵消，从而形成竞争性假设 3a 和假设 3b：

假设 3a：内部控制质量在内部人交易提升公司投资效率的过程中发挥了正向促进作用。

假设 3b：内部控制质量在内部人交易降低公司投资效率的过程中发挥了替代效应。

7.3　数据来源与研究设计

7.3.1　各主要变量的界定和度量

为了更全面地考察内部人交易和内部控制质量对投资效率的影响，本书主要从公司治理角度选取了股权集中度、董事、监事、高级管理人员平均薪酬、两职兼任、实际控制人性质，并选取了资产负债率、净资产收益率、主营业务收入增长率等财务指标作为控制变量，同时控制了行业和年度。

（1）被解释变量。大部分既有文献运用理查德森（Richardson，2006）预期投资模型，但由于现实市场是不完美的，加之信息不对称和委托代理成本的存在，理查德森预期投资模型的解释变量在拟合最优投资水平时便有失精确，相应得出的残差也就很有可能出现偏差（Biddle et al.，2009；宋玉臣和李连伟，2017）。因此，本书借鉴 Wang（2003）、连玉君和苏治（2009）、罗斌元（2014）的方法，运用异质性随机前沿模型计算投资效率，同时在稳健性检验部分，使用理查德森预期投资模型进行稳健性检验。

异质性随机前沿模型如下：

$$\frac{I_{i,\,t}}{Asset_{i,\,t-1}} = \beta_0 + \beta_1 TobinQ_{i,\,t} + \beta_2 \frac{CF_{i,\,t}}{Asset_{i,\,t-1}} + \beta_3 \frac{\Delta EQ_{i,\,t}}{Asset_{i,\,t-1}} + \beta_4 \frac{\Delta DT_{i,\,t}}{Asset_{i,\,t-1}} +$$

$$\beta_5 Size_{i,\,t} + \beta_6 \sum Year + v_{i,\,t} - u_{i,\,t}$$

(7.1)

式（7.1）中，$I_{i,t}$表示购买固定资产、无形资产和其他长期资产支出，$Asset_{i,t-1}$表示滞后一期的资产总额，$TobinQ_{i,t}$表示投资机会托宾 Q 值，$CF_{i,t}$表示经营活动现金流量，$\Delta EQ_{i,t}$表示以股本和资本公积金代表的股权融资净增加额，$\Delta DT_{i,t}$表示负债净增加额，$v_{i,t}$和$u_{i,t}$则分别表示一般随机干扰项和无效率干扰项。

（2）解释变量。

1）内部人交易。为了衡量内部人交易对投资效率的影响，借鉴祝运海（2011）、肖浩（2015）、赵玉洁（2016）的界定方法，采用类别变量和连续变量两种方式衡量内部人交易。首先按照是否发生内部人交易，将样本数据一年内发生过内部人交易的界定为 1，否则界定为 0，分析是否发生内部人交易对股票流动性的影响。其次从内部人年交易数量及其占个股年流通股比例两个连续变量的角度，分析内部人交易对股票流动性的影响，进而实证检验内部人交易与信息不对称的关系，同时将内部人交易超额收益也作为解释变量进行实证检验。

2）内部控制质量及其度量。本书借鉴深圳迪博内部控制数据库的衡量标准，若上市公司在内部控制环境、风险评价、控制活动等五要素范围内均能够达到《企业内部控制基本规范》和《企业内部控制应用指引》的相关要求，同时有效披露内部控制评价报告和内部控制审计报告，就披露的内部控制缺陷及时整改，并聘请声誉较高的会计师事务所为其出具内部控制审计报告，则可以说该公司内部控制质量较高；反之则较低。对上市公司内部控制构成部分进行加权平均打分，得到量化的内部控制质量，评分区间为 0~1000，分值越高，表明内部控制目标越能得到贯彻落实，内部控制运行越具备合理性和实效性，表明内部控制质量越高。

（3）控制变量。为综合检验内部人交易和内部控制质量质量对投资效率的影响，本书选取总资产自然对数、资产负债率、个股年换手率、净资产收益率、营业收入增长率、实际控制人性质和股权集中度作为控制变量，并控制了行业和年度。相关变量释义如表 7.1 所示。

表 7.1　变量定义及解释

变量名		变量说明
TE		以随机前沿模型计算的投资效率
Dib		迪博公司发布的中国上市公司内部控制指数，并对其取自然对数
Insider	Ins_dum	发生内部人交易取 1，否则取 0
	Ins_num	内部人交易一年内发生的次数
	Buyrario	内部人买入股数占流通股比例
	Soldrario	内部人卖出股数占流通股比例
	Car_buy	内部人买入短期超额收益
	Car_sold	内部人卖出短期超额收益
	Profit_buy	内部人买入长期超额收益
	Profit_sold	内部人卖出长期超额收益
Size		资产总额
Salary		董事、监事、高级管理人员薪酬的自然对数
Sh5		股权集中度，用前五大股东持股比例表示
Con		实际控制人为国有控股取 1，否则取 0
Dual		董事长兼任总经理取 1，否则取 0
Growth		年营业收入增长率
Lev		资产负债率
Roe		净资产收益率
Ind		2012 年证监会行业分类
Year		2009~2016 年

7.3.2　数据来源及模型设计

内部人交易数据来源于上海证券交易所"披露"专栏——"监管信息公开"中的"董事、监事、高级管理人员持有本公司股份变动情况"，及深圳证券交易所"信息披露"专栏——"监管信息公开"中的"董事、监事、高级管理层及相关人员股份变动"，同时与 CSMAR 国泰安数据库中的"董事、监事、高级管理层及相关人员持股变动情况文件"进行抽样交叉核对，同时考虑到小额内部人交易带来的信息不对称程度轻微，剔除交易股数小于 1000 股或交易金额小于 20000 元的内部人交易数据，由于本书界定内部人交易为公司内部人通过二级市场买卖本公司股票，因此不考虑内部人交易数据中的"分红送转""股权激励""增发新股对老股东配售"等非交易因素，仅保留上海证券交易所的"二级市场买卖"和深圳证券交易所的"大宗交易""竞价交易"相关的内部人交易数据，由于包括我国在内的很多国家都禁止上市公司董事、监事、高级管理层的短线交易，即在短期内买入又卖出或在短期内卖出又买入，根据我国相关规定，剔除 6 个月内先买入后卖出或 6 个月内先卖出后买入的内部人交易数据，并剔除相关财务数据和控制变量为空的数据，按照年度将内部人交易次数、内部人交易股数和交易金额进行合计，同时为了实证检验是否发生内部人交易对投资效率的影响，添加了没有发生内部人交易的样本作为对比检验样本和虚拟变量的组成部分。

考虑到我国内部人交易自 2006 年《公司法》及 2007 年证监会《上市公司董事、监事和高级管理人员所持本公司股份及其变动管理规则》才开始逐步放开董事、监事、高级管理人员等公司内部人交易本公司股票，结合 2008 年是我国股市由"牛转熊"后的一年，内部人交易受影响较大，因此本书选取沪深股市 2009~2016 年的上市公司样本，除了前述对内部人交易数据进行的整理，在数据整理过程中，还进行了如下工作：①剔除金融类上市公司样本；②剔除非正常上市的 ST 和 *ST 公司样本；③剔除盈余管理和财务数据缺失的公司。

本章内部控制质量数据来源于迪博（DIB）内部控制指数，鉴于我国《企业内部控制基本规范》和《企业内部控制应用指引》分别于 2008 年和 2010 年颁布，考虑到政策的时滞效应和其他数据的可得性，本章选取 2009~2016 年的内部控制指数。

借鉴王娟（2013）、罗斌元（2014）、宣杰等（2017）的方法，以前文根据异质性随机前沿模型计算得出的投资效率 TE 作为被解释变量，以内部人交易变量和内部控制质量作为核心解释变量，并添加控制变量，验证融资约束下内部控制质量和内部人交易对投资效率的影响。计算投资效率和控制变量的相关数据，取自 CSMAR 国泰安数据库、Resset 瑞思数据库和 CCER 色诺芬数据库，同时使用 Excel 2010 和 Stata 13.1 进行数据处理并得到回归结果。为消除样本数据极端值带来的影响，本书对虚拟变量外的所有连续变量均在 1% 和

99%的位置进行了缩尾 Winsorize 处理。

为验证内部人交易对投资效率的影响即假设 1a 和假设 1b，构建模型 (7.2)：

$$TE = \alpha_0 + \alpha_1 Insider + \alpha_2 Size + \alpha_3 Sh5 + \alpha_4 Lev + \alpha_5 Con + \alpha_6 Dual +$$

$$\alpha_7 Growth + \alpha_8 Roe + \alpha_9 Salary + \sum Ind + \sum Year + \varepsilon \qquad (7.2)$$

式 (7.2) 中，内部人交易分别以是否发生内部人交易虚拟变量、内部人交易次数、内部人交易占流通股比例、内部人交易短期超额收益和长期超额收益表示。

为验证内部控制质量对投资效率的影响即假设 2，设计模型 (7.3)：

$$TE = \alpha_0 + \alpha_1 Dib + \alpha_2 Size + \alpha_3 Sh5 + \alpha_4 Lev + \alpha_5 Con + \alpha_6 Dual +$$

$$\alpha_7 Growth + \alpha_8 Roe + \alpha_9 Salary + \sum Ind + \sum Year + \varepsilon \qquad (7.3)$$

为验证内部人交易和内部控制质量在影响投资效率过程中的替代效应即假设 3，构建模型 (7.4)：

$$TE = \alpha_0 + \alpha_1 Insider + \alpha_2 Dib + \alpha_3 Insider \times Dib + \alpha_4 Size + \alpha_5 Sh5 +$$

$$\alpha_6 Lev + \alpha_7 Con + \alpha_8 Dual + \alpha_9 Growth + \alpha_{10} Roe + \alpha_{11} Salary +$$

$$\sum Ind + \sum Year + \varepsilon \qquad (7.4)$$

式 (7.2) 中，若 α_1 为正值，表明内部人交易能够显著提升投资效率；若为负值，则降低了投资效率。模型 (7.3) 中，若 α_1 为正值，表明内部控制质量能够显著提升投资效率；反之则降低了投资效率。模型 (7.4) 中，若 α_3 为正值，表明内部控制质量在内部人交易影响投资效率过程中发挥了促进作用；若为负值，则表明内部人交易与内部控制质量发挥了替代效应。

7.4　实证结果与分析

7.4.1　描述性统计

表 7.2 列示了各变量的描述性统计结果。可以看出，投资效率 TE 均值为 0.789，标准差为 0.104，与连玉君和苏治 (2009) 采用异质性随机前沿模型

（SFA）衡量 2001～2006 年的投资效率均值 0.719、标准差 0.067 相比，以及与罗斌元（2014）采用双边随机边界模型衡量 2003～2012 年的投资效率均值 0.674、标准差 0.029 相比，本书 2009～2016 年样本期间的均值和标准差均有所增加，表明投资效率虽然仍然不高，但是整体呈现了上升的趋势，结合投资效率最小值 0.393 和最大值 0.999 来看，各样本之间的投资效率差异较大。此外，结合图 7.1 的投资效率时序图，无论是整体投资效率，还是分规模考察，投资效率均值于 2010 年达到最大值，此后的 2011～2014 年逐年下降，从 2015 年起按规模分组的投资效率呈现分化走向，中等规模和大规模样本的投资效率开始不断上升，小规模样本的投资效率则开始从平稳状态趋向下滑，说明小规模公司 2014 年后面临着更多的投资效率损失。内部控制质量的原始值 Dib_orig 和自然对数 Dib 均值分别为 652.2 和 6.499，与原始值满分 1000 分相比，我国上市公司内部控制质量仍然不理想，最小值和最大值的巨大差异也说明我国上市公司内部控制制度的建设存在较为严重的参差不齐现象。是否发生内部人交易 Ins_dum 的均值为 0.381，说明有接近 40% 的样本公司发生过内部人交易，内部人交易次数 Ins_num 的均值为 7.208，说明发生内部人交易的样本公司每年平均交易 7 次以上。内部人交易股数占流通股比例 Ins_rario 均值为 0.006，具体到买入和卖出行为，买入股数占流通股比例 Buyrario 均值 0.001 远小于卖出股数占流通股比例 Soldrario 均值 0.007，说明我国样本公司的内部人交易仍然主要体现为卖出交易，结合内部人交易短期买入超额收益 Car_buy 和卖出超额收益 Car_sold、长期买入超额收益 Profit_buy 和卖出超额收益 Profit_sold 的均值可以看出，内部人买入样本量少于卖出样本量，且买入超额收益小于卖出超额收益。其他控制变量的描述性统计不再一一赘述。

表 7.2 描述性统计结果

Variable	N	Mean	Sd	P50	Min	Max
TE	12206	0.789	0.104	0.792	0.393	0.999
Dib	12206	6.499	0.168	6.523	2.194	6.903
Dib_orig	12206	652.200	146.300	678.600	0	995.400
Ins_dum	12206	0.381	0.463	0	0	1
Ins_num	3792	7.208	9.475	4	1	129
Ins_rario	5204	0.006	0.021	0.001	1.68e-07	0.471

续表

Variable	N	Mean	Sd	P50	Min	Max
Buyrario	3027	0.001	0.004	3.24e-06	0	0.0661
Soldrario	2197	0.007	0.0216	0.0001	1.68e-07	0.471
Car_buy	2140	0.025	0.423	0.001	-1.982	1.626
Car_sold	4023	0.164	0.491	0.170	-2.186	1.807
Profit_buy	2055	0.060	0.615	4.85e-05	-3.064	18.620
Profit_sold	3893	0.112	1.292	0.109	-27.480	19.850
Size	12206	22.170	1.365	22.030	17.390	28.510
Growth	12206	0.113	0.317	0.084	-0.996	1.979
Lev	12206	0.509	0.200	0.517	0.007	0.998
Roe	12206	0.054	0.475	0.069	-33.200	17.200
Con	12206	0.455	0.292	0.472	0	1
Sh5	12206	49.230	15.820	49.140	0.811	98.420
Dual	12206	0.267	0.311	0	0	1
Salary	12180	14.950	0.934	14.980	5.863	24.620

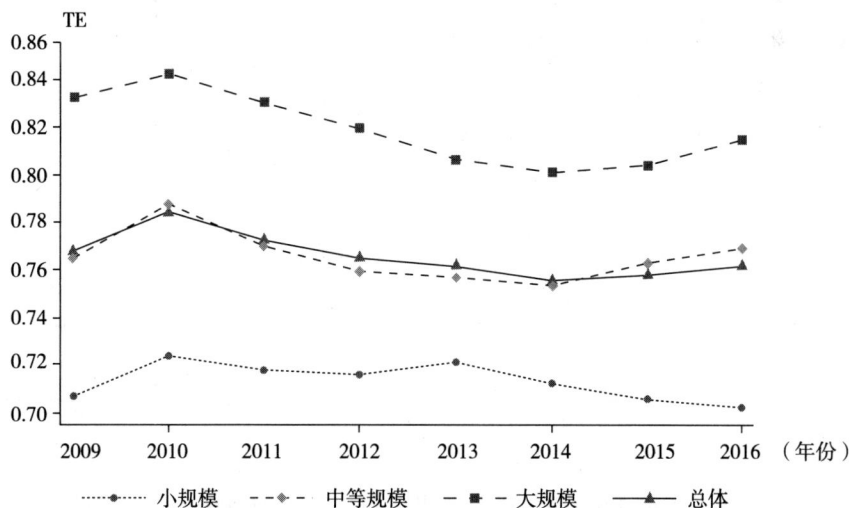

图 7.1　2009~2016 年投资效率时序

表 7.3 列示了发生内部人交易和未发生内部人交易情形下，被解释变量和解释变量及其他控制变量的均值 T 检验结果。从结果看，各变量之间在有无内部人交易上的均值差异都很显著，发生内部人交易的投资效率更高，内部控制质量更高，且在 1% 水平上显著，表明发生内部人交易的公司可能更加注重投资规划的合理性，提升投资效率，更高的投资效率可能依赖于更高的内部控制质量，但是内部控制质量在内部人交易影响投资效率过程中的作用还有待于后文的实证检验进行解释。此外，无内部人交易样本比存在内部人交易的样本有着显著更小的资产规模、更低的销售增长率、更低的净资产收益率、更少的董事、监事、高级管理人员薪酬，这些都可能初步说明规模越大、销售增长越快、获利能力越强、董事、监事、高级管理人员薪酬越高的样本公司，越容易发生内部人交易；而无内部人交易样本比存在内部人交易的样本有着显著更高的资产负债率、更多的国有实际控制人、更高的股权集中度和更高的两职合一程度，则说明资产负债率越低、产权性质越是非国有、股权集中度越低、董事长兼任总经理越少的样本公司，越容易发生内部人交易。

表 7.3　是否发生内部人交易的样本均值 T 检验结果

变量名	无内部人交易样本	均值	有内部人交易样本	均值	T 值
TE	3792	0.782	3792	0.800	-9.72***
Dib	3677	6.499	3677	6.510	-3.14***
Size	3792	22.14	3792	22.18	-1.75*
Growth	3792	0.116	3792	0.130	-2.26**
Lev	3792	0.517	3792	0.480	7.64***
Roe	3792	0.0630	3792	0.0800	-2.40**
Con	3792	0.646	3792	0.410	20.35***
Sh5	3792	50.04	3792	47.50	7.10***
Dual	3792	0.295	3792	0.270	4.70***
Salary	3781	14.82	3781	15.15	-15.64***

注：***、**、* 分别表示在 1%、5%、10% 水平上显著。

表 7.4 列示了根据第 6 章的计算方法计算的融资约束指标 KZ 指标，并将其按照中位数进行高低分组，在低融资约束和高融资约束情形下，发生内部人

交易的公司样本各变量的均值 T 检验结果。可以看出，在所有发生内部人交易的公司样本中，高融资约束下的投资效率 TE 反而更高，这是否说明内部人交易更能促进投资效率并抵消融资约束对投资效率的负面影响，有待于后文的实证检验和进一步分析；同时，低融资约束组的内部控制质量 Dib 和内部人交易次数 Ins_num 大于高融资约束组，且均在 1%水平上显著。内部人买入股数占流通股比例 Buyrario 及卖出股数占流通股比例 Soldrario 在融资约束分组情形下没有显著差异；低融资约束组的内部人卖出短期超额收益 Car_sold 更高，且在5%水平上显著，高融资约束组的内部人买入长期超额收益 Profit_buy 则更高，且在 5%水平上显著。同时，高融资约束的资产规模 Size 更小，销售收入增长率 Growth 更低，资产负债率 Lev 更高，实际控制人为国有 Con 的数量更少，股权集中度 Sh5 更低，董事、监事、高级管理人员薪酬 Salary 更低，且在 1%或 10%水平上显著。

表 7.4　低融资约束和高融资约束程度的样本均值 T 检验结果

变量名	低融资约束样本	均值	高融资约束样本	均值	T 值
TE	1890	0.798	1890	0.812	−4.31***
Dib	1836	6.535	1836	6.487	9.82***
Ins_num	1890	7.927	1890	6.483	4.71***
Buyrario	1497	0.001	1497	0.001	−0.49
Soldrario	1076	0.008	1076	0.007	0.91
Car_buy	974	−0.009	974	−0.038	1.56
Car_sold	1886	0.179	1886	0.148	2.00**
Profit_buy	925	0.023	925	0.090	−2.46**
Profit_sold	1812	−0.035	1812	0.015	−1.19
Size	1890	22.400	1890	21.980	9.89***
Growth	1890	0.141	1890	0.122	1.91*
Lev	1890	0.365	1890	0.601	−46.16***
Roe	1890	0.123	1890	0.0380	11.90***
Con	1890	0.463	1890	0.374	0.12***

变量名	低融资约束样本	均值	高融资约束样本	均值	T 值
Sh5	1890	49. 260	1890	45. 740	7. 27***
Dual	1890	2. 689	1890	2. 669	0. 39
Salary	1887	15. 230	1887	15. 09	4. 46***

注: ***、**、* 分别表示在 1%、5%、10% 水平上显著。

7.4.2 主要变量的相关性分析

表 7.5 列示了主要变量的相关性分析结果。可以看出,投资效率 TE 与内部控制质量 Dib 呈显著正相关关系,且与内部人交易次数 Ins_num、内部人卖出股数占流通股比例 Soldrario、内部人买入短期超额收益 Car_buy、卖出短期超额收益 Car_sold、买入长期超额收益 Profit_buy、卖出长期超额收益 Profit_sold 整体上呈显著正相关关系,初步说明内部人交易提升了投资效率。同时,各主要变量之间的相关系数均未超过 0.3,且根据各解释变量计算的方差膨胀因子 VIF 值均未超过 3,初步说明各变量之间不存在严重的多重共线性问题,具备后文进一步回归分析的基础。

7.4.3 多元回归分析结果

表 7.6 列示了根据随机前沿模型计算的投资效率 TE 作为被解释变量的多元回归分析结果。第 (1) 列至第 (5) 列中,内部控制质量 Dib 回归系数均为正数,且在 1%~10% 水平上显著,说明内部控制质量越高,越有利于投资效率的提升,这与李万福等 (2011)、罗斌元 (2017)、许立志 (2017)、李伟和李艳鹤 (2017) 等学者的观点一致。本书重点分析的是内部人交易及其与内部控制质量结合对投资效率的影响,第 (1) 列是否发生内部人交易虚拟变量 Ins_dum 和内部人交易次数的系数为正,且在 1% 或 5% 水平显著,表明发生内部人交易的样本公司以及发生次数越多的公司,投资效率越高,公司内部人可能基于自身持有股票与公司利益的一致性,倾向于合理规划投资活动,提升投资效率。第 (3) 列列示了整体内部人交易股数占流通股比例 Ins_rario 对投资效率的影响,系数

表 7.5　主要变量的相关性分析

变量名	TE	Dib	Ins_num	Buyrario	Soldrario	Car_buy	Car_sold	Profit_buy	Profit_sold
TE	1.00	0.29***	0.07***	0.08	0.09*	0.06*	0.01*	−0.01	0.08**
Dib	0.26***	1.00	0.04*	0.00	−0.09***	−0.04	0.00	−0.02	−0.08***
Ins_num	0.04*	−0.04**	1.00						
Buyrario	0.01	−0.02*		1.00					
Soldrario	0.03*	−0.06**			1.00				
Car_buy	0.06**	−0.02				1.00			
Car_sold	0.08*	0.01*					1.00		
Profit_buy	0.01	−0.00						1.00	
Profit_sold	0.01*	0.01							1.00

注：左下方为 Pearson 相关系数，右上方为 Spearman 相关系数；***、**、* 分别表示在 1%、5%、10% 水平上显著。

为正且在10%水平上显著，表明内部人交易股数占流通股比例有利于提升投资效率，公司内部人在做出交易决策时，可能倾向于通过交易股数影响投资活动。第（4）列列示了内部人买入股数占流通股比例 Buyrario 对投资效率的影响，系数虽然为正但不显著。第（5）列列示了内部人卖出股数占流通股比例 Buyrario 对投资效率的影响，系数为正且在1%水平显著，表明与内部人买入行为相比，内部人卖出更有利于投资效率的提升。此外，发生内部人交易的样本中，控制变量资产总额 Size、销售收入增长率 Growth、净资产收益率 Roe 系数均为正，且均在10%水平显著，表明资产规模越大、销售增长越快、收益质量越高，越有利于投资效率的提升；资产负债率 Lev、实际控制人性质 Con、两职合一 Dual、董事、监事、高级管理人员薪酬 Salary 的系数为负，且整体显著，则表明资产负债率越高，可能会进一步提升融资难度，公司缺乏足够资金做出投资决策，同时实际控制人性质为国有可能由于预算软约束而降低投资决策灵活度，两职分离则有利于董事长和总经理分别独立和全面地做出投资决策，董事、监事、高级管理人员薪酬过高，则可能会由于缺乏激励而降低投资效率。

表 7.6　内部人交易基础变量和内部控制质量对投资效率的回归结果

变量名	(1) TE	(2) TE	(3) TE	(4) TE	(5) TE
Dib	0.035 *** (5.03)	0.027 ** (2.29)	0.028 ** (2.32)	0.024 * (1.84)	0.026 * (1.90)
Ins_dum	0.017 *** (10.45)				
Ins_num		0.001 ** (2.29)			
Ins_rario			0.180 *** (3.63)		
Buyrario				0.311 (0.65)	
Soldrario					0.209 *** (3.43)

续表

变量名	(1) TE	(2) TE	(3) TE	(4) TE	(5) TE
Size	0.039 *** (45.20)	0.037 *** (21.40)	0.037 *** (21.44)	0.037 *** (19.51)	0.041 *** (17.40)
Growth	0.069 *** (21.78)	0.068 *** (12.11)	0.068 *** (12.11)	0.066 *** (10.59)	0.069 *** (8.58)
Lev	−0.048 *** (−9.24)	−0.057 *** (−6.61)	−0.055 *** (−6.42)	−0.058 *** (−6.02)	−0.062 *** (−5.32)
Roe	0.008 (1.33)	0.057 *** (5.35)	0.057 *** (5.33)	0.057 *** (5.18)	0.083 *** (5.07)
Con	−0.024 *** (−9.33)	−0.022 *** (−4.42)	−0.022 *** (−4.39)	−0.024 *** (−4.35)	−0.014 ** (−2.20)
Sh5	0.000 * (1.84)	0.000 (1.42)	0.000 (1.32)	0.000 (1.45)	0.000 * (1.66)
Dual	−0.001 ** (−2.19)	−0.002 *** (−3.33)	−0.002 *** (−3.27)	−0.002 * (−1.85)	−0.002 * (−1.69)
Salary	−0.000 (−0.61)	−0.000 *** (−2.92)	−0.000 *** (−2.77)	−0.000 ** (−2.24)	−0.000 *** (−3.57)
Ind	控制	控制	控制	控制	控制
Year	控制	控制	控制	控制	控制
_cons	−0.318 *** (−7.65)	−0.215 *** (−2.95)	−0.225 *** (−3.07)	−0.199 ** (−2.52)	−0.110 (−1.00)
N	11841	3715	3715	2962	2158
r2_a	0.389	0.406	0.406	0.394	0.422

注：括号内为 T 值，*、**、*** 分别表示在 1%、5%、10%水平上显著。

表 7.7 列示了内部人交易各基础变量和内部控制质量的交乘项对投资效率的回归结果。可以看出，第 (1) 列至第 (5) 列中，内部人交易股数占流通股比例 Ins_rario 的系数仍然为正，且在 5%水平上显著，与内部控制质量交乘项

Dib_Insrario 的系数为负，且在 5%水平上显著，借鉴郑志刚和吕秀华（2009）、姜付秀和黄继承（2011）、陈建林（2015）分析解释变量之间替代关系的思路，内部人交易与内部控制质量在影响投资效率的过程中发挥了替代效应。

表7.7　内部人交易基础变量和内部控制质量交乘项对投资效率的回归结果

变量名	（1） TE	（2） TE	（3） TE	（4） TE	（5） TE
Dib	0.036*** （4.53）	0.032** （2.28）	0.032** （2.56）	0.023* （1.76）	−0.000 （−0.02）
Ins_dum	0.045 （0.57）				
Dib_Insdum	−0.004 （−0.36）				
Ins_num		0.005 （0.73）			
Dib_Insnum		−0.001 （−0.69）			
Ins_rario			6.550** （2.08）		
Dib_Insrario			−0.981** （−2.03）		
Buyrario				−2.912 （−0.16）	
Dib_Buyrario				0.497 （0.17）	
Soldrario					3.637 （1.09）
Dib_Soldrario					−0.528 （−1.03）

续表

变量名	（1） TE	（2） TE	（3） TE	（4） TE	（5） TE
Size	0.039*** （45.25）	0.037*** （21.37）	0.037*** （21.34）	0.037*** （19.51）	0.041*** （17.29）
Growth	0.069*** （21.79）	0.068*** （12.11）	0.068*** （12.15）	0.066*** （10.59）	0.069*** （8.59）
Lev	−0.047*** （−9.23）	−0.057*** （−6.63）	−0.055*** （−6.43）	−0.058*** （−6.02）	−0.062*** （−5.32）
Roe	0.008 （1.33）	0.057*** （5.36）	0.057*** （5.33）	0.057*** （5.16）	0.083*** （5.06）
Con	−0.024*** （−9.33）	−0.022*** （−4.41）	−0.021*** （−4.37）	−0.024*** （−4.34）	−0.014** （−2.18）
Sh5	0.000* （1.83）	0.000 （1.42）	0.000 （1.33）	0.000 （1.45）	0.000* （1.66）
Dual	−0.001** （−2.18）	−0.002*** （−3.30）	−0.002*** （−3.25）	−0.002* （−1.85）	−0.002* （−1.68）
Salary	−0.000 （−0.61）	−0.000*** （−2.93）	−0.000*** （−2.79）	−0.000** （−2.23）	−0.000*** （−3.57）
Ind	控制	控制	控制	控制	控制
Year	控制	控制	控制	控制	控制
_cons	−0.325*** （−6.71）	−0.243*** （−2.78）	−0.249*** （−3.27）	−0.196** （−2.43）	−0.128 （−1.12）
N	11841	3715	3715	2962	2158
r2_a	0.389	0.406	0.407	0.394	0.422

注：括号内为 T 值，＊、＊＊、＊＊＊分别表示在 1%、5%、10%水平上显著。

　　表 7.8 从内部人交易获取的超额收益角度列示了内部人交易及与内部控制质量结合对投资效率的影响。第（1）列内部人买入短期超额收益 Car_buy 的系数为负且不显著；第（2）列和第（3）列内部人卖出短期超额收益 Car_sold

的系数为正，且分别在5%和1%水平显著；第（4）列内部人买入长期超额收益 Profit_buy 的系数为负且不显著；第（5）列和第（6）列内部人卖出长期超额收益 Profit_sold 的系数为正，且分别在5%和1%水平显著。与表7.6的分析结果类似，并结合前文对内部人交易超额收益的分析，样本公司内部人为了获得更多的超额收益，还是通过内部人卖出行为，并在卖出前后通过规划投资活动，影响并提升投资效率，以期获得更高的超额收益。第（3）列和第（6）列内部控制质量系数为正，且在5%水平显著，说明内部控制质量仍然对投资效率发挥了显著的正向效应。第（3）列和第（6）列分别列示了内部人卖出短期超额收益和长期超额收益与内部控制质量结合对投资效率的影响，卖出短期超额收益与内部控制质量的交乘项 Dib_Carsold 系数为负且在10%水平上显著，说明在短期内，卖出超额收益与内部控制质量对投资效率的影响呈现替代效应，而卖出长期超额收益与内部控制质量的交乘项 Dib_Profitsold 系数虽然为负但并不显著，说明内部人交易与内部控制质量更多的还是在短期内替代影响了投资效率。

表 7.8　内部人交易超额收益和内部控制质量对投资效率的回归结果

变量名	(1) TE	(2) TE	(3) TE	(4) TE	(5) TE	(6) TE
Dib			0.023** (2.34)			0.036** (2.84)
Car_buy	-0.002 (-0.55)					
Car_sold		0.005** (2.00)	0.004* (1.82)			
Dib_Carsold			-0.073*** (-3.59)			
Profit_buy				-0.001 (-0.51)		
Profit_sold					0.002** (2.14)	0.002* (1.74)
Dib_Profitsold						-0.002 (-0.14)

续表

变量名	(1) TE	(2) TE	(3) TE	(4) TE	(5) TE	(6) TE
Size	0.000 ***	0.000 ***	0.000 ***	0.000 ***	0.000 ***	0.000 ***
	(4.12)	(7.33)	(7.36)	(4.67)	(5.14)	(4.88)
Growth	0.053 ***	0.083 ***	0.083 ***	0.054 ***	0.085 ***	0.084 ***
	(6.85)	(15.90)	(15.70)	(7.13)	(15.64)	(15.09)
Lev	−0.098 ***	−0.186 ***	−0.187 ***	−0.093 ***	−0.173 ***	−0.172 ***
	(−8.36)	(−20.99)	(−21.06)	(−8.00)	(−19.51)	(−19.39)
Roe	0.275 ***	0.128 ***	0.131 ***	0.258 ***	0.103 ***	0.096 ***
	(9.18)	(9.28)	(8.66)	(7.85)	(7.36)	(6.21)
Con	−0.005	−0.019 **	−0.018 **	−0.010 **	−0.001	−0.000
	(−0.71)	(−2.37)	(−2.25)	(−2.51)	(−0.22)	(−0.09)
Sh5	0.000	0.000 ***	0.000 ***	0.000	0.000 ***	0.000 ***
	(0.75)	(4.17)	(4.43)	(0.26)	(4.69)	(4.74)
Dual	−0.014 ***	−0.008 ***	−0.007 ***	−0.009 *	−0.015 ***	−0.016 ***
	(−2.86)	(−3.10)	(−2.82)	(−1.82)	(−5.99)	(−6.12)
Salary	−0.000 *	−0.000	−0.000	−0.000 *	−0.000 **	−0.000 **
	(−1.96)	(−0.46)	(−0.30)	(−1.72)	(−2.00)	(−1.97)
Ind	控制	控制	控制	控制	控制	控制
Year	控制	控制	控制	控制	控制	控制
_cons	0.689 ***	0.732 ***	0.734 ***	0.693 ***	0.755 ***	0.763 ***
	(37.72)	(37.03)	(34.66)	(36.39)	(31.29)	(25.71)
N	2133	4017	4017	2049	3888	3888
r2_a	0.375	0.428	0.430	0.373	0.432	0.432

注：括号内为 T 值，＊、＊＊、＊＊＊分别表示在1%、5%、10%水平上显著。

7.4.4 进一步分析

为了更深入分析不同的融资约束程度下，内部人交易及内部控制质量对投资效率的影响，本书进一步根据第 6 章衡量融资约束的思路，以 KZ 指数衡量融资约束程度，并等分为低融资约束组和高融资约束组两个组别。表 7.9 列示了内部人交易基础变量在低融资约束和高融资约束下，与内部控制质量对投资效率的影响。可以看出，第（1）列和第（2）列是否发生内部人交易和内部控制质量对投资效率的影响过程中，在高融资约束下，发生内部人交易 Ins_dum 与内部控制质量 Dib 系数为正，并在 10% 水平上显著，且两者交乘项 Dib_Insdum 系数为负，在 5% 水平上显著，而低融资约束组别中，两者交乘项系数不显著，表明在高融资约束情形下，内部控制质量与发生内部人交易能够对投资效率发挥正向的替代作用；从内部人交易次数 Ins_num、内部人交易股数占流通股比例 Ins_rario 定量指标在高、低融资约束组别的回归结果看，仅有第（6）列内部控制质量 Dib、内部人交易股数占流通股比例 Ins_rario 系数均为正且在 10% 水平上显著，及两者交乘项 Dib_Insrario 系数为负且在 1% 水平显著，表明在高融资约束情形下，公司内部人更倾向于通过交易的股票数量传递交易信息，进而和内部控制质量对投资效率发挥正向的替代效应。此外，第（3）列至第（6）列中，高融资约束组的内部人交易变量比低融资约束组系数更大，且显著性水平更高，表明内部人交易在高融资约束背景下更能够促进投资效率的提升，进而减少融资约束对投资效率的限制和制约。

表 7.10 列示了内部人交易超额收益在低融资约束和高融资约束下，与内部控制质量对投资效率的影响。可以看出，第（1）列至第（8）列的分组回归中，第（4）列高融资约束下，内部控制质量 Dib、内部人卖出短期超额收益 Car_sold 系数为正，且在 5% 或 10% 水平上显著，两者交乘项系数为负，且在 10% 水平上显著，表明内部人交易在短期卖出过程中，基于高融资约束水平而与内部控制质量对投资效率发挥了显著的正向替代效应。第（7）列低融资约束下，内部控制质量 Dib、内部人卖出长期超额收益 Profit_sold 系数为正，且在 5% 或 1% 水平显著，两者交乘项系数为正，且在 1% 水平上显著，表明内部人交易在长期卖出过程中，基于低融资约束水平而与内部控制质量对投资效率发挥了显著的正向互补效应。此外，由各列尤其是第（3）列至第（8）列低融资约束组与高融资约束组的对比可以发现，无论是短期还是长期，高融资约束组中的内部人卖出超额收益比买入超额收益的变量系数更大，且显著性水平更高，表明整体而言，内部人交易在高融资约束情形下更能够促进投资效率的提升，缓解融资约束对投资效率的限制。

表 7.9　融资约束分组检验——内部人交易基础变量

变量名	(1) TE_低融资约束组	(2) TE_高融资约束组	(3) TE_低融资约束组	(4) TE_高融资约束组	(5) TE_低融资约束组	(6) TE_高融资约束组
Dib	0.015* (1.59)	0.038*** (4.13)	0.030* (1.89)	0.059*** (3.22)	0.033** (2.02)	0.060*** (3.33)
Ins_dum	0.019*** (8.67)	0.015*** (5.83)				
Dib_Insdum	0.018 (1.04)	−0.040** (−2.50)				
Ins_num			0.000 (0.05)	0.001*** (3.20)		
Dib_num			0.001 (0.78)	−0.002 (−1.05)		
Ins_rario					0.053 (0.62)	0.262*** (4.32)
Dib_Insrario					−0.824 (−0.73)	−1.099* (−1.78)
Size	0.032*** (27.17)	0.045*** (37.09)	0.038*** (17.12)	0.035*** (12.83)	0.038*** (16.96)	0.036*** (13.07)

续表

变量名	(1) TE_低融资约束组	(2) TE_高融资约束组	(3) TE_低融资约束组	(4) TE_高融资约束组	(5) TE_低融资约束组	(6) TE_高融资约束组
Growth	0.068*** (13.95)	0.065*** (15.84)	0.050*** (6.41)	0.081*** (10.53)	0.051*** (6.41)	0.081*** (10.58)
Lev	-0.100*** (-13.21)	-0.027*** (-2.70)	-0.083*** (-7.09)	-0.038* (-1.87)	-0.083*** (-7.14)	-0.032 (-1.60)
Roe	0.003 (0.94)	0.016 (1.64)	0.070*** (3.81)	0.050*** (6.71)	0.070*** (3.79)	0.049*** (6.91)
Con	-0.017*** (-4.95)	-0.034*** (-9.09)	-0.019*** (-2.79)	-0.024*** (-3.32)	-0.018*** (-2.76)	-0.025*** (-3.47)
Sh5	0.000 (1.08)	0.000 (1.44)	0.000 (0.63)	0.000 (1.55)	0.000 (0.61)	0.000 (1.48)
Dual	-0.001 (-1.04)	-0.001* (-1.80)	-0.002** (-2.27)	-0.002* (-1.92)	-0.002** (-2.22)	-0.003** (-1.97)
Salary	-0.000*** (-4.20)	0.000*** (9.15)	-0.000*** (-2.89)	-0.000 (-1.36)	-0.000*** (-2.86)	-0.000 (-1.21)
Ind	控制	控制	控制	控制	控制	控制
Year	控制	控制	控制	控制	控制	控制

续表

变量名	(1) TE_低融资约束组	(2) TE_高融资约束组	(3) TE_低融资约束组	(4) TE_高融资约束组	(5) TE_低融资约束组	(6) TE_高融资约束组
_cons	0.036 (1.45)	−0.196*** (−7.82)	−0.057 (−1.24)	0.004 (0.07)	−0.057 (−1.24)	−0.009 (−0.15)
N	6020	5821	2122	1593	2122	1593
r2_a	0.385	0.413	0.386	0.441	0.387	0.443

注：括号内为 T 值，*、**、***分别表示在 1%、5%、10%水平上显著。

表7.10 融资约束分组检验——内部人交易超额收益变量

变量名	(1) TE_低融资约束组	(2) TE_高融资约束组	(3) TE_低融资约束组	(4) TE_高融资约束组	(5) TE_低融资约束组	(6) TE_高融资约束组	(7) TE_低融资约束组	(8) TE_高融资约束组
Dib	0.102* (4.36)	0.198*** (8.09)	0.112** (5.70)	0.131** (6.13)	0.109* (4.87)	0.219*** (7.43)	0.149** (5.27)	0.119* (5.10)
Car_buy	-0.002 (-0.37)	-0.001 (-0.09)						
Dib_Carbuy	-0.129** (-2.35)	-0.093** (-2.13)						
Car_sold			0.001 (0.39)	0.012*** (2.74)				
Dib_Carsold			-0.042 (-1.23)	-0.095*** (-3.56)				
Profit_buy					0.002 (0.72)	0.001 (0.63)		
Dib_Profitbuy					0.046** (2.02)	0.069 (0.82)		
Profit_sold							0.003* (1.82)	0.004** (2.20)

续表

变量名	(1) TE_低融资约束组	(2) TE_高融资约束组	(3) TE_低融资约束组	(4) TE_高融资约束组	(5) TE_低融资约束组	(6) TE_高融资约束组	(7) TE_低融资约束组	(8) TE_高融资约束组
Dib_Profitsold							0.037* (1.93)	0.021 (1.35)
Size	0.000*** (3.33)	0.000 (1.17)	0.000*** (5.65)	0.000*** (4.47)	0.000*** (4.20)	0.000 (0.29)	0.000 (1.45)	0.000*** (3.74)
Growth	0.056*** (3.55)	0.060*** (6.25)	0.068*** (5.50)	0.084*** (13.24)	0.072*** (6.30)	0.059*** (5.88)	0.070*** (6.00)	0.087*** (13.02)
Lev	-0.099*** (-4.54)	-0.073*** (-3.25)	-0.210*** (-16.27)	-0.194*** (-10.23)	-0.073*** (-3.95)	-0.062** (-2.49)	-0.188*** (-14.59)	-0.180*** (-9.80)
Roe	0.111** (2.26)	0.154*** (4.73)	0.115*** (4.37)	0.124*** (5.93)	0.054 (1.40)	0.134*** (3.31)	0.039 (1.49)	0.113*** (5.21)
Con	-0.002 (-0.17)	-0.011 (-1.04)	-0.002 (-0.13)	-0.029*** (-2.80)	-0.017*** (-3.20)	-0.016** (-2.47)	0.002 (0.44)	-0.008 (-1.60)
Sh5	0.001*** (3.10)	0.000 (0.84)	0.001*** (4.57)	0.000** (2.52)	0.000* (1.84)	0.000* (1.82)	0.001*** (5.46)	0.000*** (2.86)
Dual	-0.010 (-1.31)	-0.016** (-2.28)	-0.026*** (-8.36)	-0.011** (-2.30)	-0.015** (-2.16)	-0.020** (-2.54)	-0.026*** (-8.18)	-0.003 (-0.77)

续表

变量名	(1) TE_低融资约束组	(2) TE_高融资约束组	(3) TE_低融资约束组	(4) TE_高融资约束组	(5) TE_低融资约束组	(6) TE_高融资约束组	(7) TE_低融资约束组	(8) TE_高融资约束组
Salary	-0.000 (-0.94)	-0.000** (-2.07)	-0.000 (-0.61)	-0.000 (-0.93)	-0.000 (-0.81)	-0.000** (-2.21)	-0.000 (-1.16)	-0.000 (-0.83)
Ind	控制	控制	控制	控制	控制	控制	控制	控制
Year	控制	控制	控制	控制	控制	控制	控制	控制
_cons	0.772*** (25.95)	0.774*** (36.95)	0.688*** (47.20)	0.775*** (36.61)	0.754*** (35.43)	0.743*** (27.80)	0.730*** (21.99)	0.714*** (44.94)
N	972	1161	2134	1883	1048	1001	1997	1891
r2_a	0.362	0.482	0.448	0.451	0.460	0.466	0.419	0.469

注：括号内为 T 值，*、**、***分别表示在 1%、5%、10%水平上显著。

7.5　稳健性检验

为了使本章工作更具稳健性，本书将理查德森（Richardson，2006）投资效率模型计算的残差绝对值 EFF 作为投资效率替代变量，残差绝对值越小，表明企业投资过度或投资不足程度越低，投资效率越高，因此与异质性随机前沿模型计算的投资效率 TE 相比，运用理查德森（Richardson，2006）投资效率模型计算的残差绝对值 EFF 衡量标准相反，即 TE 越大代表投资效率越高，而 EFF 越小则代表投资效率越高。同时，将各主要解释变量滞后一期，并替换部分控制变量，如将销售收入增长率（Growth）替换为可持续增长率（Sgr），将资产总额（Size）替换为股票总市值（MV）。表 7.11 和表 7.12 分别从内部人交易基础变量和内部人交易超额收益对投资效率的影响做了稳健性检验。在表 7.11 中，内部控制质量 Dib、第（3）列的内部人交易股数占流通股比例 Ins_rario 系数为负，且两者的交乘项 Dib_Insrario 系数为正，分别在 1% ~ 10% 水平上显著，除系数和显著性水平有所下降外，结论基本与前文回归分析结果类似。

表 7.11　稳健性检验——内部人交易基础变量

变量名	（1） EFF	（2） EFF	（3） EFF	（4） EFF	（5） EFF
Dib	−0.016** （−2.47）	−0.018** （−2.49）	−0.021*** （−3.62）	−0.020*** （−3.27）	−0.020*** （−2.62）
Ins_dum	−0.008*** （−6.92）				
Dib_Insdum	−0.005 （−0.66）				
Ins_num		0.000 （0.58）			

续表

变量名	(1) EFF	(2) EFF	(3) EFF	(4) EFF	(5) EFF
Dib_Insnum		-0.001 (-1.44)			
Ins_rario			-0.183* (-1.65)		
Dib_Insrario			0.295* (1.32)		
Buyrario				-0.015 (-0.52)	
Dib_Buyrario				-0.277 (-1.29)	
Soldrario					-0.221* (-1.92)
Dib_Soldrario					-0.200 (-1.23)
MV	-0.000*** (-3.59)	-0.000*** (-4.85)	-0.000*** (-4.87)	-0.000*** (-4.28)	-0.000*** (-4.33)
Sgr	-0.000 (-0.91)	-0.000 (-1.63)	-0.000 (-1.50)	-0.000 (-1.21)	-0.000 (-1.15)
Lev	0.013*** (4.10)	0.013*** (2.76)	0.012*** (2.61)	0.011** (2.20)	0.016*** (2.86)
Con	0.021*** (11.75)	0.019*** (5.29)	0.018*** (5.15)	0.019*** (4.50)	0.010** (2.03)
Sh5	-0.000*** (-4.66)	-0.000*** (-4.65)	-0.000*** (-4.65)	-0.000*** (-4.25)	-0.000*** (-4.17)
Dual	0.001*** (3.42)	0.002*** (3.31)	0.002*** (3.29)	0.001** (2.38)	0.002*** (3.66)

续表

变量名	(1) EFF	(2) EFF	(3) EFF	(4) EFF	(5) EFF
Salary	0.000 (0.38)	0.000** (2.43)	0.000** (2.44)	0.000** (2.13)	0.000** (2.55)
Ind	控制	控制	控制	控制	控制
Year	控制	控制	控制	控制	控制
_cons	0.012** (2.28)	0.029*** (3.28)	0.028*** (3.23)	0.026** (2.52)	0.035*** (2.94)
N	17552	7980	7980	6089	4822
r2_a	0.151	0.177	0.177	0.176	0.180

注：括号内为 T 值，*、**、*** 分别表示在 1%、5%、10% 水平上显著。

表 7.12 列示了内部人交易超额收益对按照理查德森投资模型计算的投资效率的影响。第（2）列内部控制质量、内部人卖出短期超额收益系数为负，且在 5% 或 10% 水平显著，两者交乘项系数为正，且在 10% 水平上显著，仍然说明内部控制质量和内部人卖出短期超额收益都能够显著提升投资效率，两者发挥替代作用。其他变量回归分析结果除了系数和显著性有所变化，结论与前文分析基本一致。

表 7.12　稳健性检验——内部人交易超额收益

变量名	(1) EFF	(2) EFF	(3) EFF	(4) EFF
Dib	−0.013* (−1.88)	−0.032*** (−3.36)	−0.031** (−1.98)	−0.012* (−1.11)
Car_buy	−0.008 (−0.39)			
Car_sold		−0.005** (−2.40)		

变量名	(1) EFF	(2) EFF	(3) EFF	(4) EFF
Dib_Carbuy	0.051 (1.56)			
Dib_Carsold		0.097*** (4.27)		
Profit_buy			0.003 (0.64)	
Dib_Profitbuy			−0.001 (−0.01)	
Profit_sold				0.001 (1.08)
Dib_Profitsold				0.001 (0.04)
MV	−0.000*** (−5.45)	−0.000*** (−5.10)	−0.000*** (−5.43)	−0.000*** (−5.73)
Sgr	−0.000 (−0.06)	−0.043*** (−8.10)	−0.004 (−0.52)	−0.040*** (−7.89)
Lev	0.041*** (4.18)	0.024*** (3.24)	0.042*** (4.09)	0.042*** (5.57)
Roe	−0.021 (−1.05)	−0.081*** (−5.15)	−0.035 (−1.62)	−0.092*** (−6.30)
Con	0.006 (1.30)	0.004 (0.72)	0.010*** (2.69)	0.003 (1.04)
Sh5	−0.001*** (−5.73)	−0.000*** (−6.24)	−0.001*** (−5.47)	−0.000*** (−4.91)
Dual	0.005 (1.17)	0.001 (0.24)	0.001 (0.18)	0.009*** (4.14)

续表

变量名	(1) EFF	(2) EFF	(3) EFF	(4) EFF
Salary	0.000 (1.04)	0.000*** (2.88)	0.000 (1.05)	0.000** (2.53)
Ind	控制	控制	控制	控制
Year	控制	控制	控制	控制
_cons	0.145 (1.51)	−0.073 (−0.83)	0.258** (2.49)	−0.032 (−0.48)
N	2133	4017	2049	3888
r2_a	0.363	0.253	0.385	0.286

注：括号内为 T 值，＊、＊＊、＊＊＊分别表示在 1%、5%、10%水平上显著。

7.6　本章小结

　　理论层面，本章得出如下结论：①内部控制质量能够提升投资效率。具体而言，高质量的内部控制能够通过构建良好的内部控制环境、高效的风险评估与信息沟通、完善的内部控制活动等，影响财务报告披露质量和公司治理效率，降低信息不对称程度，增加股票流动性，使外部投资者对公司生产经营和盈利前景有更好的了解，愿意以更低的成本向企业提供所需资金，从而缓解公司面临的融资约束带来的投资不足。同时，通过合理规划公司内部大股东和小股东之间、股东和管理层之间的责、权、利，引导公司各利益相关方为公司利益最大化而非个人利益最大化而努力，从而减少诸如管理层为实现自身私利而引发的"帝国构建"冲动，有效抑制投资过度。②内部人交易提升了公司投资效率。由于当前世界各主要资本市场都对内部人交易实行较为严格的限制和制约，公司内部人单纯利用内幕信息等方式获利已经被定性为非法，与外部投资者相比，公司内部人更多的是只能基于对公司投资项目和盈利前景的优先判断和识别获得优势信息，进而做出买入或卖出行为，在对本公司股票买卖过程中，公司内部人主要从自身获取超额收益这一私利动机出发，为了获取更高的超额收益，不得不考虑和平衡外部投资者的利益，在很多情形下甚至迎合投资者，积极披露内部人交易信息，更为重要的是，对于持有公司股份的董事、监事、高级管理人员等内部人而言，通过内部人交易获得超额收益与通过投资活动获得投资收益并不矛盾甚至紧密相关，在两者都能给公司内部人带来正收益的前提下，公司内部人更倾向于将内部人交易行为与合理的投资行为结合在一起，以向市场传递更为正面的信息。尤其是在公司内部人卖出本公司股票过程中，通过股票减持，客观上使股票流转至外部投资者手中，机构投资者和其他外部股东的加入，减轻了公司对内部人的依赖程度，进而在面临公司投资决策时，有利于抑制公司内部人害怕担责导致的投资不足或激进导致的投资过度，进而提升了公司投资决策的质量和投资效率。③由于公司内部控制建设和内部人交易实施主体的一致性和目标、手段的差异性，决定了内部控制质量与内部人交易在影响公司投资效率的过程中发挥的是替代效应而非互补效应，即虽然高质量的内部控制质量和内部人交易频率、数量、超额收益各自可能都会有效提升投资效率，但是两者结合后却有可能会对投资效率形成负效应。

实证检验方面，本章选取 2009~2016 年中国 A 股非金融上市公司作为研究样本，借助迪博（Dib）内部控制指数作为内部控制质量的替代变量并作为核心解释变量，以是否发生内部人交易、内部人交易次数、内部人交易超额收益作为另一核心解释变量，以随机前沿模型计算的投资效率作为被解释变量。实证检验结果如下：①内部控制质量系数为正且显著，表明内部控制质量能够有效提升公司投资效率；②是否发生内部人交易虚拟变量、内部人交易次数、内部人卖出短期和长期超额收益系数为正且显著，表明整体而言内部人交易能够促进投资效率的提升；③从内部控制质量与内部人交易的交乘项可以看出，仅在短时间窗口内，内部人卖出超额收益与内部控制质量交乘项系数为负且显著，表明内部控制质量与内部人交易在影响投资效率过程中发挥了替代效应，也说明了公司内部人在卖出本公司股票过程中，更注重在卖出时配合较高的投资效率，达到获取更高超额收益的目的，而且有可能利用了设计和执行内部控制制度的主体资格，使内部控制质量发挥了替代效应而非互补效应。进一步将融资约束按照中位数分组可以发现，整体而言，高融资约束组别中，内部人交易对投资效率的正向促进作用更显著，内部控制质量与内部人交易除了在长期卖出行为中发挥了互补作用，其他仍然发挥了替代作用。

第8章 研究结论、政策建议与研究展望

8.1 研究结论

本书基于信息不对称理论和委托代理理论以及企业融资理论，在探讨内部人交易、内部控制质量和资本配置效率之间关系的基础上，具体分析了三者之间的关系，通过理论研究和实证检验，得出以下结论：

（1）内部人交易在我国普遍存在，从内部人买入和卖出样本量来看，内部人买入样本量接近卖出样本量的一半，尤其是2014年前的早期内部人交易的买入样本甚至不到卖出样本的1/3，伴随着近些年股权分置改革后的"大小非解禁"，内部人交易的买入频率有了较大幅度的提升；从身份来看，内部人交易主体主要为董事和高管；从分布市场来看，内部人交易主要集中于深圳中小板和深圳创业板；从买卖方向获取的超额收益来看，无论是短时间窗口还是长时间窗口，内部人买入获取的超额收益都呈明显的先下降后上升的"V"形曲线；而内部人卖出获取的超额收益都呈明显的先上升后下降的倒"V"形曲线，且两者均在内部人买入或卖出中实现各自的最小值和最大值，充分表明内部人交易具有较为精确的择时性；从产权性质来看，实际控制人为国有的上市公司样本较少，且在短时间窗口内比非国有上市公司内部人获取的超额收益更高，而在长时间窗口内非国有上市公司内部人获取的超额收益更高。

（2）本书从内在机制角度分析了内部人交易、内部控制质量和资本配置效率的关系，即以导致融资约束和非效率投资的信息不对称程度作为被解释变量，以内部控制制度规范和调整的核心对象——以财务报告质量为核心解释变量，以定性和定量标准衡量的内部人交易作为另一核心解释变量。理论分析和

实证检验结果显示，以盈余质量为衡量标准的财务报告质量越低，外部投资者能够获得的信息透明度越低，相应的信息不对称程度越高，其中，应计盈余管理比真实盈余管理导致了更明显的信息不对称。内部人交易各构成变量整体而言都显著提升了信息不对称程度，与内部人买入相比，内部人卖出行为更加显著地加剧了信息不对称。从内部人交易是否发生来看，应计盈余管理或真实盈余管理在发生内部人交易的样本正向提升信息不对称程度过程中发挥了调节作用。从定量角度出发，只有应计盈余管理与内部人交易占流通股比例，且只有应计盈余管理与内部人卖出占流通股比例的交乘项系数为正且显著，最终结果表明，整体上内部人交易尤其是卖出交易更多的是通过应计盈余管理活动影响财务报告质量，从而加剧了信息不对称程度。

（3）本书从资本配置的流入流出角度，先分析了内部人交易、内部控制质量与融资约束的关系。研究发现，内部控制质量能够抑制融资约束，而内部人交易超额收益对融资约束的影响则需要根据买入和卖出方向的不同而得出不同的结论。从买入角度而言，短时间窗口内部人获取的超额收益缓解了融资约束，并且内部控制质量和短时间窗口内部人买入超额收益在影响融资约束过程中发挥了替代效应；长时间窗口内部人买入获取的超额收益提升了融资约束程度，内部控制质量在这一过程中发挥了调节作用。从卖出角度而言，短时间窗口和长时间窗口的内部人卖出超额收益均显著正向影响了融资约束程度，且内部控制质量在这一影响过程中发挥了调节作用。

（4）在分析资本配置的流入配置即融资角度后，本书将投资效率作为资本配置的一个结果，即资本配置通过流入配置后，能否从产出角度对公司价值产生积极影响。理论分析和实证检验结果表明，整体而言，内部控制质量和内部人交易均能够显著提升投资效率。具体而言，短时间窗口的内部人卖出超额收益与内部控制质量交乘项系数为负且显著，表明内部控制质量与内部人交易在影响投资效率过程中发挥了替代效应，表明公司内部人在卖出本公司股票的过程中，更注重在卖出时配合较高的投资效率，达到获取更高超额收益的目的，而且有可能利用了设计和执行内部控制制度的主体资格，使内部控制质量发挥了替代效应而非互补效应。将公司内部人交易样本进一步区分低融资约束和高融资约束组别可以发现，高融资约束组别中，内部人交易对投资效率的正向促进作用整体更加显著，内部控制质量与内部人交易除了在长期卖出行为中发挥了互补作用，其他仍然发挥了替代作用。

8.2 政策建议

基于前面的理论分析和实证检验结果，本书从内部人交易、内部控制质量提升以及两者与资本配置之间的关系提出如下政策建议。

（1）内部人交易是一种市场行为，应当科学看待并合理应对。Brudney（1979）明确指出："只要市场还依赖信息，就必然存在内部人交易。"尽管内部人交易基于公司内部人的自利动机，由此获得了超额收益并导致了进一步的信息不对称，加剧了融资约束程度，但是内部人交易毕竟还是向市场传递了交易信息，而且在传递的及时性上已经被各主要资本市场以法律法规形式所保障，如我国证监会2017年5月颁布的《上市公司股东、董事、监事、高级管理人员减持股份的若干规定》明确规定，公司董事、监事和高级管理人员应在持有本公司股份发生变动之日起2日内披露交易信息。

由此，对于内部人交易应当采取"宜疏不宜堵"的政策。一方面，对于通过内幕信息交易而损害其他投资者利益的内部人交易，应当继续严厉打击和禁止。2006年正式实施的《中华人民共和国证券法》（以下简称《证券法》）对公司董事、监事、高级管理人员等内部人的短线交易规定所得收益收归公司并进行处罚，而对利用内幕信息的交易行为做出的最高罚金为违法所得一倍以上五倍以下，最高刑期为10年，在实际操作过程中，往往是罚款了事，无法对做出以上行为的公司内部人形成有效威慑，特别是公司内部人利用其优势信息进行短线交易和内幕交易，损害了外部投资者的利益，因此除了从行政责任、刑事责任从重追究之外，还应从民事侵权角度，加大对外部投资者由于短线交易和内幕交易产生损失的赔偿力度。另一方面，应当看到，公司董事、监事、高级管理人员等内部人短线交易和利用内幕信息进行交易的非法行为并非内部人交易的主流，当前更多的内部人交易主要还是基于公司董事、监事、高级管理人员对所在公司的价值判断。就内部人交易的动因和条件来看，公司内部人作为自然人并非圣贤，有其自利动机无可厚非，另外由于公司内部人基本都处于公司关键和重要职位，自然拥有比外部投资者更多的信息优势，此外，内部人交易也可以通过及时披露向市场传递交易信息，与禁止内部人交易或任其"野蛮生长"相比，更重要的是将内部人交易"关进制度的笼子里"，在看到内部人交易的积极性和允许其正常存在的前提下，设计各种制度约束，使其在促进信息传递、提升公司价值的大前提下合理发展。

从法律法规层面，应继续提高内部人交易信息披露的及时性，虽然现有证券法及证监会的相关法律和政策性文件都规定了内部人交易应在 2 日内及时披露，但从本书样本公司统计结果看，以上海证券交易所披露的 2009~2016 年内部人交易日期与填报日期相比，实际填报日期比交易日期平均滞后 39 天之久，个别样本最长滞后期长达 6 年多，这严重影响了内部人交易信息披露的及时性，而且几乎没有由于交易信息披露延迟而遭到处罚的案例。应当专门针对违反规定延迟披露信息的上市公司加大监管和处罚力度，使内部人交易信息能够更加及时、更加充分地得以传递至市场。此外，深圳证券交易所披露的内部人交易信息中仅有交易日期，没有填报日期数据，本书仅能凭借网上资料间接得出信息披露及时的结论（同花顺，2017），建议深圳证券交易所进一步完善交易数据的填报工作。

从公司治理层面，进一步促进上市公司治理水平的提升，使内部人交易行为与公司及利益相关者的利益保持基本一致。由于我国普遍存在大股东控制现象，已有研究也表明，大股东尤其是控股股东无论是增持还是减持行为都形成了对交易信息的操控，获取了更多的超额收益，不利于中小股东和外部投资者的利益保护，由此应当进一步降低股权集中度、推进董事长与总经理两职分离，提升机构投资者投资比例，促进独立董事作用的发挥，使公司治理相互制衡、相互促进的作用得以最大限度地发挥。由于我国上市公司的股权比较集中，改善上市公司的公司治理，一方面要降低控股股东的控制水平，可以采取包括限制上市公司的股权集中度、限制董事长与总经理两职合一在内的一系列措施；另一方面，要积极培育制衡控股股东的力量，可以采取包括大力培育机构投资者、完善独立董事的选聘、激励及约束等相关制度在内的一系列措施，使其发挥应有的作用。

（2）充分发挥高质量内部控制的积极作用，加强内部控制制度和体系建设。从本书研究结论来看，内部控制质量越高，越能够缓解融资约束，提升投资效率。由于我国内部控制建设真正上升至政策层面自 2008 年才开始，至今也才 10 年的时间，内部控制虽然在公司治理及保障合法合规方面获得了较为一致的正面评价，但是每个公司由于其各自特点，对如何最大化发挥内部控制质量的积极作用却不可能形成统一标准，加之内部控制被普遍"神化"和全能化（李心合，2013），使理论上"完美"的内部控制体系在实际运用过程中并不好把握，很多上市公司将内部控制建设置于形式层面，由公司管理层编制的内部控制评价报告和会计师事务所编制的内部控制鉴证报告更多地成为必须完成的"作业"，从而没有发挥出内部控制质量应有的积极作用。因此，在充分重视内部控制质量对公司价值正面作用的前提下，公司更应该首先懂得到底什么是内部控制，在建设高质量内部控制体系的过程中应当合理评价投入成本和产出收益，全面结合本公司的具体特点正确评价内部控制质量给融资约束和投资效率带来的影响。此外，应最大限度地避免内部控制决策人员的人为判断失误、人员串通或管理层凌驾、人员素质不符合、例外事项等风险因素，除了思想上重视、设置专门内控岗位，还应当切实杜绝形式主义，从人员培训、继续教育上保证内部控制得到高效执行。

（3）讨论资本配置效率的根源，就是讨论信息不对称与委托代理成本，因此除了本书重点探讨的、从完善内部人交易监管相关制度和提升内部控制质量角度提升资本配置效率，还应当继续完善信息披露制度，加强对公司信息披露的监管，更为关键的是，作为监管部门，应切实加强信息披露规范性文件和政策的颁行力度，根据资本市场的变化不断调整和更新信息披露的内容和格式要求。笔者登录"中国证券监督管理委员会"官方网站，进入"政策法规——规范性文件——信息披露规范"专栏查阅证监会颁布实施的《公开发行证券的公司信息披露内容与格式准则》，发现该准则的显示并不完整，缺失了相当一部分的内容，通过其他渠道的简单搜索，也没有发现该准则的完整版本。且部分准则如第 2 号"年度报告的内容与格式"2012 年版本至 2017 年修订，间隔期长达 5 年。如果我国证券市场监管机构唯一官方网站，都无法显示信息披露规范性文件的完整内容，就不难想象作为监管对象的上市公司，对于信息披露的重视程度。进一步地，对部分内容的修订间隔期过长，很可能说明了监管机构对于信息披露规范的补充和完善没有及时跟进。因此，监管机构应在既有信息披露准则的基础上，尽快予以修订和完善，以进一步提升上市公司信息披露质量和资本配置效率。

（4）进一步认清政府和市场在资本配置过程中的角色和作用，真正贯彻落实党的十八届三中全会《决定》指出的"使市场在资源配置中起决定性作用和更好发挥政府作用"。毋庸置疑，市场无论在资源配置还是资本配置过程中，都应发挥主导作用。以 GDP 指标为核心的政绩考核标准使我国政府尤其是地方政府，有强烈动机干预地方上市公司的投融资决策，影响了资本的正常流动，进而降低了资本配置效率。因此，必须进一步构建科学合理的政府绩效考核和官员评价体系，真正实现政企分开，减少政府对资本配置的非正常干预，充分发挥市场的决定性作用，为企业充分、自由的竞争创造良好的市场环境。

8.3　研究局限与研究展望

8.3.1　研究局限

（1）研究对象的局限性。由于既有文献都普遍认可内部控制质量的正面作用，为避免重复研究，本书没有重点论述内部控制缺陷、内部控制构成、内部控制信息披露等方面并结合内部人交易对资本配置效率的影响，而是将内部控制质量作为核心解释变量，重点围绕内部控制质量在内部人交易影响资本配置过程中发挥何种作用展开，在一定程度上可能会造成研究路径不严谨、研究结论出现偏差等问题。

（2）样本选择的局限性。2008 年《企业内部控制基本规范》和 2010 年《企业内部控制配套指引》的颁布标志着我国内部控制规范体系的初步构建完成，但由于实际实行的滞后性，本书选取了 2009～2016 年的内部控制质量指数，这一区间基本处于股市的"熊市"或"反弹"阶段，而本书的初始目的是希望通过观察和分析整个"牛熊转换"周期的内部人交易及内部控制质量对资本配置效率的影响，最终选择的 2009～2016 年的样本期间限制了本书的研究宽度和广度。

（3）部分解释变量的界定存在局限性。

1）内部控制质量的界定仅采用了迪博（DIB）公司的内部控制指数作为替代变量，尽管与厦门大学内部控制组、部分学者构建的内部控制评价指标等相比，迪博数据库作为专业性公司研发和推广的数据库更具有开放性和广泛性，也越来越被认可和使用，但是作为本书的核心解释变量，本书的选择过于单一，没有选择其他衡量内部控制质量的指标或者通过构建内部控制质量等方式作为替代变量。

2）如信息不对称指标由于样本选取困难和计算方法的局限性，没能按照知情交易概率模型计算的 PIN 值作为信息不对称的替代变量。

8.3.2　研究展望

（1）内部控制制度是由董事会负责制定的，监事会和管理层也参与了对内部控制制度的监督和具体实施，如我国 2008 年发布的《企业内部控制基本规范》明确规定，"董事会负责内部控制的建立健全和有效实施。监事会对董事会建立与实施内部控制进行监督。经理层负责组织领导企业内部控制的日常运行"，而内部人交易的实施主体往往就是公司董事、监事、高级管理人员等内部人，因此在研究内部人交易和内部控制质量对资本配置效率的影响时，必须考虑内部控制实施本身的内生性问题，即公司内部人交易的主体是董事、监事、高级管理人员，而董事、监事、高级管理人员又负责了公司内部控制的设计、实施和监督，董事、监事、高级管理人员可能为了获取私人超额收益，利用自身对内部控制制度的设计、实施和监督的影响力进而将公司内部控制变成内部人交易获得超额收益的工具。下一步将运用 DID 双重差分模型并拓展研究区间等方法深入研究内部控制制度实施前后内部人交易对资本配置效率的影响。

（2）本书将公司内部人主要界定为董事、监事、高级管理人员，既有文献也有很多将公司持股 5% 以上的大股东界定为公司内部人。同时，公司董事又可区分为内部董事和外部董事、执行董事与非执行董事、独立董事与非独立董事，在实际情形中又普遍存在董事长兼任总经理、董事兼任高管的现象，加之公司董事、监事、高级管理人员的个人背景及特征，上述特征在理论上都会对资本配置效率产生不同程度的影响，有待结合下一步的人员细分和背景特征等角度进行深入研究。

参考文献

[1] Aboody D, Hughes J, Liu J. Earnings Quality, Insider Trading, and Cost of Capital [J]. Journal of Accounting Research, 2005, 43 (5): 651-673.

[2] Aboody D, Lev B. Information Asymmetry, R&D, and Insider Gains [J]. Journal of Finance, 2000, 55 (6): 2747-2766.

[3] Akerlof G. Market for Lemons [J]. Journal of Economics, 1970, 7 (16): 1372-1391.

[4] Albrecht W S, M. B. Romney. Red-flagging Management Fraud: A Validation [J]. Advances in Accounting, 1986 (4): 323-333.

[5] Almeida H, Campello M, Weisbach M S. The Cash Flow Sensitivity of Cash [J]. Journal of Finance, 2004, 59 (4): 1777-1804.

[6] Altamuro J, Beatty A. How Does Internal Control Regulation Affect Financial Reporting? [J]. Journal of Accounting & Economics, 2010, 49 (1-2): 58-74.

[7] Ashbaugh-Skaife H, Collins D W, Kinney W R, et al. The Effect of SOX Internal Control Deficiencies on Firm Risk and Cost of Equity [J]. Journal of Accounting Research, 2009, 47 (1): 1-43.

[8] Ataullah A, Goergen M, Le H. Insider Trading and Financing Constraints [J]. Financial Review, 2015, 49 (4): 685-712.

[9] Ayyagari M, Demirgüçkunt A, Maksimovic V. Firm Innovation in Emerging Markets: The Role of Finance, Governance, and Competition [J]. Journal of Financial & Quantitative Analysis, 2011, 46 (6): 1545-1580.

[10] Baker, Malcolm, Jeremy Stein, and Jeffrey Wurgler. When does the Market Matter [J]. Quarterly Journal of Economics, 2003 (8): 969-1005.

[11] Banerjee A, Eckard E W. Why Regulate Insider Trading? Evidence from the First Great Merger Wave (1897-1903) [J]. American Economic Review, 2001, 91 (5): 1329-1349.

[12] Baxter, N. D. Leverage, Risk of Ruin and the Cost of Capital [J]. Journal of Finance, 1967, 22 (3): 395-403.

[13] Bedard Jean, Graham L. Detection and Severity Classifications of Sarbanes-Oxley Section 404 Internal Control Deficiencies [J]. Social Science Electronic Publishing, 2011, 86 (3): 12-19.

[14] Bell T B, Carcello J V. A Decision Aid for Assessing the Likelihood of Fraudulent Financial Reporting [J]. Auditing A Journal of Practice & Theory, 2000, 19 (1): 169-184.

[15] Beneish M D, Billings M B, Hodder L D. Internal Control Weaknesses and Information Uncertainty [J]. Accounting Review, 2008, 83 (3): 665-703.

[16] Berle A A, Means G C, Weidenbaum M L, et al. The Modern Corporation and Private Property [J]. Economic Journal, 1932, 20 (6): 119-129.

[17] Betzer A, Theissen E. Sooner or Later: An Analysis of the Delays in Insider Trading Reporting [J]. Journal of Business Finance & Accounting, 2010, 37 (1-2): 130-147.

[18] Bhattacharya S, Nicodano G. Insider Trading, Investment, and Liquidity: A Welfare Analysis [J]. Journal of Finance, 2001, 56 (3): 1141-1156.

[19] Biddle G C, Hilary G, Verdi R S. How does Financial Reporting Quality Relate to Investment Efficiency? [J]. Journal of Accounting & Economics, 2009, 48 (2-3): 112-131.

[20] Brochet F. Information Content of Insider Trades before and after the Sarbanes-Oxley Act [J]. Accounting Review, 2010, 85 (2): 419-446.

[21] Brudney V. Insiders, Outsiders, and Informational Advantages Under the Federal Securities Laws [J]. Harvard Law Review, 1979, 93 (2): 322-341.

[22] Carlton D W, Fischel D R. The Regulation of Insider Trading [J]. Stanford Law Review, 1983, 35 (5): 857-895.

[23] Cespa G, Foucault T. Insiders-Outsiders, Transparency and the Value of the Ticker [J]. Les Cahiers De Recherche, 2008, 14 (3): 714-744.

[24] Chen S, Sun Z, Tang S, et al. Government Intervention and Investment Efficiency: Evidence from China [J]. Journal of Corporate Finance, 2011, 17 (2): 259-271.

[25] Cheng M, Dan D, Zhang Y. Does Investment Efficiency Improve after the

Disclosure of Material Weaknesses in Internal Control over Financial Reporting? [J]. Journal of Accounting & Economics, 2013, 56 (1): 1-18.

[26] Cheng Q, Kin L O. Insider Trading and Voluntary Disclosures [J]. Journal of Accounting Research, 2006, 44 (5): 815-848.

[27] Cheng Q, Luo T, Yue H. Managerial Incentives and Management Forecast Precision [J]. Accounting Review, 2012, 88 (5): 1575-1602.

[28] Cull R, Xu L C. Institutions, Ownership, and Finance: The Determinants of Profit Reinvestment among Chinese Firms [J]. Journal of Financial Economics, 2005, 77 (1): 117-146.

[29] Dechow P M, Douglas J. Skinner. Earnings Management: Views of Account Academics, Practitioners, and Regulators [J]. Accounting Horizons, 2000, 14 (2): 47-75.

[30] Donaldson W H. Testimony Concerning Implementation of the Sarbanes-Oxley Act of 2002 [J]. Before the Senate Committee on Banking, 2003 (7): 118-134.

[31] Dow J, Rahi R. Informed Trading, Investment, and Welfare [J]. Journal of Business, 1997, 76 (3): 439-454.

[32] Doyle J T, Ge W, Mcvay S. Accruals Quality and Internal Control over Financial Reporting [J]. Accounting Review, 2007, 82 (5): 1141-1170.

[33] Easley D, Kiefer N M, O'Hara M, et al. Liquidity, Information, and Infrequently Traded Stocks [J]. Journal of Finance, 1996, 51 (4): 1405-1436.

[34] Ewert R, Wagenhofer A. Economic Effects of Tightening Accounting Standards to Restrict Earnings Management [J]. Accounting Review A Quarterly Journal of the American Accounting Association, 2011, 80 (4): 1101-1124.

[35] Fama E F. Efficient Capital Markets: A Review of Theory and Empirical Work [J]. Journal of Finance, 1970, 25 (2): 383-417.

[36] Fama E F. The Behavior of Stock-Market Prices [J]. Journal of Business, 1965, 38 (1): 34-105.

[37] Fazzari S M, Hubbard R G, Petersen B C, et al. Financing Constraints and Corporate Investment [J]. Brookings Papers on Economic Activity, 1988, 1988 (1): 141-206.

[38] Fidrmuc J P, Goergen M, Renneboog L. Insider Trading, News Releases, and Ownership Concentration [J]. Journal of Finance, 2006, 61 (6): 2931-2973.

[39] Finnerty J E. Insiders and Market Efficiency [J]. Journal of Finance, 1976, 31 (4): 1141-1148.

[40] Frankel R, Li X. Characteristics of a Firm's Information Environment and the Information Asymmetry between Insiders and Outsiders [J]. Journal of Accounting & Economics, 2004, 37 (2): 229-259.

[41] Gao P. Disclosure Quality, Cost of Capital, and Investor Welfare: 2008 American Accounting Association Competitive Manuscript Award Winner [J]. Accounting Review, 2010, 85 (1): 1-29.

[42] Glosten L R, Milgrom P R. Bid, Ask and Transaction Prices in a Specialist Market with Heterogeneously Informed Traders [J]. Journal of Financial Economics, 1985, 14 (1): 71-100.

[43] Goh B W. Audit Committees, Boards of Directors, and Remediation of Material Weaknesses in Internal Control [J]. Contemporary Accounting Research, 2010, 26 (2): 549-579.

[44] Grossman S J, Stiglitz J E. On the Impossibility of Informationally Efficient Markets [J]. American Economic Review, 1980, 70 (3): 393-408.

[45] Hadlock C J, Pierce J R. New Evidence on Measuring Financial Constraints: Moving Beyond the KZ Index [J]. Review of Financial Studies, 2010, 23 (5): 1909-1940.

[46] Hammersley J S, Myers L A, Shakespeare C. Market Reactions to the Disclosure of Internal Control Weaknesses and to the Characteristics of Those Weaknesses under Section 302 of the Sarbanes Oxley Act of 2002 [J]. Review of Accounting Studies, 2008, 13 (1): 141-165.

[47] Healy P M, Palepu K G. Information Asymmetry, Corporate Disclosure, and the Capital Markets: A Review of the Empirical Disclosure Literature [J]. Journal of Accounting & Economics, 2001, 31 (1-3): 405-440.

[48] Hoag M L, Hollingsworth C W. An Intertemporal Analysis of Audit Fees and Section 404 Material Weaknesses [J]. Auditing A Journal of Practice & Theory, 2011, 30 (2): 173-200.

[49] Hogan C E, Wilkins M S. Evidence on the Audit Risk Model: Do Auditors Increase Audit Fees in the Presence of Internal Control Deficiencies? [J]. Contemporary Accounting Research, 2008, 25 (1): 219-242.

［50］Hovakimian G. FinancialConstraints and Investment Efficiency：Internal Capital Allocation across the Business Cycle ［J］. Journal of Financial Intermediation, 2011, 20 （2）: 264-283.

［51］Hu J, Kim J B, Zhang W. Insider Trading and Stock Price Crash Risk: International Evidence from a Natural Experiment ［C］. Tokyo : The FMA 2014 Asian Conference, 2014: 47-64.

［52］Huang Y C, Hou N W, Cheng Y J. Illegal Insider Trading and Corporate Governance: Evidence from Taiwan ［J］. Emerging Markets Finance & Trade, 2012, 48 （3）: 6-22.

［53］Huddart S J, Hughes J S, Williams M. Pre-announcement of Insiders' Trades ［J］. Social Science Electronic Publishing, 2000, 2 （1）: 1025-1052.

［54］Jaffe J F. Special Information And Insider Trading ［J］. Journal of Business, 1974, 47 （3）: 410-428.

［55］Jaffee D M, Russell T. Imperfect Information, Uncertainty, and Credit Rationing ［J］. Quarterly Journal of Economics, 1976, 90 （4）: 651-666.

［56］Jaggi B, Tsui J. Insider Trading, Earnings Management and Corporate Governance: Empirical Evidence Based on Hong Kong Firms ［J］. Journal of International Financial Management & Accounting, 2007, 18 （3）: 192-222.

［57］Jiambalvo J. Discussion of "Causes and Consequences of Earnings Manipulation: An Analysis of Firms Subject to Enforcement Actions by the SEC" * ［J］. Contemporary Accounting Research, 1996, 13 （1）: 37-47.

［58］Jones J J. Earnings Management During Import Relief Investigations ［J］. Journal of Accounting Research, 1991, 29 （2）: 193-228.

［59］Kaplan S N, Zingales L. Do Investment-Cash Flow Sensitivities Provide Useful Measures of Financing Constraints? ［J］. Quarterly Journal of Economics, 1997, 112 （1）: 169-215.

［60］Kedia S, Philippon T. The Economics of Fraudulent Accounting ［J］. Review of Financial Studies, 2009, 22 （6）: 2169-2199.

［61］Kim Y, Park M S. Market Uncertainty and Disclosure of Internal Control Deficiencies under the Sarbanes-Oxley Act ［J］. Journal of Accounting & Public Policy, 2009, 28 （5）: 419-445.

［62］Kinney W R, Mcdaniel L S. Characteristics of Firms Correcting Previously

Reported Quarterly Earnings [J]. Journal of Accounting & Economics, 2006, 11 (1): 71-93.

[63] Kraus A, Litzenberger R H. A State-preference Model of Optimal Financial Leverage [J]. Journal of Finance, 1973, 28 (4): 911-922.

[64] Krishnan J. Audit Committee Quality and Internal Control: An Empirical Analysis [J]. Accounting Review, 2005, 80 (2): 649-675.

[65] Kyle A S. Continuous Auctions and Insider Trading [J]. Econometrica, 2003, 7 (1): 47-71.

[66] Lakonishok J, Lee I. Are Insider Trades Informative? [J]. Review of Financial Studies, 2001, 14 (1): 79-111.

[67] Lang M, Lundholm R. Cross-Sectional Determinants of Analyst Ratings of Corporate Disclosures [J]. Journal of Accounting Research, 1993, 31 (2): 246-271.

[68] Leland H E. Insider Trading: Should it be Prohibited? [J]. Journal of Political Economy, 1992, 100 (4): 859-887.

[69] Lorie J H, Niederhoffer V. Predictive and Statistical Properties of Insider Trading [J]. Journal of Law & Economics, 1968, 11 (1): 35-53.

[70] Manove M. The Harm from Insider Trading and Informed Speculation [J]. Quarterly Journal of Economics, 1989, 104 (4): 823-845.

[71] Marin J M, Olivier J P. The Dog That did not Bark: Insider Trading and Crashes [J]. Journal of Finance, 2008, 63 (5): 2429-2476.

[72] Maug E. InsiderTrading Legislation and Corporate Governance [J]. European Economic Review, 2004, 46 (9): 1569-1597.

[73] Mclean R D, Zhang T, Zhao M. Why does the Law Matter? Investor Protection and its Effects on Investment, Finance, and Growth [J]. Journal of Finance, 2012, 67 (1): 313-350.

[74] Mei Feng, Chan Li, Sarah McVay. Internal Control and Management Guidance [J]. Journal of Accounting and Economics, 2009, 48 (2-3): 190-209.

[75] Modigliani F, Miller M H. Corporate Income Taxes and the Cost of Capital: A Correction [J]. American Economic Review, 1963, 53 (3): 433-443.

[76] Munsif, V, K. Raghunandan, and D. V. Rama. Audit Fees after Remediation of Internal Control Weaknesses [J]. Accounting Horizons, 2011, 25 (1): 87-105.

[77] Myers S C, Majluf N S. Corporate Financing and Investment Decisions when Firms Have Information that Investors do not Have [J]. Journal of Financial Economics, 1984, 13 (2): 187-221.

[78] Narayanan M P. Debt Versus Equity under Asymmetric Information [J]. Journal of Financial & Quantitative Analysis, 1988, 23 (1): 39-51.

[79] Ogneva M, Subramanyam K R, Raghunandan K. Internal Control Weakness and Cost of Equity: Evidence from SOX Section 404 Disclosures [J]. Accounting Review, 2007, 82 (5): 1255-1297.

[80] Opler T, Pinkowitz L, Stulz R, et al. The Determinantsand Implications of Corporate Cash Holdings [J]. Journal of Financial Economics, 1999, 52 (1): 3-46.

[81] Patterson E R, Smith J R. The Effects of Sarbanes-Oxley on Auditing and Internal Control Strength [J]. Accounting Review, 2007, 82 (2): 427-455.

[82] Raghunandan K, Rama D V. SOX Section 404 Material Weakness Disclosures and Audit Fees [J]. Auditing, 2006, 25 (1): 99-114.

[83] Ravina E, Sapienza P. What do Independent Directors Know? Evidence from Their Trading [J]. Review of Financial Studies, 2010, 23 (3): 962-1003.

[84] Richard Lambert, Christian Leuz, Rober E. Verrecchia. Accounting Information, Disclosure, and the Cost of Capital [J]. Journal of Accounting Research, 2007, 45 (2): 421-426.

[85] Roberts H V. Statistical Versus Clinical Prediction in the Stock Market [J]. General Information, 1967 (4): 1-9.

[86] Rogers J L, Stocken P C. Credibility of Management Forecasts [J]. Accounting Review, 2005, 80 (4): 1233-1260.

[87] Roulstone D T. The Relation between Insider-Trading Restrictions and Executive Compensation [J]. Journal of Accounting Research, 2003, 41 (3): 525-551.

[88] Roychowdhury S. Earnings Management through Real Activities Manipulation [J]. Journal of Accounting & Economics, 2006, 42 (3): 335-370.

[89] Rozeff M S, Zaman M A. Overreaction and Insider Trading: Evidence from Growth and Value Portfolios [J]. Journal of Finance, 1998, 53 (2): 701-716.

[90] Sawicki J, Shrestha K. Insider Trading and Earnings Management in China [J]. Journal of Business Finance & Accounting, 2010, 35 (3-4): 331-346.

［91］Schipper K. Commentary on Earnings Management ［J］. Accounting Horizons, 1989 (3): 91-102.

［92］Scott J H. A Theory of Optimal Capital Structure ［J］. Bell Journal of Economics, 1976, 7 (1): 33-54.

［93］Scott Richardson. Over-investment of Free Cash Flow ［J］. Review of Accounting Studies, 2006, 11 (2): 159-189.

［94］Seyhun H N, Bradley M. Corporate Bankruptcy and Insider Trading ［J］. Journal of Business, 1997, 70 (2): 189-216.

［95］Seyhun H N. Insider Profits, Cost of Trading, and Market Efficiency ［J］. Journal of Financial Economics, 1986, 16 (2): 189-212.

［96］Sharpe W F. Capital Asset Prices: A Theory of Market Equilibrium under Conditions of Risk ［J］. Journal of Finance, 1964, 19 (3): 425-442.

［97］Shleifer A, Vishny R W. A Survey of Corporate Governance ［J］. Journal of Finance, 1997, 52 (2): 737-783.

［98］Singer Z, You H. The Effect of Section 404 of the Sarbanes-Oxley Act on Earnings Quality ［J］. Journal of Accounting Auditing & Finance, 2011, 26 (3): 556-589.

［99］Skaife H A, Veenman D, Wangerin D. Internal Control over Financial Reporting and Managerial Rent Extraction: Evidence from the Profitability of Insider Trading ［J］. Journal of Accounting & Economics, 2013, 55 (1): 91-110.

［100］Spence M. Job Market Signaling ［J］. Quarterly Journal of Economics, 1973, 87 (3): 355-374.

［101］Stein J C. Agency, Information and Corporate Investment ［J］. Social Science Electronic Publishing, 2001, 1 (3): 111-165.

［102］Stiglitz J E, Weiss A. Credit Rationing in Markets with Imperfect Information ［J］. American Economic Review, 1981, 71 (3): 393-410.

［103］Stiglitz J E. A Re-Examination of the Modigliani-Miller Theorem ［J］. American Economic Review, 1969, 59 (5): 784-793.

［104］Stulz R. Managerial Discretion and Optimal Financing Policies ［J］. Journal of Financial Economics, 1990, 26 (1): 3-27.

［105］Vogt S C. The Cash Flow/Investment Relationship: Evidence from U. S. Manufacturing Firms ［J］. Financial Management, 1994, 23 (2): 3-20.

[106] Wang H J. A Stochastic Frontier Analysis of FInancing Constraints on Investment: The Case of Financial Liberalization in Taiwan [J]. Journal of Business & Economic Statistics, 2003, 21 (3): 406-419.

[107] Wu Y J, Tuttle B. The Interactive Effects of Internal Control Audits and Manager Legal Liability on Managers' Internal Controls Decisions, Investor Confidence, and Market Prices [J]. Contemporary Accounting Research, 2014, 31 (2): 444-468.

[108] Wurgler J. FinancialMarkets and the Allocation of Capital [J]. Journal of Financial Economics, 2001, 58 (1): 187-214.

[109] Yakov Amihud. Illiquidity and Stock Returns: Cross-section and Time-series Effects [J]. Journal of Financial Markets, 2002, 5 (1): 31-56.

[110] Zang A Y. Evidence on the Trade-Off between Real Activities Manipulation and Accrual-Based Earnings Management [J]. Accounting Review, 2011, 87 (2): 675-703.

[111] 敖世友. 基于管理熵的企业内部控制评价研究 [J]. 四川大学学报 (哲学社会科学版), 2009 (4): 77-81.

[112] 彼得·蒙德尔, 胡代光. 经济学解说 [M]. 北京: 经济科学出版社, 2000: 102-113.

[113] 蔡吉甫. 法治、政府控制与公司投资效率 [J]. 当代财经, 2012 (5): 62-72.

[114] 曹静, 孙良媛, 张乐. 中国农业资本配置效率与农村金融发展的相关性研究 [J]. 农村经济, 2017 (3): 73-79.

[115] 曾建新. 内部人交易及其信息优势获利的实证研究 [D]. 广州: 暨南大学, 2014: 22-57.

[116] 曾庆生, 张耀中. 信息不对称、交易窗口与上市公司内部人交易回报 [J]. 金融研究, 2012 (12): 151-164.

[117] 曾庆生, 张耀中. 政治关联、分析师跟踪与内部人交易的信息含量 [J]. 中国会计与财务研究, 2013 (3): 67-119.

[118] 曾庆生. 高管及其亲属买卖公司股票时 "浑水摸鱼" 了? ——基于信息透明度对内部人交易信息含量的影响研究 [J]. 财经研究, 2014, 40 (12).

[119] 曾庆生. 公司内部人具有交易时机的选择能力吗? ——来自中国上

市公司内部人卖出股票的证据 [J]. 金融研究, 2008 (10): 117-135.

[120] 曾庆生. 上市公司内部人交易披露延迟及其经济后果研究——来自上海股票市场的经验证据 [J]. 财经研究, 2011, 37 (2): 72-82.

[121] 曾亚敏, 张俊生. 上市公司高管违规短线交易行为研究 [J]. 金融研究, 2009 (11): 143-157.

[122] 曾颖, 陆正飞. 信息披露质量与股权融资成本 [J]. 经济研究, 2006 (2): 69-79.

[123] 陈创练, 庄泽海, 林玉婷. 金融发展对工业行业资本配置效率的影响 [J]. 中国工业经济, 2016 (11): 22-38.

[124] 陈德球, 李思飞, 钟昀珈. 政府质量、投资与资本配置效率 [J]. 世界经济, 2012 (3): 89-110.

[125] 陈汉文, 张宜霞. 企业内部控制的有效性及其评价方法 [J]. 审计研究, 2008 (3): 48-54.

[126] 陈汉文, 周中胜. 内部控制质量与企业债务融资成本 [J]. 南开管理评论, 2014, 17 (3): 103-111.

[127] 陈建林. 家族所有权与非控股国有股权对企业绩效的交互效应研究——互补效应还是替代效应 [J]. 中国工业经济, 2015 (12): 99-114.

[128] 陈维, 陈伟, 吴世农. 证券分析师的股票评级与内部人交易——我国证券分析师是否存在道德风险? [J]. 证券市场导报, 2014 (3): 60-66.

[129] 陈晓迅, 夏海勇. 中国省际经济增长中的人力资本配置效率 [J]. 人口与经济, 2013 (6): 86-92.

[130] 陈学胜, 罗润东. 利率市场化改革进程下企业贷款成本与资本配置效率研究 [J]. 经济管理, 2017 (3): 162-174.

[131] 陈作华, 温琳. 内部控制与内部人亲属卖出股票交易行为的市场反应——来自深市上市公司的经验证据 [J]. 财经论丛 (浙江财经大学学报), 2016 (10): 76-84.

[132] 陈作华. 内部控制质量与内部人寻租——基于内部人交易视角的经验证据 [J]. 证券市场导报, 2015 (5): 25-32.

[133] 成力为, 孙玮, 孙雁泽. 地方政府财政支出竞争与区域资本配置效率——区域制造业产业资本配置效率视角 [J]. 公共管理学报, 2009, 6 (2): 29-36.

[134] 成力为, 孙玮, 涂纯. 我国制造业内外资本配置效率差别的研究

[J]. 山西财经大学学报，2009（5）：52-59.

[135] 程敏英，林秉旋，魏明海. 大股东异质性、内部人交易与信息披露策略 [C]. 海峡两岸会计学术研讨会，2012：89-102.

[136] 程小可，杨程程，姚立杰. 内部控制、银企关联与融资约束——来自中国上市公司的经验证据 [J]. 审计研究，2013（5）：80-86.

[137] 程哲，白云霞. 融资冲动、资本配置效率与地方官员更迭频度 [J]. 改革，2015（8）：113-124.

[138] 储小俊，吴冲锋，曹杰等. 外部投资者情绪会驱动内部人交易吗？——来自中国A股市场的经验证据 [J]. 财经论丛（浙江财经大学学报），2015，200（11）：52-60.

[139] 戴伟，张雪芳. 金融发展、金融市场化与实体经济资本配置效率 [J]. 审计与经济研究，2017，32（1）：117-126.

[140] 邓柏峻，李仲飞，梁权熙. 境外股东持股与股票流动性 [J]. 金融研究，2016（11）：142-157.

[141] 邓德强，温素彬，潘琳娜等. 内部控制质量、机构投资者异质性与持股决策：基于自选择模型的实证研究 [J]. 管理评论，2014，26（10）：76-89.

[142] 邓可斌，曾海舰. 中国企业的融资约束：特征现象与成因检验 [J]. 经济研究，2014（2）：47-60.

[143] 董望，陈汉文. 内部控制、应计质量与盈余反应——基于中国2009年A股上市公司的经验证据 [J]. 审计研究，2011（4）：68-78.

[144] 范经华，张雅曼，刘启亮. 内部控制、审计师行业专长、应计与真实盈余管理 [J]. 会计研究，2013（4）：81-88.

[145] 方春生，王立彦，林小驰等. SOX法案、内控制度与财务信息可靠性——基于中国石化第一手数据的调查研究 [J]. 审计研究，2008（1）：47-54.

[146] 方红星，陈作华. 高质量内部控制能有效应对特质风险和系统风险吗？[J]. 会计研究，2015（4）：70-77.

[147] 方红星，金玉娜. 高质量内部控制能抑制盈余管理吗？——基于自愿性内部控制鉴证报告的经验研究 [J]. 会计研究，2011（8）：53-60.

[148] 方红星，金玉娜. 公司治理、内部控制与非效率投资：理论分析与经验证据 [J]. 会计研究，2013（7）：63-69.

[149] 方红星，孙嵩，全韵韵. 公司特征、外部审计与内部控制信息的自愿披露——基于沪市上市公司2003—2005年年报的经验研究 [J]. 会计研究，

2009（10）：44-52.

　　[150] 方红星，孙翯. 强制披露规则下的内部控制信息披露——基于沪市上市公司 2006 年年报的实证研究 [J]. 财经问题研究，2007（12）：67-73.

　　[151] 方军雄. 市场化进程与资本配置效率的改善 [J]. 经济研究，2006（5）：50-61.

　　[152] 冯均科，侯玮，马晨. 独立董事团队异质性对企业内部控制缺陷披露质量的影响 [J]. 商业研究，2017，59（9）：127-134.

　　[153] 干胜道，胡明霞. 管理层权力、内部控制与过度投资——基于国有上市公司的证据 [J]. 审计与经济研究，2014，29（5）：40-47.

　　[154] 郭东，邓旭升. 我国信托业资本配置效率影响因素研究 [J]. 财经问题研究，2016（7）：60-66.

　　[155] 郭炜，许可，李双玲. 我国区域资本配置效率的实证研究 [J]. 武汉理工大学学报（社会科学版），2014（4）：575-581.

　　[156] 郭泽光，敖小波，吴秋生. 内部治理、内部控制与债务契约治理——基于 A 股上市公司的经验证据 [J]. 南开管理评论，2015，18（1）：45-51.

　　[157] 韩飞，田昆儒. 僵尸企业的微观治理——基于内部控制和相关人持股视角 [J]. 经济体制改革，2017（5）：101-108.

　　[158] 韩飞，田昆儒. 内部控制、盈余管理与财务舞弊——基于文化创意产业上市公司的经验证据 [J]. 西南民族大学学报（人文社科版），2017，38（11）：124-131.

　　[159] 韩复龄，崔庆柱. 我国创业板上市公司内部人卖出交易超额收益研究 [J]. 中央财经大学学报，2011（12）：37-42.

　　[160] 韩立岩，蔡红艳. 我国资本配置效率及其与金融市场关系评价研究 [J]. 管理世界，2002（1）：65-70.

　　[161] 韩林静. 金融发展、产权性质与微观资本配置效率 [J]. 金融理论与实践，2017（2）：68-76.

　　[162] 韩林静. 金融市场化、管理者权力与资本配置效率 [J]. 经济经纬，2017（3）：111-116.

　　[163] 何青. 内部人交易与股票市场回报——来自中国市场的证据 [J]. 经济理论与经济管理，2012，31（2）：61-70.

　　[164] 花冯涛. 公司特质风险能够影响企业的投资行为吗——基于融资约束的视角 [J]. 安徽师范大学学报（人文社科版），2018（1）：108-118.

[165] 黄莲琴, 主富峰. 产权性质、高管政治网络与公司资本配置效率 [J]. 华东经济管理, 2015 (2): 89-96.

[166] 黄寿昌, 杨雄胜. 内部控制报告、财务报告质量与信息不对称——来自沪市上市公司的经验证据 [J]. 财经研究, 2010, 36 (7): 82-92.

[167] 黄寿昌, 李芸达, 陈圣飞. 内部控制报告自愿披露的市场效应——基于股票交易量及股票收益波动率的实证研究 [J]. 审计研究, 2010 (4): 44-51.

[168] 黄宪, 范薇. 宏观金融定向调控与资本配置效率的行业效应——基于行业内生性的视角 [J]. 中南财经政法大学学报, 2017 (1): 57-66.

[169] 黄欣然. 盈余质量影响资本配置效率的路径——基于融资约束的视角 [J]. 山西财经大学学报, 2011 (5): 100-108.

[170] 黄政, 吴国萍. 信息透明度对资本配置效率的影响——来自中国制造业上市公司的经验证据 [J]. 财经理论与实践, 2014 (5): 40-45.

[171] 纪雯雯, 赖德胜. 人力资本、配置效率及全要素生产率变化 [J]. 经济与管理研究, 2015 (6): 45-55.

[172] 姜付秀, 黄继承. 经理激励、负债与企业价值 [J]. 经济研究, 2011 (5): 46-60.

[173] 姜英兵. 会计制度改革与资本配置效率 [J]. 宏观经济研究, 2013 (8): 73-77.

[174] 金雪军, 王永剑. 我国资本配置效率影响因素的实证分析 [J]. 上海金融, 2011 (8): 23-27.

[175] 金智. 新会计准则、会计信息质量与股价同步性 [J]. 会计研究, 2010 (7): 19-26.

[176] 鞠晓生, 卢荻, 虞义华. 融资约束、营运资本管理与企业创新可持续性 [J]. 经济研究, 2013 (1): 4-16.

[177] 雷英, 吴建友, 孙红. 内部控制审计对会计盈余质量的影响——基于沪市 A 股上市公司的实证分析 [J]. 会计研究, 2013 (11): 75-81.

[178] 李程. 利率、信贷与产业资本配置效率 [J]. 云南财经大学学报, 2012 (4): 87-96.

[179] 李海凤, 史燕平. 信息披露质量影响资本配置效率实证检验 [J]. 重庆大学学报 (社会科学版), 2015, 21 (2): 42-47.

[180] 李海凤. 中国资本配置效率的若干影响因素研究 [D]. 北京: 对外

经济贸易大学，2014：20-53.

[181] 李虹，田马飞. 内部控制、媒介功用、法律环境与会计信息价值相关性 [J]. 会计研究，2015 (6)：64-71.

[182] 李敬，王朋朋. 政府干预、信贷资本配置效率与工业发展转型 [J]. 经济经纬，2017 (1)：81-87.

[183] 李君平，徐龙炳. 资本市场错误定价、融资约束与公司融资方式选择 [J]. 金融研究，2015 (12)：113-129.

[184] 李君平，徐龙炳. 资本市场错误定价、融资约束与公司投资 [J]. 财贸经济，2015，36 (3)：88-102.

[185] 李俊峰，王汀汀，张太原. 上市公司大股东增持公告效应及动机分析 [J]. 中国社会科学，2011 (4)：95-110.

[186] 李科，徐龙炳. 融资约束、债务能力与公司业绩 [J]. 经济研究，2011 (5)：61-73.

[187] 李莉，闫斌，顾春霞. 知识产权保护、信息不对称与高科技企业资本结构 [J]. 管理世界，2014 (11)：1-9.

[188] 李琳，张敦力. 分析师跟踪、股权结构与内部人交易收益 [J]. 会计研究，2017 (1)：53-60.

[189] 李明辉，何海，马夕奎. 我国上市公司内部控制信息披露状况的分析 [J]. 审计研究，2003 (1)：38-43.

[190] 李明辉. 内部控制与会计信息质量 [J]. 当代财经，2002 (3)：72-77.

[191] 李青原，赵奇伟，李江冰等. 外商直接投资、金融发展与地区资本配置效率——来自省级工业行业数据的证据 [J]. 金融研究，2010 (3)：80-97.

[192] 李青原. 会计信息质量与公司资本配置效率——来自我国上市公司的经验证据 [J]. 南开管理评论，2009，12 (2)：115-124.

[193] 李万福，林斌，宋璐. 内部控制在公司投资中的角色：效率促进还是抑制？[J]. 管理世界，2011 (2)：81-99.

[194] 李维安，李建标. 基于信息范式中权力主体行为的公司治理机制：一个理论模型 [J]. 南开管理评论，2002，5 (2)：4-7.

[195] 李维安，李慧聪，郝臣. 高管减持与公司治理对创业板公司成长的影响机制研究 [J]. 管理科学，2013 (4)：1-12.

[196] 李维安. 中国公司治理原则（草案）及其解说 [J]. 南开管理评论，2001，4 (1)：9-24.

［197］李伟，李艳鹤. 内部控制质量、自由现金流量与非效率投资 ［J］. 财经问题研究，2017（11）：79-84.

［198］李文贵. 银行关联关系、市场发育程度与资本配置效率 ［J］. 财经论丛，2013（6）：68-74.

［199］李心合. 内部控制研究的困惑与思考 ［J］. 会计研究，2013（6）：54-61.

［200］李欣先，周红根. 股权性质、环境不确定性与技术资本配置效率——来自 2008~2013 我国制造业上市公司的经验证据 ［J］. 科技进步与对策，2016（17）：67-72.

［201］李艳虹，刘栩. 人均薪酬、劳动密集度与企业融资约束——基于我国上市公司数据的实证研究 ［J］. 上海金融，2015（5）：105-110.

［202］李焰，秦义虎，张肖飞. 企业产权、管理者背景特征与投资效率 ［J］. 管理世界，2011（1）：135-144.

［203］李应求，李依帆. 我国创业板企业内部人交易择时行为研究 ［J］. 经济数学，2015（1）：10-18.

［204］李勇. 中国证券市场"内部人"交易的信息披露模式研究 ［D］. 厦门：厦门大学，2003：22-47.

［205］李越冬，张冬，刘伟伟. 内部控制重大缺陷、产权性质与审计定价 ［J］. 审计研究，2014（2）：45-52.

［206］李云鹤，李湛，唐松莲. 企业生命周期、公司治理与公司资本配置效率 ［J］. 南开管理评论，2011，14（3）：110-121.

［207］李云鹤. 企业成长、管理者代理与公司资本配置效率 ［J］. 系统管理学报，2014，23（6）：788-796.

［208］连玉君，苏治. 融资约束、不确定性与上市公司投资效率 ［J］. 管理评论，2009，21（1）：19-26.

［209］连玉君，苏治，丁志国. 现金—现金流敏感性能检验融资约束假说吗? ［J］. 统计研究，2008，25（10）：92-99.

［210］廉鹏，王克敏. 公司内部人交易研究综述 ［J］. 当代经济研究，2009（5）：69-72.

［211］廉鹏. 内部人交易与公司信息披露研究——基于中国上市公司的分析 ［D］. 长春：吉林大学，2009：25-61.

［212］廖秀梅. 会计信息的信贷决策有用性：基于所有权制度制约的研究 ［J］. 会计研究，2007（5）：31-38.

［213］廖义刚，邓贤琨. 环境不确定性、内部控制质量与投资效率［J］. 山西财经大学学报，2016，38（8）：90-101.

［214］廖义刚，邓贤琨. 业绩预告偏离度、内部控制质量与审计收费［J］. 审计研究，2017（4）：56-64.

［215］林斌，饶静. 上市公司为什么自愿披露内部控制鉴证报告？——基于信号传递理论的实证研究［J］. 会计研究，2009（2）：45-52.

［216］林振兴，屈文洲. 大股东减持定价与择机——基于沪深股市大宗交易的实证研究［J］. 证券市场导报，2010（10）：71-77.

［217］林钟高，陈曦. 分析师跟踪、内部控制缺陷与机构投资者持股［J］. 南京审计学院学报，2017（5）：22-34.

［218］林钟高，丁茂桓. 内部控制缺陷及其修复对企业债务融资成本的影响——基于内部控制监管制度变迁视角的实证研究［J］. 会计研究，2017（4）：73-80.

［219］刘成杰，范闯. 中国资本配置效率行业差异及其影响因素研究——基于金融危机前后数据的实证［J］. 中央财经大学学报，2015（12）：123-129.

［220］刘赣州. 中国资本配置优化研究［D］. 长春：吉林大学，2004：19-38.

［221］刘桂春，叶陈刚. 内部控制视角下融资约束与研发效率关系研究［J］. 科技进步与对策，2017，34（15）：20-26.

［222］刘金星，宋理升. 内部人交易信息披露及时性的实证研究［J］. 山西财经大学学报，2015，37（1）：70-80.

［223］刘莉亚，何彦林，王照飞等. 融资约束会影响中国企业对外直接投资吗？——基于微观视角的理论和实证分析［J］. 金融研究，2015（8）：124-140.

［224］刘启亮，罗乐，张雅曼等. 高管集权、内部控制与会计信息质量［J］. 南开管理评论，2013，16（1）：15-23.

［225］刘秋明. 我国上市公司内部控制信息披露的问题及改进［J］. 证券市场导报，2002（6）：38-43.

［226］刘星，刘理，窦炜. 融资约束、代理冲突与中国上市公司非效率投资行为研究［J］. 管理工程学报，2014，28（3）：64-73.

［227］刘焱. 企业生命周期、内部控制与过度投资［J］. 财经问题研究，2014（11）：133-140.

［228］卢锐，柳建华，许宁. 内部控制、产权与高管薪酬业绩敏感性［J］. 会计研究，2011（10）：42-48.

[229] 罗斌元. 会计信息质量对企业投资效率的作用机理 [J]. 商业研究, 2014, 56 (6): 64-75.

[230] 罗斌元. 内部控制、投资者情绪与企业投资效率 [J]. 中南财经政法大学学报, 2017 (6): 11-20.

[231] 罗付岩. 把权力关进制度的笼子里提高了企业绩效吗——基于内部控制、"舌尖上的腐败"与企业绩效关系的实证研究 [J]. 山西财经大学学报, 2017, 39 (10): 19-31.

[232] 吕秀芝. 公司治理框架下的内部控制研究 [J]. 当代经济研究, 2010 (7): 68-70.

[233] 马壮, 李延喜, 曾伟强等. 产业政策提升资本配置效率还是破坏市场公平? [J]. 科研管理, 2016 (10): 79-92.

[234] 茅锐. 我国地区间资本配置效率的差异与演变 [J]. 财经论丛, 2012, V168 (6): 28-34.

[235] 潘红波, 韩芳芳. 纵向兼任高管、产权性质与会计信息质量 [J]. 会计研究, 2016 (7): 19-26.

[236] 潘红波, 余明桂. 集团内关联交易、高管薪酬激励与资本配置效率 [J]. 会计研究, 2014 (10): 20-27.

[237] 潘芹. 内部控制审计对审计意见的影响研究——基于 2009 年我国 A 股公司欺据 [J]. 财会月刊, 2011 (9): 80-82.

[238] 潘玉香, 孟晓咪, 赵梦琳. 文化创意企业融资约束对投资效率影响的研究 [J]. 中国软科学, 2016 (8): 127-136.

[239] 蒲艳萍, 成肖. 工业资本配置效率及影响因素的区域差异研究 [J]. 重庆大学学报 (社会科学版), 2016, 22 (4): 1-10.

[240] 邱冬阳, 陈林, 孟卫东. 内部控制信息披露与 IPO 抑价——深圳中小板市场的实证研究 [J]. 会计研究, 2010 (10): 34-39.

[241] 曲三省. 我国不同所有制经济资本配置效率差异分析 [J]. 经济体制改革, 2015 (3): 22-26.

[242] 全怡, 梁上坤, 付宇翔. 货币政策、融资约束与现金股利 [J]. 金融研究, 2016 (11): 63-79.

[243] 任春艳, 赵景文. 会计信息质量对公司资本配置效率影响的路径 [J]. 经济管理, 2011, 33 (7): 106-111.

[244] 任燕燕, 花小安, 韩昱. 资本配置效率与金融市场的相关性研

究——基于山东省数据的实证研究 [J]. 山东社会科学，2009（6）：153-156.

［245］邵军，刘志远. 公司治理与企业集团内部资本配置效率——基于我国集团控股公司的实证检验 [J]. 财经问题研究，2014（1）：80-87.

［246］树成琳. 内部控制、内部人交易与信息不对称 [J]. 当代财经，2016（8）：121-128.

［247］宋献中，禹天寒. 审计行业专长与股价崩盘风险——基于客户重要性和内部控制水平的视角 [J]. 湖南大学学报（社会科学版），2017，31（4）：64-70.

［248］宋玉臣，李连伟. 企业投资效率的范式演化与框架构建——基于文献分析的视角 [J]. 江海学刊，2017（3）：69-75.

［249］苏坤. 管理层股权激励、风险承担与资本配置效率 [J]. 管理科学，2015，28（3）：14-25.

［250］苏力勇，欧阳令南. 分红派现、股权再融资与股票市场股权资金配置效率 [J]. 证券市场导报，2009（5）：68-77.

［251］孙刚. 内部人购买本公司股份行为披露的信息含量：基于后股改时期的证据 [J]. 商业经济与管理，2014（12）：39-48.

［252］孙伟，周瑶. 企业社会责任信息披露与资本市场信息不对称关系的实证研究 [J]. 中国管理科学，2012（S2）：889-893.

［253］孙文娟. 内部控制报告与权益资本成本的关系研究 [J]. 财经理论与实践，2011，32（4）：67-72.

［254］孙铮，李增泉，王景斌. 所有权性质、会计信息与债务契约——来自我国上市公司的经验证据 [J]. 管理世界，2006（10）：100-107.

［255］索有. 自愿性内部控制信息披露与权益资本成本关系研究 [J]. 社会科学辑刊，2014（1）：115-121.

［256］覃家琦，邵新建. 交叉上市、政府干预与资本配置效率 [J]. 经济研究，2015（6）：117-130.

［257］田高良，齐保垒，程瑶. 内部控制缺陷对会计信息价值相关性的影响——针对中国股票市场的经验研究 [J]. 西安交通大学学报（社会科学版），2011，31（3）：27-31.

［258］同花顺. 短线交易违规的信息披露为何来迟？兼谈上交所上市公司董事、监事、高级管理人员持股变动数据滞后 [EB/OL]. http：//news.10jqka. com. cn/20171130/c601826113. shtml：Nov 30st，2017.

[259] 汪昌云，汪勇祥. 资产定价理论：一个探索股权溢价之谜的视角 [J]. 管理世界，2007（7）：136-151.

[260] 汪建新，黄鹏. 信贷约束、资本配置和企业出口产品质量 [J]. 财贸经济，2015，36（5）：84-95.

[261] 王化成. 高级财务管理学 [M]. 北京：中国人民大学出版社，2017.

[262] 王娟. 上市公司投资效率评价与影响因素研究 [D]. 长沙：湖南大学，2013：21-58.

[263] 王雷，顾晓敏，李培林. 内部人交易研究脉络梳理及展望 [J]. 经济研究导刊，2014（23）：285-286.

[264] 王淼. 政府干预、公司治理与国有企业的资本配置效率 [J]. 华东经济管理，2016，30（3）：34-41.

[265] 王培. 内部人交易与盈余管理方式选择 [J]. 财会通讯，2017（30）：96-101.

[266] 王鹏，张欣越. 终极控制人特征与内部人交易行为关系研究 [J]. 西安财经学院学报，2017（6）：17-25.

[267] 王书珍，俞军. 内部控制、融资约束与研发投入关系的实证分析 [J]. 统计与决策，2016（15）：183-186.

[268] 王新红，刘利君，王倩. 异质机构投资者持股对融资约束的影响研究 [J]. 南京审计大学学报，2018（1）：56-68.

[269] 王雄元，张鹏. 信息披露与内部人股票交易获利策略——以六起内部人股票交易为基础的案例研究 [J]. 管理案例研究与评论，2008，1（3）：28-43.

[270] 王彦超. 融资约束、现金持有与过度投资 [J]. 金融研究，2009（7）：121-133.

[271] 王永剑. 基于金融发展视角的中国资本配置效率研究 [D]. 杭州：浙江大学，2011：22-69.

[272] 吴国萍，王琴，贾珊. 内部控制信息可靠性研究——对上市公司2006年年报的实证分析 [J]. 东北师范大学学报（哲学），2008（3）：50-53.

[273] 吴秋生，黄贤环. 财务公司的职能配置与集团成员上市公司融资约束缓解 [J]. 中国工业经济，2017（9）：156-173.

[274] 吴水澎，陈汉文，邵贤弟. 企业内部控制理论的发展与启示 [J]. 会计研究，2000（5）：2-8.

［275］吴益兵，廖义刚，林波. 股权结构对企业内部控制质量的影响分析——基于 2007 年上市公司内部控制信息数据的检验［J］. 当代财经，2009（9）：110-114.

［276］吴益兵. 内部控制审计信号的有效性及定价效应［J］. 经济管理，2012（8）：138-143.

［277］吴育辉，吴世农. 股票减持过程中的大股东掏空行为研究［J］. 中国工业经济，2010（5）：121-130.

［278］吴战篪，李晓龙. 内部人抛售、信息环境与股价崩盘［J］. 会计研究，2015（6）：48-55.

［279］伍艳. 我国 MBO 中的内部人交易问题［J］. 商业研究，2004（23）：109-112.

［280］武聪，张俊生. 内部人交易与企业盈余管理行为［J］. 经济管理，2009（8）：113-118.

［281］夏天. 行业资本配置效率及其影响因素研究——来自湖北省行业面板数据的实证分析［J］. 统计与决策，2008（3）：104-107.

［282］向锐，徐玖平，杨雅婷. 审计委员会主任背景特征与公司内部控制质量［J］. 审计研究，2017（4）：73-80.

［283］肖浩. 公司财务信息透明度、内部人交易和股价特质性波动［J］. 中央财经大学学报，2015（11）：62-74.

［284］肖华，张国清. 内部控制质量、盈余持续性与公司价值［J］. 会计研究，2013（5）：73-80.

［285］辛清泉，林斌，王彦超. 政府控制、经理薪酬与资本投资［J］. 经济研究，2007（8）：110-122.

［286］熊家财，苏冬蔚. 股票流动性与企业资本配置效率［J］. 会计研究，2014（11）：54-60.

［287］熊家财，叶颖玫. 股票流动性、企业投资与资本配置效率——来自我国上市公司的经验证据［J］. 江西财经大学学报，2016（1）：45-58.

［288］徐朝辉，周宗放. 内部控制、过度投资与公司信用风险［J］. 中国管理科学，2016，24（9）：21-27.

［289］徐晟. 会计信息质量影响权益资本成本的实证分析［J］. 经济管理，2013（10）：100-108.

［290］徐昭. 上市公司内部人减持行为的内在机制综述［J］. 经济理论与

经济管理, 2014, 34 (3): 95-111.

[291] 许开国. 地区性行政垄断与资本配置效率关系的实证 [J]. 山西财经大学学报, 2009, 31 (9): 43-52.

[292] 许可, 郭炜, 曹梅艳. 我国中部各省的资本配置效率差异比较 [J]. 经济学家, 2011 (3): 67-74.

[293] 许可. 中国企业资本配置效率研究 [D]. 武汉: 武汉理工大学, 2010: 17-36.

[294] 许立志. 机构投资者异质性、内部控制和资本配置效率 [J]. 现代财经, 2017 (3): 67-77.

[295] 许楠, 刘浩, 王天雨. 非创始人 CEO 与会计信息质量——基于 A 股创业板公司的经验研究 [J]. 会计研究, 2016 (8): 18-24.

[296] 宣杰, 张宛琳, 王秀. 京津冀上市公司内部控制质量对投资效率的影响研究 [J]. 财会通讯, 2017 (3): 55-59.

[297] 薛薇, 谢家智. 我国农业资本配置效率的比较研究 [J]. 农业技术经济, 2011 (7): 66-74.

[298] 亚当·斯密. 国富论 [M]. 王勋译. 北京: 清华大学出版社, 2010.

[299] 杨德明, 林斌, 王彦超. 内部控制、审计质量与代理成本 [J]. 财经研究, 2009, 35 (12): 40-49.

[300] 杨海燕, 韦德洪, 孙健. 机构投资者持股能提高上市公司会计信息质量吗?——兼论不同类型机构投资者的差异 [J]. 会计研究, 2012 (9): 16-23.

[301] 杨金, 池国华. 融资约束下内部控制对投资不足的治理效应 [J]. 中南财经政法大学学报, 2016 (6): 68-76.

[302] 杨清香, 俞麟, 宋丽. 内部控制信息披露与市场反应研究——来自中国沪市上市公司的经验证据 [J]. 南开管理评论, 2012, 15 (1): 123-130.

[303] 杨兴全, 张丽平, 陈旭东. 市场化进程与现金股利政策: 治理效应抑或缓解融资约束? [J]. 经济与管理研究, 2014 (5): 76-84.

[304] 杨有红, 毛新述. 内部控制、财务报告质量与投资者保护——来自沪市上市公司的经验证据 [J]. 财贸经济, 2011 (8): 44-50.

[305] 杨玉凤, 王火欣, 曹琼. 内部控制信息披露质量与代理成本相关性研究——基于沪市 2007 年上市公司的经验数据 [J]. 审计研究, 2010 (1): 82-88.

[306] 姚耀军, 董钢锋. 中小企业融资约束缓解: 金融发展水平重要抑或

金融结构重要？——来自中小企业板上市公司的经验证据［J］. 金融研究, 2015（4）：148-161.

［307］叶蓓, 袁建国. 企业投资的行为公司财务研究综述［J］. 会计研究, 2007（12）：76-81.

［308］叶青, 李增泉, 李光青. 富豪榜会影响企业会计信息质量吗？——基于政治成本视角的考察［J］. 管理世界, 2012（1）：104-120.

［309］尹雷, 刘珂, 杨源源. 供给侧结构性改革与货币政策配合：资本配置效率视角［J］. 浙江社会科学, 2017（4）：22-31, 40, 156-157.

［310］应千伟, 连玉君, 陆军. 贷款利率改革与微观资本配置效率［J］. 经济学家, 2010（1）：76-85.

［311］于蔚, 汪淼军, 金祥荣. 政治关联和融资约束：信息效应与资源效应［J］. 经济研究, 2012（9）：125-139.

［312］于文超, 何勤英. 投资者保护、政治联系与资本配置效率［J］. 金融研究, 2013（5）：152-166.

［313］于震, 刘淼, 赵振全. 中国金融发展与资本配置效率关联性研究［J］. 当代经济研究, 2009（6）：48-51.

［314］于忠泊, 田高良. 内部控制评价报告真的有用吗——基于会计信息质量、资源配置效率视角的研究［J］. 山西财经大学学报, 2009, 31（10）：110-118.

［315］喻坤, 李治国, 张晓蓉等. 企业投资效率之谜：融资约束假说与货币政策冲击［J］. 经济研究, 2014（5）：106-120.

［316］袁卫秋, 周琳. 内部控制质量、融资约束与现金持有的竞争效应［J］. 现代财经, 2017（8）：101-113.

［317］袁知柱, 张小曼, 于雪航. 产品市场竞争与会计信息可比性［J］. 管理评论, 2017, 29（10）：234-247.

［318］岳琴. 中国创业板市场 IPO 的资本配置效率研究［D］. 大连：东北财经大学, 2013：19-42.

［319］张本照, 王春, 王海涛. 内部人交易、信息披露与投资者情绪的传导机制剖析［J］. 财会月刊, 2016（35）：119-123.

［320］张超, 刘星. 内部控制缺陷信息披露与企业投资效率——基于中国上市公司的经验研究［J］. 南开管理评论, 2015, 18（5）：136-150.

［321］张程睿. 公司信息披露对投资者保护的有效性——对中国上市公司

2001~2013 年年报披露的实证分析 [J]. 经济评论, 2016 (1): 132-146.

[322] 张纯, 吕伟. 机构投资者、终极产权与融资约束 [J]. 管理世界, 2007 (11): 119-126.

[323] 张俊生, 曾亚敏. 上市公司内部人亲属股票交易行为研究 [J]. 金融研究, 2011 (3): 121-133.

[324] 张林. 会计盈余功用理论的拓展研究——以盈余质量与资本配置效率为视角 [J]. 审计与经济研究, 2010, 25 (1): 47-56.

[325] 张庆君, 刘靖. 互联网金融提升了商业银行资本配置效率吗?——基于中国上市银行的经验证据 [J]. 金融论坛, 2017 (7): 27-38.

[326] 张娆. 企业间高管联结与会计信息质量: 基于企业间网络关系的研究视角 [J]. 会计研究, 2014 (4): 27-33.

[327] 张涛, 郭潇. 高管薪酬契约与融资约束研究——基于我国沪深 A 股上市公司的经验数据 [J]. 经济与管理评论, 2018 (1): 96-107.

[328] 张祥建, 郭岚. 资产注入、大股东寻租行为与资本配置效率 [J]. 金融研究, 2008 (2): 98-112.

[329] 张新民, 张婷婷. 信贷歧视、商业信用与资本配置效率 [J]. 经济与管理研究, 2016, 37 (4): 26-33.

[330] 张宜霞. 财务报告内部控制审计收费的影响因素——基于中国内地在美上市公司的实证研究 [J]. 会计研究, 2011 (12): 70-77.

[331] 张运, 许涤龙. 金融生态环境对企业资本配置效率影响的实证分析 [J]. 统计与决策, 2017 (8): 158-161.

[332] 张峥, 李怡宗, 张玉龙等. 中国股市流动性间接指标的检验——基于买卖价差的实证分析 [J]. 经济学 (季刊), 2014, 13 (1): 233-262.

[333] 张宗益, 郑志丹. 融资约束与代理成本对上市公司非效率投资的影响——基于双边随机边界模型的实证度量 [J]. 管理工程学报, 2012, 26 (2): 119-126.

[334] 章卫东, 黄一松, 李斯蕾等. 信息不对称、研发支出与关联股东认购定向增发股份——来自中国证券市场的经验数据 [J]. 会计研究, 2017 (1): 68-74.

[335] 章卫东, 徐彦筠, 高雪菲. 大股东增持股份的财富效应问题研究——来自我国上市公司大股东增持公告的经验数据 [J]. 江西社会科学, 2014 (2): 72-76.

［336］赵玉洁. 内部人交易、交易类型与股价崩盘风险［J］. 山西财经大学学报, 2016, 38 (11): 25-34.

［337］赵玉林, 石璋铭. 战略性新兴产业资本配置效率及影响因素的实证研究［J］. 宏观经济研究, 2014 (2): 72-80.

［338］甄红线, 王谨乐. 机构投资者能够缓解融资约束吗？——基于现金价值的视角［J］. 会计研究, 2016 (12): 51-57.

［339］郑志刚, 吕秀华. 董事会独立性的交互效应和中国资本市场独立董事制度政策效果的评估［J］. 管理世界, 2009 (7): 133-144.

［340］周春梅. 盈余质量对资本配置效率的影响及作用机理［J］. 南开管理评论, 2009, 12 (5): 109-117.

［341］周冬华, 赵玉洁. 内部人交易会提高上市公司融资约束程度吗［J］. 山西财经大学学报, 2015, 37 (1): 92-102.

［342］周冬华, 康华, 赵玉洁. 内部人交易与持续经营审计意见——来自财务困境类上市公司的经验证据［J］. 审计研究, 2015 (2): 97-105.

［343］周继军, 张旺峰. 内部控制、公司治理与管理者舞弊研究——来自中国上市公司的经验证据［J］. 中国软科学, 2011, 248 (8): 141-154.

［344］周开国, 卢允之, 杨海生. 融资约束、创新能力与企业协同创新［J］. 经济研究, 2017 (7): 94-108.

［345］周美华, 林斌, 林东杰. 管理层权力、内部控制与腐败治理［J］. 会计研究, 2016 (3): 56-63.

［346］周奕彤. 基于公司治理结构下上市公司内部控制的研究［J］. 山西财经大学学报, 2012 (s1): 118-119.

［347］周中胜, 徐红日, 陈汉文等. 内部控制质量对公司投资支出与投资机会的敏感性的影响: 基于我国上市公司的实证研究［J］. 管理评论, 2016, 28 (9): 206-217.

［348］朱彩婕, 刘长翠. 公司治理与内部控制缺陷修复的相关性研究——来自于国有上市公司 2010～2014 年的经验数据［J］. 审计研究, 2017 (4): 97-105.

［349］朱茶芬, 李志文, 陈超. A 股市场上大股东减持的时机选择和市场反应研究［J］. 浙江大学学报（人文社会科学版）, 2011, 41 (3): 159-169.

［350］朱茶芬, 姚铮, 李志文. 高管交易能预测未来股票收益吗？［J］. 管理世界, 2011 (9): 141-152.

[351] 祝运海. 内部人交易对股票流动性影响实证研究 [J]. 重庆大学学报 (社会科学版)，2011，17 (2)：66-72.

[352] 祝运海. 内部人交易损害了谁的利益 [J]. 深圳大学学报 (人文社会科学版)，2011，28 (3)：75-81.